DEJE QUE LA SABIDURÍA DEL ALMA TRANSFORME SU CUERPO Y SU VIDA

Enfermedades, asuntos emocionales sin resolver, y patrones de pensamiento, son realmente mensajes codificados de su propia alma. *Cuerpo, Mente y Espíritu* le enseña la verdad acerca de estas impresiones del alma, y le muestra cómo encarnar completamente su propia esencia espiritual.

Este proceso de encarnación reconoce las emociones y los problemas físicos como indicadores de transformación. En lugar de rechazarlos, usted puede reestructurar sus patrones de energía, activando las células y los tejidos de su cuerpo a través de la infusión de una presencia espiritual amorosa.

Cuerpo, Mente y Espíritu presenta conocimientos nuevos sobre el campo de la energía humana, entre los que se resaltan:

- Cómo los patrones arquetípicos del alma influyen en su crecimiento personal y el proceso de las enfermedades.

- Cómo el sistema de energía humana afecta los campos planetarios.

- Cómo recuperar energéticamente las partes perdidas de usted mismo.

Deje que *Cuerpo, Mente y Espíritu* sea su guía hacia la expansión espiritual mientras explora diferentes dimensiones de transformación y curación.

LA AUTORA

Pamela Welch, M.A., es una psicoterapeuta, astróloga y curadora, especializada en el trabajo con hijos adultos de familias disfuncionales, y asuntos de entendimiento espiritual. Tiene una maestría en psicología humanística, es hipnoterapeuta, y además terapeuta certificada de masajes y gestaltismo. También practica la homeopatía, la terapia sacro-craneal y diversas formas de curación energética.

El interés de Pamela por el desarrollo espiritual y las ciencias herméticas surgió hace veinticinco años. Desde entonces ha enseñado meditación, curación y crecimiento espiritual, y sus artículos han aparecido en publicaciones de astrología en los Estados Unidos. La autora realiza psicoterapia privada, curación energética y consejería astrológica en Denver, Colorado.

CORRESPONDENCIA A LA AUTORA

Para escribir al autor, o si desea más información sobre este libro, envié su correspondencia a Llewellyn Español para ser remitida al autor. La casa editora y el autor agradecen su interés y comentarios en la lectura de este libro. Llewellyn Español no garantiza que todas las cartas enviadas serán contestadas, pero le aseguramos que serán remitidas al autor.

Por favor escribir a:

Pamela Welch
℅ Llewellyn Español
P.O. Box 64383, Dept, 1-56718-821-4
St. Paul, MN 55164-0383, U.S.A.

Incluya un sobre estampillado con su dirección y $1.00 para cubrir costos de correo. Fuera de los Estados Unidos incluya el cupón de correo internacional.

PAMELA WELCH, M.A.

CUERPO, MENTE Y ESPÍRITU

AUTOCURACIÓN Y CRECIMIENTO ESPIRITUAL

Traducido al Español por:
Héctor Ramírez y Edgar Rojas

2001
Llewellyn Español
St. Paul, Minnesota 55164-0383, U.S.A.

PRIMERA EDICIÓN
Primera impresión, 2001

Edición y coordinación: Edgar Rojas
Editor colaborador: Leonardo Herrera
Título original: *The Energy Body Connection*
Diseño de la portada: William Merlin Cannon
Traducción al idioma Español: Héctor Ramírez y Edgar Rojas
Pasaje en la pág. 273, reimpreso con el permiso de Jeremy P. Tarcher, Inc., una división de Penguin Putnam Inc. de *Joy's Way* por Brugh Joy. Copyright ©1979 por W. Brugh Joy, M.D.
Pasaje en la pág. 54, derechos reservados ©1992 por Percy Seymour. De *The Scientific Basis of Astrology: Tuning to the Music of the Planets* por Percy Seymour. Reimpreso con el permiso de St. Martin's Press, Inc.
Pasaje en la pág. 4, reimpreso con el permiso del autor Fred Alan Wolf de su libro *The Body Quantum: The New Physics of Body, Mind, and Health*.
Pasaje en la pág. 42, de *Psyche and Substance*, por Edward C. Whitmont. Derechos reservados ©1980. Usado con el permiso de North Atlantic Books, Berkeley, CA.
Pasaje en la pág. 144, reimpreso con el permiso del autor y la editorial. Fritz Perls, *Gestalt Approach and Eyewitness to Therapy*. Science and Behavior Books, Inc., Palo Alto, CA.

Library of Congress Cataloging-in-Publication Data
Biblioteca del Congreso. Información sobre esta publicación.
Pendiente.

ISBN 1-56718-821-4

Llewellyn Español
Una división de Llewellyn Worldwide, Ltd.
P.O. Box 64383, Dept. 1-56718-821-4
St. Paul, MN 55164-0383, U.S.A.
www.llewellynespanol.com

Impreso en los Estados Unidos de América

DEDICACIÓN

Dedico este libro a mi hija Lisa, y al amor divino del
Único Corazón dentro de cada uno de nosotros.

NOTA DE LA AUTORA

La intención de este libro es darle información que puede ayudarlo en su proceso de crecimiento personal y autodescubrimiento. Las técnicas presentadas aquí, las cuales reflejan la experiencia personal de la autora y muchas personas con quienes ha trabajado, no sustituyen un buen cuidado médico o una psicoterapia. La autora no da consejos médicos o psiquiátricos, ni prescribe una técnica como forma de tratamiento de problemas médicos o psicológicos, sin la asistencia de un doctor u otro profesional de la salud. Los nombres de los clientes usados en este texto han sido cambiados para proteger la privacidad de estas personas.

CONTENIDO

AGRADECIMIENTOS

Quiero agradecer a todos los maestros y curadores que a través de los años me han ayudado en mi propio proceso de curación y crecimiento. Un agradecimiento especial a Anne DeChenne por sus ideas en las meditaciones semanales, y sus grandes afirmaciones. Su conciencia y dones espirituales han tenido un profundo impacto sobre mi entendimiento espiritual y mi trabajo con otras personas. Muchas bendiciones a Tirzah Firestone quien, durante la noche oscura de mi alma, me ayudó a creer de nuevo en mí misma, y a Ray McCall, cuyo trabajo corporal ha sido parte esencial en mi crecimiento personal. Gracias también al Dr. Nicholas Nossaman, a Lightsong Wolters, y al Dr. Robert Jaffe, por sus maravillosas técnicas curativas, y al abuelo Peter Koyote por sus estimulantes palabras. Agradezco a Cher y Charles Bebeau, los maestros que primero me ayudaron a ver los arquetipos a través de los lentes planetarios. Aprecio profundamente a todos los clientes, quienes por su trabajo conmigo han contribuido a la realización de este libro.

INTRODUCCIÓN

BIENVENIDO A *CUERPO, MENTE Y ESPÍRITU,* una guía para su proceso de crecimiento personal, curación y despertar espiritual. Si actualmente tiene problemas físicos, asuntos emocionales sin resolver, o patrones mentales que ya no le sirven, o si busca un propósito o significado para su vida, este libro puede ayudarle en su viaje de curación y superación personal. Además, si está buscando desarrollar una conexión con la Fuente Creativa, y conocer más su propia esencia espiritual, este trabajo puede ser de ayuda en el proceso de revelación de su conciencia.

Según mi punto de vista, realmente no hay separación entre la curación y la evolución de la conciencia. Para conocer la verdad de su propio ser, debe revelarse todo lo que no sea de ese verdadero yo, todo lo que lo separa de su esencia divina interior. Gran parte de lo que pensamos acerca de nosotros mismos, es información distorsionada que hemos internalizado de la cultura, la sociedad y nuestras familias de origen. Estos conceptos erróneos concernientes a nuestra naturaleza esencial, y las heridas del yo que se relacionan con ellos, deben curarse antes de que podamos experimentar un verdadero despertar espiritual. Por esta razón, el proceso de curación emocional mejorará y cimentará su práctica espiritual. Al mismo tiempo, encuentro que cuando se incorpora la dimensión espiritual en el trabajo de curación y crecimiento personal, el proceso se hace mucho más efectivo y eficiente.

La información presentada en este libro se dirigirá a la persona en su totalidad —las dimensiones espirituales, mentales, emocionales, físicas y energéticas del ser—. Una de mis intenciones con este libro es ayudar a curar la hendedura del cuerpo y el espíritu, que ha existido dentro de los individuos y dentro de nuestra cultura. En el pasado, obtener una iluminación espiritual a menudo ha involucrado la necesidad de rechazar el cuerpo, las emociones y los deseos instintivos. En la lucha por un ideal espiritual, muchas personas han dejado atrás la conciencia de sus cuerpos. Sin embargo, el verdadero autodesarrollo y el entendimiento espiritual no se encuentra excluyendo todas las partes de nuestro cuerpo de esta manera. Después de todo, cómo es posible tener éxito en un proceso de autodescubrimiento ocultando partes del ser que queremos conocer.

En lugar de anular emociones y problemas físicos, este proceso de incorporación los reconoce como indicadores de transformación. El cuerpo, la mente y las emociones se pueden entonces transformar como parte de una conciencia espiritual más unificada. De este modo, las células y los tejidos del cuerpo pueden ser estimulados a través de la infusión de una presencia espiritual. Después se obtiene la sabiduría que nace del espíritu que penetra completamente la materia, la encarnación radiante del ser de Dios. Esto es lo que significa la encarnación, conocer el ser divino interior, y manifestarlo totalmente en forma física.

La encarnación es, por su naturaleza, un camino espiritual. Sin embargo, en este libro he usado los procesos y las enseñanzas con individuos que no eran conscientes de una realidad espiritual o no tenían una intención específica de buscar un crecimiento espiritual. Luego se interesaron en desarrollar conscientemente una mayor conexión con el espíritu, después de abrir un lugar más amplio y creativo dentro de ellos mismos a través de estos procesos.

Me inspiré para escribir este libro debido a que mis clientes deseaban información para trabajar con sus procesos independientemente, y además observé que las personas tenían confusión respecto al crecimiento espiritual. Algunos individuos usaban técnicas de meditación y principios metafísicos para evadir sus problemas y escapar de la realidad física. Otros fueron conducidos erróneamente por líderes espirituales que parecían más interesados en ganar poder para sí mismos. Mientras entraban más ideas metafísicas a la principal corriente de pensamiento, escuché también términos como *karma* o *ego* entendidos y usados erróneamente. Sentí que se necesitaba un acercamiento razonable y práctico a la curación, el crecimiento personal y el desarrollo espiritual, que habilitara a las personas en su experiencia con la fuente creativa y su propio yo. En adición a mi trabajo con clientes, mi propia experiencia de curación personal y búsqueda espiritual me ha guiado a creer en la importancia del cuerpo como parte de este proceso.

Apenas era consciente de que tenía un cuerpo para una buena parte de mi vida. Ahora sé que este tipo de separación del cuerpo —o disociación, como suele llamarse— es común para personas que han experimentado alguna clase de abuso o trauma físico. Recuerdo que a la edad de ocho años mi madre me inició en el patinaje sobre hielo, con la esperanza de que esta práctica ayudara en mi concentración y me produjera integración física. Fue de ayuda, al menos mis calificaciones en la escuela mejoraron. Mi ilimitada energía era fragmentada y variable, como la energía eléctrica sin un lugar donde conectarse a tierra.

Como una mujer joven, pasé los años setenta dedicada a mi entendimiento espiritual. No es sorprendente que eligiera trabajar con un grupo espiritual que ponía poca atención a las esferas físicas o emocionales. Medité, oré, estudié las grandes verdades universales, y traté desesperadamente de trascender el cuerpo y las emociones. Creía que había transformado muchos de mis problemas. Pero en realidad, estaba en un estado de profundo rechazo y no tenía idea de cuáles eran mis verdaderos asuntos emocionales.

Facilité un grupo de curación como parte de mi trabajo en esta organización espiritual. Descubrí cómo puede la mente afectar el cuerpo físico a través de la oración y las afirmaciones, y también me interesó el proceso de curación interior, la curación de heridas emocionales pasadas. Empecé a darme cuenta de la importancia del componente emocional en la curación, y deseaba aprender aun más. Quería también explorar la conexión cuerpo-mente.

Luego, en 1979, hice algo que cambiaría mi vida. Me inscribí en una escuela de masajes. Como parte de mi entrenamiento tenía masajes corporales todo el tiempo, y se abrió un mundo nuevo para mí. Comencé a experimentar una mayor conciencia de las sensaciones y los sentimientos corporales. Sin embargo, aunque me gustaba el toque y la sensualidad de los masajes, también encontraba difícil relajarme. Tenía muchos sentimientos inquietantes atrapados en mi cuerpo. A medida que el trabajo corporal penetró mis tejidos, liberando músculos acorazados, se abrió una puerta que guiaba a las profundidades de mi propia psique. Me inundaron las emociones almacenadas de toda una vida; encontré que mis experiencias también tenían un componente espiritual. El tipo de sensaciones y visiones que estaba experimentando eran similares a las que había tenido en la meditación. Pero ahora tenía el poder y la profundidad que nunca antes había sentido.

Una experiencia de ese tipo sucedió después de una sesión de trabajo corporal que involucraba las piernas y la parte inferior del cuerpo. Me paré y comencé a vestirme, cuando percibí una sensación muy peculiar, como si hubiera cruzado a otro mundo. Estaba muy consciente, sin saber si me veía tan extraña como me sentía. No sé lo que pronuncié entre dientes, pero David, mi masajista dijo, "es bueno que seas tú misma; me gustas como lo que eres". Esta afirmación tocó un lugar profundo dentro de mí, y comencé a llorar, un sollozo del cuerpo entero.

Mientras me estabilizaba y me permitía sentir esto, algo más sucedió. Una corriente de energía empezó a moverse a través de todo mi cuerpo, a lo largo de la columna vertebral. La sensación se concentró en mi abdomen inferior, como una enorme columna compuesta de una fuerza vibrante oculta. Se hizo más fuerte y me condujo a mi núcleo, a lo más interno de mi ser. Las palabras que escuchaba dentro de mí decían que mi libertad estaba enterrada en la conciencia de este lugar, muy adentro de mi abdomen. El costo de esa libertad era entregarse a la esfera del cuerpo, los sentimientos y la sabiduría instintiva. Me sentí envuelta en lo que sólo puedo describir como una maravillosa presencia femenina, como la naturaleza misma de la creación. Esta energía femenina parecía estar llamándome a un lugar profundo dentro de mí, de una manera poderosa. Repentinamente tuve una presencia arraigada en mi cuerpo, algo que nunca antes había sentido. Afortunadamente estaba acostada cuando todo esto comenzó a suceder, la experiencia fue tan intensa y físicamente arrolladora, que no pude moverme por un rato.

Había estudiado un poco acerca de los chakras —los centros de energía del cuerpo—, y sabía que el trabajo corporal de ese día había facilitado una poderosa liberación que afectó el segundo chakra. Sin embargo, este entendimiento intelectual no se podía comparar con la presencia iluminada que sentí dentro de mí. Ese día me di cuenta que frente a mí estaba el camino de mi propia curación. La libertad y el entendimiento espiritual sólo podrían obtenerse penetrando lo más profundo del cuerpo y el subconsciente. Esta y otras experiencias me mostraron que el cuerpo era más que un simple templo o vehículo para el espíritu. La materia y el espíritu estaban conectados integralmente como hebras de un tejido.

Mientras continuaba mi viaje de auto descubrimiento, busqué curar las heridas emocionales de mi pasado a través del proceso de psicoterapia. A veces me sentía frustrada al experimentar diferentes enfoques. Disfrutaba las terapias centradas en el cuerpo, pero encontraba que algunas se basaban y a menudo se enfocaban en un modelo de enfermedad, el cual veía las cosas en términos de lo que necesitaba "arreglarse". Sabía que ciertos eventos de la vida podían crear un particular estado psicológico y patrones somáticos de tensión muscular acorazada. Sin embargo, observé que avanzaba un proceso superior. Mis experiencias me habían mostrado que el cuerpo proveía una oportunidad para la transformación, para el crecimiento personal y espiritual. Sentía que había una gran dimensión que muchas de las terapias ignoraban.

También me incliné por los enfoques jungianos y transpersonales.[1] Estas terapias validaron mis experiencias espirituales y me dieron mayor entendimiento de ellas. No obstante, perdí la liberación emocional de los enfoques centrados en el cuerpo.[2] En mi proceso de curación y crecimiento, terminé yendo a diferentes tipos de terapeutas para obtener las piezas que necesitaba. Hoy, gracias al trabajo de Arnold Mindell, la perspectiva jungiana se ha ampliado con un mayor entendimiento y una mejor utilización de los procesos simbólicos del cuerpo.[3] Igualmente, muchas terapias centradas en el cuerpo han incorporado ahora una visión transpersonal.

Primero en mi trabajo como terapeuta masajista, y posteriormente como psicoterapeuta, encontré que se debe reconocer y atender la multidimensionalidad de cada persona. Hay una inteligencia curativa dentro de nosotros que se expresa a través de los niveles espirituales, mentales, emocionales y físicos del ser. Reconociendo cada uno de estos aspectos, e invitándolos conscientemente a participar en su proceso, se hace disponible una poderosa fuerza sinergística para su curación y crecimiento. Las creencias mentales, la expresión emocional, los asuntos experimentales, la información somática, los sueños y las experiencias espirituales expansivas, son todos importantes y le suministran información que guían a una realización más profunda de su propio ser.

Pude experimentar directamente el poder transformativo de este acercamiento multidimensional durante mi propia crisis curativa. En una época de mi vida, cuando estaba abierta a una mayor afluencia de energías espirituales, me encontraba también en medio de severos traumas emocionales y depresiones. Mi proceso curativo me enseñó lo que necesitaba saber para curar a otros, crecer personalmente, y expandirme espiritualmente. Este libro introduce los métodos que uso para ayudar a las personas en dicho proceso. Es un enfoque ecléctico, ya que he retomado de diferentes modalidades en mi propio proceso de curación y crecimiento espiritual. A lo largo de este texto me referiré también a otras técnicas u otros libros que usted puede encontrar útiles en su proceso.

CÓMO USAR ESTE LIBRO

Los primeros dos capítulos definirán el concepto cuerpo-mente, explicarán la dinámica del sistema de energía humana, y proveerán un marco para su proceso de crecimiento personal y descubrimiento espiritual. También podrá identificar las cualidades esenciales del alma que usted puede experimentar con mayor profundidad mientras avanza en el libro. La información presentada en esta sección establece una base, dándole una idea del territorio psicoespiritual que descubrirá en su viaje. Puede compararse con tener un mapa preciso en una excursión; no puede decirle qué caminos tomar o qué experiencias específicas tendrá, pero actúa como una guía que podrá usar cuando necesite orientarse en sus alrededores.

Las ideas contenidas aquí le darán una perspectiva útil para trabajar. Están destinadas a informarlo, y sirven como punto de partida en su proceso de auto descubrimiento. Si no está de acuerdo con algunas cosas, o éstas no se ajustan a su sistema personal de creencias, por favor conserve lo que es útil para usted y deje a un lado el resto de material. Los ejercicios mostrados a través de este libro le ayudarán a descubrir su propia verdad, con base en sus propias experiencias.

El libro continúa conduciéndolo a través de diversas facetas de su viaje, suministrando herramientas que lo ayudarán en el camino. Cada sección del texto enfatiza un aspecto particular de este proceso, enfocándose en una dimensión diferente de su experiencia espiritual, mental, emocional y física. Los capítulos 3 y 4 se dirigen al nivel mental, le ayudarán a disciplinar su mente pensante, y a dirigir su conciencia a través de afirmaciones, apuntes diarios y meditación. Tranquilizar la mente pensante por medio de las técnicas presentadas aquí le permitirá conectarse con las dimensiones más profundas de su ser, las cuales serán utilizadas adicionalmente en posteriores capítulos.

Los capítulos 5 y 6 se enfocan en el cuerpo y las emociones, ayudándole a escuchar los mensajes de su ser para transformar problemas físicos y asuntos emocionales relacionados. También aprenderá cómo recuperar partes perdidas de usted mismo, emocional y energéticamente, con el fin de que se convierta en el ser radiante que realmente es. El capítulo 7 provee una herramienta adicional para que explore sus sentimientos subconscientes, ayudándolo a descubrir el significado de sus sueños. Los capítulos 8 y 9 promueven su desarrollo espiritual ayudándole a aprender cómo trabajar con luz curativa, asistentes espirituales, ceremonias sagradas y experiencias iniciatorias expansivas. El capítulo 9 concluye con el proceso de incorporación de la luz, permitiéndole encarnar íntegramente su propia esencia espiritual, sembrando en el alma cualidades que habrá descubierto previamente en el libro.

Los diversos segmentos de este texto son diseñados para usarse conjuntamente, con el fin de proporcionarle un enfoque multidimensional a su proceso de auto descubrimiento. Las afirmaciones, meditaciones y visualizaciones guiadas contenidas aquí, tendrán mayor efectividad si se utilizan junto con los procesos de curación emocional encontrados en los capítulos 5 y 6. Liberar el contenido emocional del cuerpo y la mente de esta manera le permitirá conocer más su naturaleza espiritual, y usar los recursos espirituales presentados aquí será una gran ayuda para su experiencia de curación y crecimiento emocional.

Los procesos en este libro también están destinados a usarse durante un período de tiempo para los diversos aspectos de su crecimiento personal. Por ejemplo, el capítulo 4, Conciencia y Meditación, contiene ejercicios que se deben practicar en un período de dos meses. Durante ese tiempo, usted podría usar también el capítulo 7 para explorar algunos de sus sueños, recibir información sobre un síntoma físico a través de los ejercicios del capítulo 5, o resolver un conflicto interior con los procesos curativos encontrados en el capítulo 6. Después de leer el libro usted querrá hacer muchos de los ejercicios, pero luego deberá dirigirse a las diferentes secciones del texto en las que encontrará los procesos específicos que quiere continuar. Al hacerlo asegúrese de ir a su propio ritmo; hay una abundancia de información contenida aquí, y le tomará tiempo integrarla.

A medida que le encuentre sentido de cómo se revela su propio proceso de curación y crecimiento, ponga atención a cuáles son sus necesidades específicas espiritual, mental, emocional y físicamente. La mayoría de individuos encontrarán útil, e incluso necesario en cierto punto de sus vidas, obtener la ayuda de un terapeuta profesional al trabajar con los aspectos del crecimiento emocional. Otros se beneficiarán de un grupo de apoyo o un círculo de meditación que los asesore en su viaje. Sin embargo, recuerde que al trabajar con otras personas o con los procesos presentados en este libro, usted siempre será el único responsable de su propia curación. Si siente que necesita algo más, siga la guía apropiada.

Estamos viviendo una época de gran cambio y transformación acelerada. Será continuamente importante, en los días venideros, tener los mecanismos para dirigir los asuntos de nuestro entendimiento espiritual, para de este modo ayudar a nuestra evolución personal. Mi intención es que todo el que lea este libro, y trabaje con los procesos contenidos en él, experimente de alguna forma una comprensión más profunda de su propia esencia creativa, e introduzca en el mundo esa conciencia iluminada.

Notas

1. Transpersonal es una palabra usada para definir los enfoques terapéuticos que reconocen la dimensión espiritual y el potencial para experimentar estados de conciencia que se extienden más allá de los usuales límites del ego y la personalidad. Vea Frances Vaughan, Ph.D., *The Inward Arc: Healing in Psychotherapy and Spirituality*, segunda edición. (Nevada City, CA: Blue Dolphin Publishing, Inc., 1995). También vea Roger Walsh, M.D., Ph.D. y Frances Vaughan, Ph.D. (ed.), *Paths Beyond Ego: The Transpersonal Vision*. (New York: Jeremy P. Tarcher/Putnam, 1993). La psicología jungiana se enfoca también a estas experiencias luminosas.

2. Hubo algunas excepciones a mis experiencias que combinaron perspectivas transpersonales y centradas en el cuerpo, así como ciertos tipos de trabajo respiratorio transpersonal.

3. Arnold Mindell, *Dreambody: The Body's Role in Revealing the Self* (Portland, OR: Lao Tse Press, 1997). Arnold Mindell, *Working with the Dreaming Body*. New York: Viking Penguin, 1989.

PARTE I

EL MAPA

1

CUERPO, MENTE Y ESPÍRITU

El sistema de energía humano

MUCHAS PERSONAS NO SABEN o no creen que existe una relación entre los estados mentales-emocionales y las experiencias físicas. Sin embargo, a la luz de los descubrimientos hechos en los campos de la neurociencia y la física cuántica, no se puede negar más la conexión cuerpo-mente.[1] Por ejemplo, ahora se sabe que las sustancias transmisoras de información, llamadas neuropéptidas, son los eslabones bioquímicos que se conectan a nuestra experiencia mental y emocional. Estos mensajeros químicos, que son secretados de células nerviosas e inmunológicas, y liberados a receptores encontrados sobre la superficie de las células en todo el cuerpo, influencian y responden a nuestros estados emocionales. En esencia, estas sustancias transforman mente en materia, mientras nuestras emociones desencadenan ciertas señales celulares que luego son transformadas en cambios fisiológicos.[2]

Por otro lado, la teoría cuántica de la física ha dado un cambio dramático en la concepción que tenemos de la materia. Por ejemplo, se ha encontrado que, a nivel subatómico, los fenómenos reconocibles son influenciados por la presencia de un observador humano. La decisión consciente de este observador determina si la sustancia subatómica (un electrón) aparece como partícula o como un fenómeno ondulatorio. Esto significa que es nuestra conciencia la que determina lo que se verá, experimentará o manifestará. En las palabras del físico Fred Alan Wolf, "el mundo físico de la materia, la luz y la energía, no puede existir independientemente de la conciencia humana".[3]

Los límites claros y concretos que una vez tuvimos entre la materia y la mente, entre la forma y la energía, ahora ya no existen. Somos parte de un campo cuántico, un medio continuo presente en todas partes, con el potencial para manifestarse como partículas u ondas, como sustancia material o su campo circundante. Las partículas de materia existen donde hay una condensación local de este campo.[4] De este modo, la sustancia material sólida, incluyendo el cuerpo físico, es sólo una concentración más densa del campo de energía. Desde esta perspectiva, los procesos del cuerpo ya no pueden considerarse como algo separado de lo que pensamos, sentimos o conocemos.

El físico David Bohm sugiere que el mundo manifiesto del universo físico, o lo que él llama "orden expuesto", es realmente menos fundamental que la realidad primaria de la esfera no manifiesta u "orden implícito" del cual se revela lo físico.[5] En su trabajo, Bohm se enfoca en la aparente naturaleza dual (partícula-onda) del electrón, y propone que al éste manifestarse como partícula, es a la vez informado acerca de otras partes del universo físico, a través de un campo ondulatorio que lo rodea. Este campo ondulatorio de información interpenetra todo el espacio y el tiempo, suministrando una red de conciencia que Bohm llamó "potencial cuántico". Aunque un electrón se esté comportando como partícula, está también interactivamente ligado al resto del universo, y tal vez es guiado potencialmente de alguna forma a través de este campo de información ondulatorio.[6] De este modo Bohm pensó que toda realidad está en flujo continuo y es parte de un gran movimiento de flujo interconectado, que llamó *holomovimiento*. Esto significa que todas las cosas están conectadas, se influencian entre sí dinámicamente, y la totalidad de este flujo universal está holográficamente contenido dentro de cada una de sus partes unificadas. Así, de acuerdo a esta teoría, no sólo somos una parte interconectada del enorme universo que nos rodea, sino también el patrón esencial y pulsante de toda la creación, contenido de alguna forma dentro de cada uno de nosotros.

Entonces, esencialmente estamos envueltos en un océano de energía, un campo de energía universal que es inteligente, está vivo, y transporta información en forma de luz. Nuestros cuerpos están compuestos de esta sustancia energética y nuestra conciencia individual interactúa con ella continuamente. Mi maestro espiritual ha descrito esta energía como "una sustancia consciente y viva", cuya naturaleza es el amor, y puede ser percibida tangiblemente con la necesaria sensibilidad receptiva. Cuando observo este campo de energía universal encuentro diminutos rayos de luz rebotando a velocidades fenomenales. Cuando la palpo siento emocionalmente amor puro. Luego, sus cualidades son simplemente luz, vida y amor.

LOS CUERPOS ENERGÉTICOS

La matriz de energía que rodea y conecta toda la materia, y de la cual ésta se compone, envuelve el cuerpo físico en forma de planos o cuerpos energéticos. Estos planos concéntricos existen como campos de energía interpenetrados[7] con cada capa sucesiva menos densa y de una mayor frecuencia o vibración armónica.[8] Aunque estos campos de energía están en las frecuencias ultravioleta, más allá de lo que conocemos como espectro visible, sólo permanecen invisibles hasta que somos sensibles a su presencia. Por ejemplo, estos campos pueden ser vistos por quienes tienen visión clarividente, y por curadores que se han entrenado para ver o sentir el sistema de energía humana.

Cada plano de energía sirve también para una función particular, e indica un peculiar estado de conciencia. Así como nos desarrollamos mental, emocional y físicamente desde la infancia, también continuamos evolucionando en conciencia y expandiendo nuestros conocimientos. Familiarizarse con la función específica de cada plano de energía y la dinámica de todo el sistema, no sólo le ayudará en su proceso de crecimiento personal, sino también le proporcionará un mayor entendimiento de la conexión entre el cuerpo, la mente y el espíritu. Diversas escuelas de metafísica, filosofía y curación, tienen sistemas diferentes que explican estas funciones. La siguiente descripción provee un marco que me ha parecido útil para entender la naturaleza de estos planos; para nuestros propósitos, trataremos los primeros siete cuerpos energéticos.

Primer plano: el campo etérico

La primera capa, la etérica, tiene que ver con el funcionamiento del cuerpo físico. El cuerpo etérico actúa como una especie de cianotipo prefísico que organiza y mantiene la forma física densa. Aparece como diminutas líneas de energía, luminosas y de color azulado-blanco a violeta-gris, las cuales están en constante movimiento, extendiéndose ligeramente fuera del cuerpo físico. Esta matriz de energía, similar a una tela contiene la misma estructura y las partes anatómicas del cuerpo físico, y sirve como patrón para él.[9]

Las investigaciones de personas como el Dr. Harold Saxton Burr han confirmado científicamente lo que los clarividentes han conocido desde tiempo atrás respecto al campo etérico. Burr midió el potencial eléctrico desarrollando un electrodo, que primero insertó en tejido vivo, y posteriormente puso cerca a la superficie de los organismos que estudiaba. Durante más de treinta años, examinó organismos, desde células simples hasta plantas y humanos. Encontró que todo sistema viviente tenía un campo eléctrico que servía para ciertas funciones con respecto al crecimiento, la morfogénesis, y el mantenimiento y reparación de las cosas vivas. Burr pensaba que este campo afectaba sus componentes atómicos fisioquímicos, y de este modo ayudaban a conservar el equilibrio orgánico y a actuar como un tipo de matriz electrónica que moldeaba la forma corpórea.[10]

La fuerza electromagnética que el cuerpo emana y a su vez lo rodea, ha sido medida recientemente por un instrumento muy sensible conocido como el Super Conducting Quantum Interference Device (SQUID). Además, las investigaciones del científico soviético Alexander Dubrov encontraron que en el proceso de mitosis, o división celular, hay una radiación fotónica (luz), y un sonido de alta frecuencia despedido por las células.[11] Esta energía bioluminiscente, aunque más allá del espectro visible, está siendo producida y emanada de nuestros cuerpos todo el tiempo.

La confirmación visual del campo etérico del cuerpo fue proveída a través de la técnica de la fotografía Kirlian. A través de este método, desarrollado por Semyon y Valentia Kirlian en los años cuarenta, se puede visualizar fotográficamente el campo electrodinámico del cuerpo exponiendo la película a un objeto en medio de un campo electromagnético de alta intensidad. Desde entonces, investigaciones adicionales han demostrado correlaciones entre fluctuaciones del campo fotografiado y el estado fisiológico y psicológico de un individuo. También se han encontrado variaciones en la corona observable al aplicarse la acupuntura y otros tratamientos curativos.[12] Claramente, el cuerpo etérico registra nuestro nivel dinámico de salud y vitalidad, y responde a cambios en el ambiente para mantener la homeostasis. Además de nuestra vitalidad física, el cuerpo etérico también afecta nuestra habilidad para disfrutar las sensaciones y los placeres del mundo físico que nos rodea.

Segundo plano: el cuerpo emocional

Este plano se relaciona con los sentimientos y las emociones. Este nivel del campo corresponde a los sentimientos que tenemos respecto a nosotros mismos, y a la habilidad para aceptarnos y nutrirnos emocionalmente. También tiene que ver con la expresión de emociones de una manera saludable que esté en armonía con la naturaleza espiritual y otros aspectos de nuestro ser.

Tercer plano: el cuerpo mental

Corresponde a nuestra inteligencia, al pensamiento concreto y abstracto. Nuestro sentido de claridad mental está asociado a este cuerpo de energía y a nuestra habilidad para usar las facultades mentales de tal forma que estén en equilibrio con las funciones intuitivas y sentimentales. Sin este equilibrio, los procesos de pensamiento analítico pueden dominar nuestra conciencia, y pueden también experimentarse patrones de pensamiento crítico.

Cuarto plano: el astral-intuitivo

Este plano es a veces referido como el plano búdico, y está asociado con la intuición y la expresión individualizada del amor. Este cuerpo actúa como un puente para los posteriores planos espirituales, y es en este nivel donde empezamos a experimentar la expresión de nuestra naturaleza superior, a través de las cualidades de amor y sabiduría intuitiva. Este cuerpo de energía se relaciona con su habilidad para amar y sentir la conexión con otras personas además de proporcionarle entendimiento intuitivo de las cosas.

Quinto plano: la voluntad divina

El plano de la voluntad divina se relaciona con la alineación consciente de nuestra voluntad personal con la voluntad superior y el patrón perfecto de lo divino. De este modo puede afectar los patrones que creamos y a los cuales respondemos en nuestra vida. Con este cuerpo de energía también se asocian el sentido del orden, el nivel de integridad y la habilidad para vivir en armonía con la verdad divina de nuestro propio ser.

Sexto plano: el cuerpo del alma

El sexto plano, al cual me refiero como el cuerpo del alma, está asociado con estados expansivos del éxtasis espiritual. Usted puede haber experimentado tales sensaciones durante una ceremonia sagrada, en meditación, mientras escucha música o al apreciar la belleza de la naturaleza. Sentimos nuestra conexión con todas las cosas, y nos vemos como parte de un cuerpo superior de amor divino a través de la conciencia de este plano.

Este campo de energía se relaciona con la conexión del alma y la esencia espiritual individualizada de su Dios. Si usted está desconectado de su naturaleza espiritual y los patrones directivos de su propia alma, esto afectará su habilidad para experimentar la expansión que este plano representa.

¿Qué quiero decir con alma y esencia espiritual? Cada uno de nosotros tiene una esencia espiritual individualizada, la cual es la chispa de la presencia divina de nuestro interior. Este ser divino es el núcleo ilimitado y eterno de nuestro ser espiritual. Es una célula vivificada en el cuerpo de Dios. Si usted concibe a Dios como el sol, entonces cada ser divino puede ser visto como una llama individualizada en ese cuerpo solar. Este Dios, a veces llamado yo superior para distinguirlo de la personalidad exterior del ego mismo, es el centro de nuestra conciencia espiritual superior, la sabiduría, la creatividad, la paz, la alegría y el amor.

El alma rodea el ser de Dios, y puede ser comparada con una especie de cubierta que actúa como protección. El alma contiene los patrones y el recuerdo de toda nuestra experiencia, y sus impulsos proveen dirección, de tal forma que ganemos las experiencias necesarias para nuestra propia evolución. Esta inteligencia del alma es la que mantiene funcionando el cuerpo físico y el sistema de energía humana. Esto es debido a que el alma provee el patrón de información, específico y necesario, que la naturaleza usa para darle a nuestros cuerpos la sustancia material requerida para el funcionamiento físico.

Cuando adquirimos la existencia física sobre la tierra, desarrollamos también un ego y una falsa imagen de nosotros mismos. El ego es el pensamiento consciente, el sentimiento y la parte de la psique que se desarrolla a través del contacto con el mundo externo. Provee el marco básico de autoidentidad por el cual experimentamos e interactuamos con el mundo que nos rodea. Es a través del ego que un individuo se reconoce a sí mismo como un ente separado. También tiene una importante función recuperando y procesando la información que nos permite mantener aquí la existencia física. Por ejemplo, nos enseña cómo proteger y sostener un cuerpo material. Sin embargo, la información que nos da se basa en lo que ha aprendido del mundo en el pasado. Por consiguiente, sus interpretaciones de la vida son limitadas en comparación con el conocimiento expansivo del yo divino.

La perspectiva del ego puede ser muy distorsionada debido a que su información se basa a menudo en experiencias dolorosas de la vida, o falsas ideas aprendidas de la sociedad y la dinámica particular presente dentro de nuestras propias familias. Entonces se crea un concepto falso de uno mismo, o persona falsa, que domina la personalidad del alma, en lugar de permitir que la verdadera expresión del yo superior guíe la vida del individuo. La falsa persona es un tipo de máscara que creamos, una capa exterior que usamos para obtener aprobación y proteger las partes vulnerables de nosotros mismos, las cuales pensamos que son inaceptables para los demás. Es la parte humana que se identifica con los conceptos de la mente pensante; es decir, lo que "pensamos" acerca de nosotros mismos en lugar de lo que realmente somos como seres divinos. Por ejemplo, un individuo puede creer no tener valor ni merecer amor, cuando en realidad está sólo desconectado de su verdadera esencia y el amor divino que siempre está disponible para él. Para compensar, esta persona podría tener una necesidad obsesiva de hacer las cosas perfectamente y agradar a los demás. Este perfeccionismo sería una expresión de la falsa persona del individuo.

El hecho de que la personalidad del ego presente una autoimagen falsa y distorsionada, ha guiado a muchos conceptos erróneos acerca de su relación con el crecimiento espiritual. El ego no está destinado a ser eliminado como parte del desarrollo espiritual. Un sentido positivo del yo es un elemento necesario para una psique sana; incluso, el ego y la mente pensante deben transformarse o purificarse en servicio del yo divino. En otras palabras, en lugar de desarrollar el show con base en información errónea, el mismo ego se entrega a la sabiduría del ser superior y toma decisiones basadas en su guía. Para lograrlo, usted debe primero reconocer y expresar su naturaleza espiritual, a diferencia de identificarse solamente con el cuerpo físico o las interpretaciones distorsionadas del ego respecto a la realidad. Mientras más experimente su esencia espiritual de esta manera, se transformarán más el ego y sus falsos patrones acompañantes. Luego, podrá conocer más a plenitud y encarnar la presencia de su verdadero yo.

Séptimo plano: *la mente universal*

El séptimo cuerpo de energía, la mente universal, se relaciona con nuestra conexión con la fuente no manifiesta de todo, la inteligencia cósmica que envuelve y conecta todas las cosas, suministrando el patrón perfecto para toda creación. En este nivel de conciencia, usted se siente unido al creador, y gana un entendimiento de su parte en el plan perfecto de un universo amoroso. A través de este conocimiento y entendimiento logra un sentido de realización y paz. Así como la inteligencia divina cubre todas las cosas, el séptimo cuerpo energético también abarca los otros campos, y forma un huevo de luz, dorado y protector, que los mantiene unidos.

Cuerpos de energía en equilibrio

Cuando todos los cuerpos de energía están alineados, y funcionando de acuerdo a su máxima expresión, podemos conocer nuestra conexión con la fuente creativa (mente universal); experimentamos la paz, la alegría, la creatividad y el amor de nuestro ser esencial (cuerpo del alma); alineamos nuestra voluntad con el patrón perfecto de un universo amoroso (voluntad divina); expresamos este amor a través de nuestra conexión con los demás (astral-intuitivo); usamos nuestra inteligencia consciente de tal forma que esté en armonía con nuestra naturaleza sentimental y el yo superior (cuerpo mental); aceptamos armoniosamente y expresamos sentimientos de forma equilibrada (cuerpo emocional); y experimentamos salud, vitalidad, y un conocimiento de las sensaciones y sentimientos corporales de manera que conlleve un sentimiento de alegría y placer (cuerpo etérico). Cuando la energía fluye armoniosamente de esta forma a través de los cuerpos energéticos, el vehículo físico se alimenta naturalmente, y es saludable, con todos los sistemas físicos en equilibrio.

Por consiguiente, cada nivel del sistema de energía humana está relacionado con un aspecto diferente de nuestra experiencia. La conciencia espiritual, los procesos mentales, los sentimientos emocionales y las sensaciones somáticas, se relacionan con diversas localizaciones en nuestro campo de energía. Todos los planos de energía están conectados y trabajan conjuntamente para mantener un equilibrio y una óptima salud en todo el cuerpo y la mente. Si hay un desequilibrio o bloqueo de energía en un nivel del campo, puede afectar el flujo energético a los otros cuerpos. De este modo, aspectos del cuerpo mental tales como pensamientos críticos acerca de nosotros mismos, pueden influenciar nuestro estado emocional —por ejemplo crear depresión—, y afectar posteriormente el funcionamiento del cuerpo físico.

Los cuerpos de energía no sólo responden entre sí, también son sensibles a frecuencias transmitidas por otros campos. Recuerde, cada uno de los cuerpos de energía tiene una frecuencia armónica particular. Constantemente estamos enviando un cierto patrón de energía desde nuestros campos energéticos, dependiendo del estado espiritual, mental, emocional y físico del ser. Usted puede haber experimentado una respuesta a la emanación de energía de otra persona si alguna vez ha tenido una fuerte reacción ante ésta sin razón aparente. Si hay resonancia o armonía entre su campo de energía y el de otra persona, se producirá un sentimiento positivo. Si hay disonancia entre los dos campos, lo más probable es que usted tenga una respuesta negativa de algún tipo. A menudo esta respuesta será una sensación en una área particular de su cuerpo, por ejemplo ansiedad en su plexo solar, un nudo en el estómago, o dolor en su corazón.

A veces las personas tienen una forma particular de manipular energía. Es posible que haya sentido esto como una absorción energética o inclusive ataque de otras personas. Los que absorben energía son a menudo individuos que quieren algo suyo o necesitan que usted haga algo para ellos. Por supuesto, todos tenemos momentos en que nos sentimos necesitados. Sin embargo, cuando estamos alrededor de estas personas sentimos que tienen un gran agujero imposible de llenar. A menudo son aquellos que no toman responsabilidad por sí mismos.

Con las personas que se retiran, sentimos como si estas retrocedieran hacia un escudo, o se alejaran energéticamente para no interactuar con nosotros. Usted se preguntará, "¿a dónde se fueron?". He visto personas elevarse fuera de sus cuerpos físicos hacia planos de energía superiores, como una forma de retirada. Usualmente la retirada energética es un mecanismo de defensa, una respuesta aprendida al temor. Los individuos lo hacen a menudo si una situación les recuerda una experiencia dolorosa del pasado, o si tienen miedo a la crítica, al control externo, o incluso a la intimidad. El ataque energético es frecuentemente acompañado por agresividad verbal, y una postura del cuerpo que sugiere poder de la persona sobre usted. Puede sentirse invadido, o como si una aplanadora energética estuviera en su cara.

Tal vez puede pensar en otras formas en que siente a las personas energéticamente, como cuando está en presencia de alguien que emana amor y vitalidad, o cuando una persona trata de seducirlo de manera encantadora para lograr su propósito. Usted puede ser más consciente de estas dinámicas empezando a observar cómo sienten energéticamente en su cuerpo las cosas que las personas dicen o hacen, y cómo se siente estar alrededor de ellas. ¿Es agradable y provechoso estar con esta persona, o es incómodo y agotador? Comience a analizar cuál es su respuesta energética a estos tipos de interacciones, y también a otras situaciones y comportamientos en los que pueda estar involucrado. Use la información que recibe como guía para determinar qué actividades son estimulantes en su vida, y cuáles ya no son útiles para su bienestar.

En la mañana, antes de ir a trabajar, o durante el día —particularmente si se siente agotado, irritado o enfermo— enfóquese conscientemente en el espacio que rodea su cuerpo físico, y sienta intuitivamente o imagine los límites de su campo de energía. ¿Su campo áurico parece restringido y mantenido defensivamente cerca a su cuerpo físico, o está sobreexpandido y disipado, dejándolo susceptible a la energía de cualquier persona? Si es así, respire amorosamente en la energía alrededor de su cuerpo. A través de los sentidos del conocimiento intuitivo, la visualización creativa, o simplemente afirmando una intención, ajuste sus límites áuricos a lo que sienta apropiado para usted —usualmente es un huevo de energía alrededor de su forma física, a dos o tres pies de su cuerpo—.

En situaciones privadas o más abiertas, tales como las sesiones de meditación, su campo de energía puede extenderse mucho más. Sin embargo, si su aura se expande a una gran distancia en otras ocasiones, especialmente en público, deberá tener la conciencia espiritual necesaria para adquirir un excelente manejo de su presencia energética en esa distancia. Para aumentar y fortalecer más su aura, visualice el borde de su campo como el color dorado del séptimo cuerpo de energía.

Otras frecuencias de energía, como las producidas por campos eléctricos, también pueden afectarnos. La energía de fuentes eléctricas (campos EM) está constantemente bombardeando nuestro sistema nervioso físico y los cuerpos de energía. A nivel fisiológico, esto se debe a que el axón, o transmisor de mensajes del sistema nervioso, no sólo es estimulado por la actividad eléctrica generada desde dentro de la neurona misma, sino también desde estímulos externos. El estrés también se crea porque la frecuencia vibracional emitida por la fuente eléctrica no está en resonancia con el campo de energía humana. Esta disonancia crea una condición donde el campo etérico está consumiendo energía constantemente, tratando de ajustar y mantener el equilibrio, disminuyendo así la vitalidad general del individuo. Por esta razón es estresante trabajar continuamente en terminales de computador. Si usted usa uno de estos aparatos, coloque un filtro que bloquee gran parte de esta radiación EM.

La televisión también puede afectar sus campos de energía. Empecé a sentirme cada vez más agotada, o incluso agitada, cuando veía la televisión, y decidí meditar sobre sus efectos. La información que recibí fue que la frecuencia emitida por el televisor estaba interfiriendo mi propio campo energético. Esto era lo que estaba creando la agitación física y emocional. Además de ser constantemente bombardeado, mi campo etérico estaba entrando en resonancia con el campo de la televisión. Esto disminuía la vibración de mi propio campo, lo cual me dejaba agotada. En ese tiempo fui particularmente sensible debido a que estaba en medio de un proceso de curación. Al ver televisión estaba realmente interfiriendo con la curación que se estaba dando dentro de mí. Obviamente, reduje considerablemente mi exposición al televisor.

Los campos energéticos no sólo emiten energía, también responden a otras frecuencias para mantener la homeostasis. Seamos o no conscientes de ello, nos encontramos constantemente transmitiendo y recibiendo energía a través de nuestros cuerpos energéticos. Estas energías nos afectarán dependiendo de qué tan conscientes somos de ellas. El conocer su cuerpo, lo que siente en él cuando está en un lugar determinado, cuando se encuentra con otro individuo en el campo energético de éste, o mientras está involucrado en una cierta actividad, le ayudará a ser consciente de lo que está sucediendo energéticamente.

LOS CHAKRAS

Los cuerpos de energía son realmente parte de un gran sistema, el cual incluye los chakras. Estos vórtices giratorios de energía son centros dinámicos que distribuyen energía por todo el cuerpo. Su función principal es recibir la energía del campo universal que nos rodea, y descomponerla para ser usada por el cuerpo. De esta manera, los chakras ayudan a sostener la vida humana a través de la conversión de energía en materia. Los siete chakras principales que discutiremos aquí, están localizados a lo largo de la columna vertebral. Sin embargo, también hay un chakra ubicado bajo los pies, al cual me dirigiré posteriormente en el libro, al igual que chakras secundarios en áreas tales como las rodillas, los pies y las manos.[13]

Cada chakra existe sobre un nivel del campo de energía. Estos cuerpos energéticos son unidos en estos chakras, creando un pasaje de comunicación entre ellos. Esto es parte del mecanismo por el cual, por ejemplo, un asunto del cuerpo mental puede afectar el nivel emocional o etérico. Al igual que los planos de energía, cada chakra resuena en una cierta frecuencia vibratoria y emana un color particular. Además, cada uno de los siete chakras principales está relacionado con una área específica del cuerpo, y afecta un plexo nervioso y una glándula endocrina. De esta manera, los chakras influencian respuestas bioquímicas y hormonales, las cuales afectan nuestro bienestar fisiológico y psicológico. Los chakras actúan como una interfase, la unión entre la energía sutil y los cambios psicosomáticos reales en el cuerpo y la mente.

Los chakras también interactúan con otra fuerza dentro del cuerpo llamada kundalini. En las enseñanzas espirituales orientales y en la filosofía yóguica, el kundalini se conoce como la fuerza vital creativa, la sustancia primordial dadora de vida, y la esencia de la madre tierra. Aunque esta energía está constantemente interactuando con los chakras, hay también un aspecto más completo del kundalini que coincide con el despertar espiritual y el proceso de desarrollo de la conciencia.

De acuerdo a las tradiciones yóguicas, el kundalini inactivo yace enrollado como una serpiente en la base de la columna vertebral, hasta que se despierta espontáneamente, a través de la meditación, o como parte de una práctica espiritual específica. La energía kundalini empieza luego a desenrollarse y asciende por la columna, energizando los centros chakras. A medida que el kundalini activa estos centros, ellos se vivifican y estimulan para afluir energías cósmicas. Este proceso significa la transformación de la falsa persona, y la naturaleza del deseo más básico —la expresión autoabsorbida de emociones e impulsos instintivos de manera no consciente— están siendo purificados de tal forma que la conciencia pueda ser elevada a un nivel más expansivo.

Por consiguiente, los chakras interactúan con dos energías principales. Primero, la energía cósmica del campo universal entra a través de la corona, en la parte superior de la cabeza, volviéndose más densa a medida que se filtra hacia abajo a través de los chakras a lo largo de la columna. Segundo, el kundalini entra al cuerpo humano a través de la base de la columna, donde está almacenado. El kundalini se eleva a través de la columna vertebral, encontrándose el flujo de energías cósmicas. Cuando las dos fuerzas se encuentran, generan una actividad giratoria como una especie de rueda. Este es precisamente el origen del nombre *chakra*, la palabra sánscrita para rueda. Esta dinámica es significativa de la energía cósmica o el espíritu que busca penetrar materia física y ser encarnado, y materia física que busca aumentar el nivel de energía y mezclarse con el espíritu.

Ambas funciones son importantes y necesarias en nuestra evolución y nuestro proceso de expansión de conciencia. Estas dos energías esenciales, la cósmica y la fuerza vital creativa, están continuamente trabajando dentro del cuerpo, y son igualmente importantes para la salud y el bienestar. De este modo atraemos energía de nuestra existencia espiritual y nuestra fuerza vital o esencia terrenal. Realmente, cielo y tierra se unen dentro de nosotros. Observemos más detalladamente cada centro chakra para saber cómo se relaciona específicamente con nuestro bienestar físico y psicológico.

El chakra raíz

El primer chakra, el raíz, está localizado en la base de la columna vertebral, en el sacro-cóccix. Aparece de color rojo, y está asociado con el funcionamiento del cuerpo físico. Como el lugar donde reside el kundalini, este chakra se relaciona con la fuerza vital creativa y la voluntad de vivir. Promueve la vitalidad de la presencia física. La disfunción de este chakra puede afectar la energía física general de una persona, la salud, y la conciencia de los sentidos proprioceptivos, cinestésicos y táctiles.

El chakra raíz influencia las suprarrenales, las cuales afectan muchas funciones del cuerpo. Las suprarrenales, junto con la división simpática del sistema nervioso autonómico son responsables de la respuesta "lucha o vuelo", preservando la vida y la energía del organismo. La supervivencia, el deseo de vivir, y la sensación de querer estar aquí sobre la tierra, se relacionan con este centro chakra.

Cuando hay un desequilibrio en el chakra raíz, es difícil para las personas sentirse a gusto en el mundo. Pueden no sentirse bienvenidas en este planeta, o sentirse alejados, sin la convicción de que el mundo puede ser un lugar seguro. Esto es especialmente cierto si ha habido experiencias en la infancia relacionadas con supervivencia física o emocional. En estos casos hay a menudo profundos sentimientos de rabia y terror, asociados con este chakra. Las personas con disfunción de este centro pueden también estar desconectadas en cierto grado de la realidad material.

El chakra sacro

El segundo chakra, el sacro, está localizado justo encima del hueso púbico. Aparece de color naranja, y tiene que ver con la función regenerativa y la energía sexual. Se relaciona con la confianza básica en la vida, y la capacidad para satisfacer relaciones íntimas con la habilidad de dar y recibir placer a través de la unión sexual. Recibimos alimento emocional a través de esta unión, y nuestros cuerpos se nutren con energía vital por medio del orgasmo. Si hay un mal funcionamiento en este chakra se pueden desarrollar problemas con los órganos sexuales, o experiencias íntimas no satisfactorias. También pueden verse afectados el sistema urinario, el colon y la parte inferior de la espalda.

La dinámica de desarrollo que involucra este chakra tiene que ver con el estímulo y la seguridad versus el abandono. Si usted no tuvo la sensación de estar seguro y apoyado cuando era niño, esto puede continuar afectando su habilidad para experimentar relaciones que lo alimenten emocionalmente. Este tipo de dinámica se creará por cualquier tipo de abuso físico, emocional o sexual.

El chakra del plexo solar

Este tercer chakra, el plexo solar, es el centro de las emociones y el poder, emana el color amarillo y se localiza en el abdomen superior, justo bajo el diafragma. El páncreas está relacionado con este centro, y el bazo, el estómago, el intestino delgado, la vesícula biliar, el hígado y el sistema nervioso reciben energía a través de él.[14] Este centro energético tiene que ver con el poder emocional, el sentido de autoaceptación y la voluntad personal.

A menudo en la infancia nuestra sensación de poder es usurpada por custodios sobrecontroladores o disfuncionales. Nuestro sentido instintivo de las cosas puede ser rechazado y los deseos de nuestra naturaleza instintiva controlados. Luego se cierra nuestra conexión con el poder personal y la sabiduría innata, y se desarrollan sentimientos de temor, tristeza y cólera. Por esta razón es común un desequilibrio del plexo solar, lo cual puede afectar el cuidado personal de un individuo, su sensación de poder y su expresión emocional. El mal funcionamiento de este chakra puede originar una represión de emociones o extremos de histeria, al igual que una necesidad de control restrictivo de uno mismo, o de los demás. Cuando el individuo siente una falta de poder, tratará de encontrarlo fuera de él manipulando a otras personas o ejerciendo poder sobre ellas. Las personas obsesivas o dominantes tienen usualmente un desequilibrio en el centro del plexo solar.

Cuando alguien tiene temor, a menudo experimenta sensaciones físicas en el plexo solar. Muchas veces, las personas son realmente aprensivas acerca de las poderosas e instintivas emociones que residen aquí, y temen que serán incapaces de controlarlas. Si hay también un desequilibrio en el primer chakra, y hace falta un sentido de seguridad, esta sensación de ansiedad aumentará considerablemente.

Los individuos también pueden protegerse de sentimientos inquietantes cimentados en el plexo solar, respirando superficialmente, y evitando así que éstos sean estimulados. Respirar completamente hasta el abdomen puede invertir el proceso; ayudando a la persona a que se conecte más profundamente con su cuerpo y sus sentimientos instintivos.

Aunque el kundalini interactúa con todos los chakras, está asociado en forma específica con los primeros tres. Estos chakras reflejan los ciclos vistos en toda la naturaleza, el proceso de nacimiento, la preservación, la muerte y el renacimiento. El chakra raíz es la matriz donde yace la sustancia primordial dadora de vida del kundalini, enrollada en la base de la columna vertebral. Representa nuestra conexión con la tierra, madre de la cual se origina esta fuerza vital creativa. El segundo chakra se relaciona con la naturaleza regenerativa de esta presencia terrenal femenina, y la capacidad de preservación, crecimiento y alimentación. El tercero está asociado con el aspecto poderoso y destructivo de la naturaleza, el aspecto explosivo que vemos a menudo expresado en terremotos y volcanes.

Cuando se rechaza la naturaleza instintiva, o se reprimen expresiones de la fuerza vital como la sexualidad, las emociones o el poder, debido a que son consideradas inaceptables, pueden surgir problemas en estos chakras. Recuerdo una frase de un viejo comercial de margarina que decía: "no es bueno engañar a la madre naturaleza". Cuando no escuchamos nuestros instintos, y rechazamos o reprimimos sentimientos innatos, entonces podemos despertar el aspecto poderoso y destructivo de la naturaleza, y tener que enfrentar las consecuencias. En otras palabras, cuando se rechazan los sentimientos y se reprimen las necesidades, pueden originarse problemas fisiológicos y psicológicos más profundos. Esto ocurre en nuestras psiques individuales y colectivas, y nuestra sociedad lo refleja.

En esta cultura se nos ha enseñado a rechazar funciones instintivas en favor del conocimiento cognoscitivo y el control mental. La mente civilizada ha ignorado la sabiduría animal, y ha domesticado la pasión emocional. La habilidad de la mente para discriminar es una función necesaria; es lo que nos separa de los animales. Sin embargo, cuando la mente tiene total control, nos convertimos en algo más que robots mecanizados. El rechazo de la naturaleza instintiva en esta cultura es a veces sutil, a menudo descarado, y siempre penetrante. Este aspecto sentimental ha sido herido y negado tanto en hombres como en mujeres. He trabajado con muchas personas debieron aprender que tener sentimientos, especialmente de tristeza o enojo, es una parte natural del ser humano. También he encontrado que muchos individuos se sienten desconectados de su sensualidad o están inconformes con sus cuerpos. Los sentimientos de dolor que no hemos tratado interiormente como individuos, luego se vierten en la sociedad, manifestándose como la violencia que nos rodea. Es necesaria la curación del dolor emocional colectivo para conseguir el equilibrio.

Otra manifestación del rechazo de nuestra naturaleza terrenal instintiva se ve en el abuso colectivo del planeta a través de la contaminación. En respuesta, la naturaleza parece gritar desesperadamente para encontrar el equilibrio por medio de tormentas, terremotos, actividad volcánica, hambrunas y otros desastres naturales.

Los impulsos instintivos de supervivencia, procreación y poder a menudo emergen de un lugar inferior al nivel de conciencia. De este modo, el dominio de los primeros tres chakras también representa la esfera de la mente subconsciente y los contenidos de carga emocional que ahí residen. Para expresar el poder emocional, la voluntad y la naturaleza instintiva, de forma clara y equilibrada, se deben sanar los problemas del pasado que no se han resuelto. Esto requiere que llevemos la luz de la conciencia al mundo oscuro de la mente subconsciente, para así enfrentar los elementos distorsionados de rechazo, dolor y temor arraigados ahí. Si estas heridas del yo se curan, usted podrá realmente sentir una presencia firme y segura sobre la tierra (primer chakra), confiar en sí mismo (segundo chakra), y satisfacer sus necesidades emocionales (tercer chakra). Sólo entonces podrá desarrollar poder, y controlar situaciones y la conciencia basada en el temor asociada con el tercer chakra.

El chakra del corazón

El cuarto chakra, el del corazón, está localizado en el centro del pecho, e irradia el color verde. Nos amamos a nosotros mismos y sentimos el vínculo sentimental con otras personas a través de este chakra. Los desequilibrios en este centro energético se relacionan con la inhabilidad para dar o recibir amor y reconocer sentimientos profundos. También puede haber una sensación de aislamiento y una falta de conexión amorosa con los demás.

El amor que fluye del centro del corazón también trae una nueva conciencia, un entendimiento más compasivo y espiritual. El chakra del corazón representa un punto de cambio, una transición de la conciencia instintiva de los primeros tres chakras, hacia una experiencia del ser que emerge. Significa individuación, el proceso por el cual nos convertimos en individuos psicológicamente autónomos, expresando el yo esencial. Así como un niño debe salir del útero al nacer, para continuar su desarrollo como una entidad separada, debemos movernos más allá del útero emocional puramente instintivo, representado por los tres primeros chakras, para darnos cuenta quiénes somos como individuos únicos y seres espirituales. Por esta razón se deben enfrentar las dinámicas de desarrollo de los chakras inferiores, concernientes a la supervivencia, las necesidades emocionales y el derecho a los instintos básicos, antes de que podamos experimentar la individuación representada por el chakra del corazón.

Como parte de este proceso, a menudo encuentro que las personas recuerdan ciertas etapas de la infancia relacionadas con la individuación. La búsqueda de la autonomía puede ejemplificarse en la experiencia de una niña de dos años que dice "no", y se siente separada de su madre por primera vez o la lucha de un adolescente para encontrarse a sí mismo, rebelándose contra sus padres. Una vez que sentimos una conexión firme con la fuerza vital, confiamos en nuestros propios instintos, y nos creemos capaces de satisfacer nuestras necesidades, podemos entonces abrirnos más hacia la experiencia del amor incondicional y al descubrimiento de nuestra naturaleza espiritual.

En el chakra del corazón, la energía kundalini es refinada y transmutada a una sustancia más pura a través de la conciencia del amor. Así como los antiguos alquimistas buscaron transmutar metales simples en oro, es aquí en el centro del corazón donde la naturaleza del deseo más básico se transforma a través de la cualidad del amor. Este proceso alquímico abre el camino para que un individuo se mueva más allá de las reacciones inconscientes de la esfera emocional hacia una experiencia de conciencia espiritual. Es la energía del chakra del corazón la que nos permite integrar nuestra esencia espiritual y nuestra naturaleza instintiva en una humanidad divina. El chakra del corazón actúa como un intermediario entre la mente y las emociones, y puede ayudarnos a entender y resolver los conflictos que surgen entre deseos instintivos y valores espirituales. A menudo es la tensión de este tipo de conflictos lo que origina problemas cardiacos.

En el proceso de volvernos adultos, muchos de nosotros "perdemos el corazón", pues la parte infantil, amorosa y creativa que todos tenemos la hemos perdido y ocultado. Para conocernos a nosotros mismos, se debe descubrir, amar y curar a ese interior de luz. Las personas involucradas en este proceso de individuación y curación a menudo tienen palpitaciones irregulares del corazón, dolores extraños en el pecho, o sensación de quemazón en esta área. El dolor de la infancia parece manifestarse temporalmente como este dolor físico del corazón. Del mal funcionamiento del chakra del corazón, también pueden resultar fenómenos más serios del cuerpo, que tienen que ver con cambios estructurales tales como arterias bloqueadas, diversas formas de enfermedades cardiacas, y problemas de circulación.

También he encontrado que las personas comprometidas en el proceso de individuación pueden tener sueños, imágenes, y experiencias del pasado que involucran el corazón, por ejemplo visiones en las cuales este órgano es cortado. Esto es a menudo un simbolismo del sentido del yo que fue usurpado durante la infancia, y que ahora se debe recuperar. Ya sea que usted crea en la posibilidad de la reencarnación y la autenticidad de experiencias de vidas pasadas, o simplemente lo vea como una metáfora simbólica similar al contenido de los sueños, ésta emerge como un aspecto importante del crecimiento personal y el desarrollo espiritual.

El chakra del corazón se relaciona con la glándula timo, que juega un papel importante en el sistema inmunológico. De acuerdo a la ciencia médica tradicional, el tejido del timo rico en linfocito es reemplazado por grasa después de la pubertad, y luego la glándula se atrofia con la madurez. Es interesante observar que es en la pubertad cuando una persona se abre al mundo, la naturaleza infantil busca actividades e intereses más adultos. El individuo, en este tiempo, puede interesarse más en el mundo que en la pequeña y estática voz del interior del corazón. En el proceso de individuación y descubrimiento de nuestra verdadera esencia, regresamos una vez más a este lugar dentro del corazón.

El chakra de la garganta

El quinto chakra, localizado en el centro de la garganta, irradia un color azul celeste, y está asociado a la glándula tiroides, la cual regula la respuesta metabólica del cuerpo. En forma similar, el chakra de la garganta se relaciona con la forma en que los individuos responden y se expresan. Es en este chakra donde se expresa y comunica la fuerza vital de la persona. Esto no sólo incluye las habilidades verbales sino que también tiene que ver con la escritura y las artes creativas. Este centro energético también se relaciona con la capacidad de expresar las necesidades, la voluntad y la creatividad. Las personas con una disfunción de este chakra pueden ser incapaces de manifestar la verdad de su propio ser. Pueden tener problemas para expresar sus necesidades y su creatividad, o ser excesivamente habladoras, carentes de autoregulación. También puede verse afectada la habilidad para oír bien o escuchar receptivamente. Los síntomas físicos tales como desequilibrio de la tiroides, laringitis, u otros problemas de la garganta pueden acompañar los asuntos que involucran este chakra.

En la infancia, a muchos individuos se les enseña a callar y a escuchar. En hogares abusivos, una persona puede ver comprometida su vida por hablar de cosas que ve, siente o sabe. Tales patrones en la infancia crean a menudo una pasividad que continúa hasta la adultez, haciendo difícil para el individuo expresarse por sí mismo. Por esta razón muchas personas tienen un desequilibrio en este chakra. Además, nuestra sociedad suele criticar a quienes dicen cosas poco convencionales que amenazan el status quo. Esto hace difícil para tales individuos manifestar sus constantes ideas creativas. El centro gutural también actúa como un puente entre la cabeza y el corazón, entre el pensamiento y los sentimientos. Por consiguiente, los conflictos entre lo que piensa nuestra mente lógica y lo que siente nuestro corazón, se experimentan a menudo en el chakra de la garganta.

El proceso de transmutación que ocurre en el centro del corazón afecta la dinámica del chakra gutural. El corazón nos permite usar la espada de doble filo de nuestra palabra creativa, de manera consciente y compasiva para la curación, y no para causar daño. Cuando los tres chakras centrales operan juntos de forma equilibrada, podemos expresar la palabra creativa (quinto chakra) con poder (tercer chakra) y compasión (cuarto chakra). Recíprocamente, dando voz al poder del tercer chakra, a través del chakra gutural, el proceso de individuación del chakra del corazón se hace más completo. Encuentro que es usualmente cuando las personas empiezan a hablar acerca de sus sentimientos, creencias y verdades personales, que solidifican sus propias fronteras psicológicas y tienen un sentido más completo de sí mismas como seres únicos.

En el centro de la garganta existe también un eslabón, similar a una válvula, con la matriz electromagnética de los cuerpos energéticos, el cual transduce y controla el flujo de energía vibracional superior y la información para el vehículo físico. Para hacer que las cosas avancen más suavemente, si siente que se le dificulta la asimilación de esta energía expandida y acelerada, puede ser útil respirar amor hacia el área de la garganta mientras visualiza luz ahí. Luego acuda a un espíritu y a su propio yo superior, para que lo ayuden a hacer cualquier modificación necesaria en su centro gutural o en otras partes de su sistema de energía.

El chakra de la frente/del tercer ojo

Este chakra está localizado en el centro de esta área, entre las cejas; emana un color violeta índigo, y se relaciona con la glándula pituitaria que controla muchas funciones corporales y regula las otras glándulas a través de sus secreciones hormonales. El chakra de la frente tiene una función regulatoria similar, fraccionando y distribuyendo la energía cósmica, la cual entra por la corona.

El chakra de la frente (o tercer ojo) se asocia con ideas creativas y la habilidad para visualizar y percibir conceptos mentales, dándole forma a dichas ideas. Las personas con un desequilibrio en este centro energético pueden tener fuertes imágenes negativas y problemas para formar ideas, o ser incapaces de desarrollar las ideas creativas que tienen. También se puede producir tensión mental, ansiedad, preocupación, confusión, dolor de cabeza, y otros síntomas relacionados con la cabeza.

El sexto chakra también tiene que ver con la aptitud hacia la sabiduría espiritual, la intuición, o lo que se conoce como el "sexto sentido" —percepción extrasensorial—. Todos tenemos la habilidad de abrir nuestros ojos psíquicos hacia el mundo no físico. De hecho, los niños lo hacen muy naturalmente a temprana edad. Nunca olvidaré el día en que mi hija de tres años, Lisa, señaló el aire frente a nosotros y dijo, "¡profesora, mamá, profesora!" y continuó mirando fijamente el lugar que señalaba, interactuando con alguien que yo no podía ver. Yo sentí la presencia de alguien más pero estaba sorprendida por la experiencia de mi hijo.

La habilidad intuitiva es una herramienta espiritual y, como cualquier herramienta, puede ser desarrollada a través del entendimiento y la práctica. Realmente hay una constante afluencia de percepción intuitiva fluyendo a través de nosotros todo el tiempo. Sin embargo, esta energía más sutil es usualmente ahogada por el continuo ruido resonante de nuestras mentes racionales y creencias limitadas. Empezando a disciplinar y moderar la mente pensante, podemos aprender a conectarnos con esta guía interior.

Muchas veces, las personas que se rehusan a reconocer la sabiduría superior y la visión espiritual del chakra de la frente, experimentan problemas en los ojos o la visión. También he conocido individuos con un sexto chakra dominante que fueron muy psíquicos, pero con un bloqueo en el chakra del corazón. Cuando se presenta esta dinámica, lo que la persona ve físicamente será manifestado de forma crítica, sin compasión o entendimiento por la experiencia de otras personas.

La glándula pituitaria, asociada con este centro energético, está situada en una ranura del hueso esfenoides, que a su vez se compone de dos estructuras con forma de alas. Esto es un simbolismo del último vuelo expansivo que tomará nuestra conciencia, mientras es iluminada con la sabiduría espiritual del sexto chakra. Aquí, a medida que nos expandimos en conciencia y aumentamos la luz de la sabiduría espiritual, nos preparamos para experimentar la unión con la fuente divina de todas las cosas.

El chakra de la corona

El chakra de la corona se localiza en la parte superior de la cabeza, y está relacionado con la glándula pineal. Este chakra, de color violeta claro a blanco, es el centro de la presencia, el saber y la autoridad espiritual, que representan nuestra conexión con la fuente divina de todo ser. Significa ese lugar de la conciencia donde experimentamos automaestría, y tenemos total conocimiento del Dios yo como nuestra realidad dominante. Finalmente se alcanza un estado de conciencia cósmica cuando los aspectos de la falsa persona desaparecen por completo y nos mezclamos con el espíritu absoluto en una unidad iluminada y trascendente. Mientras se estimula y activa el chakra de la corona aun más por la creciente energía kundalini, el resultado son experiencias místicas expansivas de esta naturaleza.

La operación del séptimo chakra afecta la experiencia de una persona sobre la esfera espiritual, y su sentido de sí misma como ser espiritual. En nuestra cultura, somos mal alimentados espiritualmente, y nos hemos alejado de los estados de felicidad divina que representa el chakra de la corona. Como un pobre sustituto, vemos a personas adictas a otros medios de experimentar este regocijo espiritual usando drogas, alcohol, juegos, sexo y cosas similares. Tal vez parte del problema es que algunas de nuestras religiones nos han hecho creer que debemos esperar hasta la muerte, y salir realmente del cuerpo para experimentar la unión con el espíritu. No obstante, este no es el caso. En realidad, este tipo de creencia limitante nos impide recibir la energía espiritual que todos necesitamos para alimentar el ser. Quienes tienen un desequilibrio en este chakra pueden experimentar una falta de significado en sus vidas, o sentirse aislados de una fuente espiritual. Pueden originarse síntomas físicos de la cabeza, similares a los que involucra el sexto chakra.

La fisiología de la glándula pineal es aún algo incierto. Esta glándula se degenera en la mayoría de personas entre las edades de siete y trece años, apareciendo en los adultos como un tejido fibroso. Similarmente, a la edad de la pubertad, la mayoría de personas han perdido su conexión infantil con la unidad colectiva de todo ser, y la unidad con sus madres, para desarrollarse como individuos. De esta experiencia del yo individualizado, representada por el chakra del corazón, nos desarrollamos una vez más para conocernos interiormente como parte de una unidad infinita, y experimentar la unión con lo divino.

Sin embargo, si el proceso de individuación del chakra del corazón no se ha realizado, a menudo una experiencia de unidad puede parecer muy arrolladora. Una de mis clientes, Mara, es un excelente ejemplo de esta dinámica. Ella había empezado a tener experiencias de naturaleza espiritual. Una noche se inquietó mucho en un grupo de meditación en el que era guiada a conectarse con los demás en una luz envolvente. Mara se dio cuenta que le tenía miedo a esta mezcla, y temía ser "sumergida"; es decir, controlada por una energía u otras personas hasta el punto de perder su sentido de autoidentidad. Cuando niña, esto era lo que le sucedía en su familia, y las situaciones en grupo le recreaban las enredadas dinámicas familiares. Esta experiencia ocurrió en una época en que ella se abría hacia la realidad espiritual, y emergía como una persona psicológicamente autónoma. Para experimentar la unión espiritual que deseaba, tenía que curar las heridas de su infancia, y completar el proceso de individuación que se había iniciado en el chakra del corazón.

Esto ilustra lo importante que es el desarrollo psicodinámico de cada chakra en el proceso de crecimiento espiritual. A menudo surgen problemas si los chakras sexto y séptimo no operan en una forma equilibrada, alineados con los otros centros energéticos. En tal caso, un individuo puede tener experiencias psíquicas asombrosas, incluyendo visiones, percepción extrasensorial, y experiencias fuera del cuerpo. Los desequilibrios también ocurren cuando no se trabajan los asuntos psicológicos de los chakras inferiores no son dirigidos antes que los centros superiores se desarrollen. En estos casos, el individuo puede sobreidentificarse con los fenómenos psíquicos que suceden, usándolos para su propio poder y control. La afluencia de energías espirituales puede luego tener el efecto de inflar el ego y alimentar energía psíquica en los patrones disfuncionales de la persona, en lugar de transformarlos.

Tal vez ha notado una correlación general entre el papel de diferentes cuerpos de energía y la función psicodinámica de los chakras. Recuerde, tanto los cuerpos de energía como los chakras trabajan juntos para mantener la salud física, emocional, mental y espiritual. Es riesgoso visualizar de manera jerárquica los cuerpos de energía o los chakras, tomando por ejemplo de menor valor los chakras inferiores. Todos estos centros energéticos son igualmente importantes y funcionan conjuntamente como un sistema íntegro. Es más útil ver los chakras, y el desarrollo psicoespiritual que representan, como el funcionamiento de una espiral continua. Mientras crecemos personalmente y nos desarrollamos espiritualmente, podemos circular muchas veces a través del proceso de desarrollo representado por los chakras, cada vez en un nivel del ser más profundo y consciente. Por ejemplo, en un nivel del desarrollo del chakra del corazón, una persona puede trabajar con asuntos concernientes al sentido básico de la autoestima y el autoamor. Luego, en otra etapa, pueden surgir asuntos referentes a las relaciones, permitiéndole al individuo desarrollar conexiones amorosas y saludables con los demás. Un tercer ciclo de activación del chakra del corazón, podría traer al mismo individuo un entendimiento más profundo y expansivo de su habilidad para conectarse con el espíritu a través de la intuición.

A medida que nos movemos a lo largo de las diferentes etapas de curación, crecimiento, y desarrollo espiritual, conocemos más nuestro yo total y las diferentes dimensiones del ser representadas por los chakras. En este proceso, el espíritu y la inteligencia mental deben escuchar a nuestra naturaleza sentimental-intuitiva, permitiendo expresar cualquier sentimiento rechazado. Las partes físicas e instintivas de cada persona se abren para recibir la iluminación y la dirección de nuestra esencia espiritual. El corazón trae compasión y equilibrio al proceso. De esta manera, la claridad emocional permite un entendimiento espiritual más profundo, armonizando todos los aspectos del yo, del cuerpo, la mente, las emociones y el espíritu son armonizados y alineados. Así, estos aspectos trabajarán juntos de forma equilibrada, como parte de nuestro funcionamiento total.

MEDITACIÓN CHAKRA

Ahora que ha logrado un mayor entendimiento intelectual del sistema de energía humana, me gustaría ayudarle a experimentar las diferentes dimensiones de su propio ser a través de los centros chakras. El siguiente proceso de visualización guiada le ayudará a conectarse con estos diferentes aspectos de su ser, en favor de su curación y crecimiento espiritual. Primero lea el ejercicio completamente y familiarícese con él; esto le permitirá avanzar por cada paso del proceso en un estado de relajación. También puede grabar esta meditación en un cassette; si lo hace, asegúrese de dejar suficiente tiempo en silencio para completar cada parte. Utilice de veinte a veinticinco minutos en la realización de todo el ejercicio, tomando aproximadamente tres minutos por cada chakra. Sin embargo, puede encontrar que su percepción del tiempo cambia durante el ejercicio, así que extienda más el tiempo si lo desea.

Las personas experimentan este ejercicio de diversas maneras. Usted puede visualizar o ver los chakras con sus "ojos internos", experimentar ciertas sensaciones en su cuerpo tales como calor y hormigueo, o tener sentimientos emocionales mientras realiza el ejercicio. Lo importante es que observe lo que siente en su experiencia. Incluso puede llevar un registro de estas experiencias en un diario, para ver cómo se desarrolla el proceso a través del tiempo. Para que obtenga el máximo beneficio de este ejercicio, hágalo diariamente durante siete días continuos. Esta visualización guiada puede también usarse como una práctica diaria de meditación, o cada vez que usted sienta la necesidad de centrarse y conectar todas las partes de su ser. (Vea el capítulo 4, Conciencia y Meditación, para más información sobre técnicas de meditación).

Una meditación guiada: los chakras

Adopte una posición cómoda y relajada en la que la columna vertebral esté derecha.

Cierre los ojos y tome unas respiraciones de limpieza, liberando pensamientos o tensiones en cada exhalación. Tenga la sensación que con cada exhalación puede penetrar más profundamente en su cuerpo. Pida que la presencia protectora de la luz blanca lo envuelva en esta experiencia de meditación.

Lleve su conciencia a la base de su columna vertebral y chakra raíz. Respire profundamente en esta área, sintiendo o visualizando el color rojo. Imagine que así como los árboles tienen raíces que se extienden profundamente en la tierra, usted tiene una raíz roja, una cola, que se extiende del cóccix hacia la tierra. Sienta su propia conexión con la tierra y su cuerpo físico a través de este chakra base.

Mientras respira en esta área, sienta la fuerza vital creativa de la tierra, disponible para usted a través de este chakra. Deje que esta energía lo llene completamente. Siéntala o imagínela fluyendo hacia cada parte de su cuerpo desde este chakra, alimentando con amor cada músculo, hueso, sistema orgánico y célula. Experimente el aumento de su vitalidad física con cada respiración. Agradezca a su cuerpo por la forma en que le ha servido, y sea receptivo a lo que la sabiduría de éste tiene para compartir con usted en este momento, algo que su cuerpo quiere que usted sepa.

Ahora que está conectado con la fuerza vital, permita que su conciencia se mueva a través de la columna hasta el área del abdomen. Imagine el color naranja del sol al amanecer. Respire este color en el área que está justo arriba de su hueso púbico. Sienta que el color lo envuelve como una confortable cobija. Descanse y deje que lo alimente esta energía del segundo chakra.

Ahora transporte su conciencia hasta el área del plexo solar, arriba de su ombligo. Mientras respira en esta área, imagine en ella un cálido sol amarillo emanando luz y energía. Sienta su conexión con esta parte suya, sus sentimientos instintivos, el poder personal y la voluntad. A causa de cosas que han sucedido en el pasado, es posible que haya perdido el sentido de esta parte. Ahora afirme su deseo para curar y escuchar a este aspecto de su ser. Note si en este lugar siente o experimenta algo, o hay alguna guía que su yo instintivo tiene para compartir con usted.

Cuando esté listo, respire en el área de su corazón mientras imagina el color curativo de un profundo y musgoso bosque verde, o la luz verde clara de una brillante esmeralda. Sienta esta energía verde curativa, y la luz que se irradia del centro de su corazón y baña todo su cuerpo. Perciba el amor que se emana de esta parte. Si tiene dificultades con esto, puede ser de ayuda que recuerde una época en que sintió mucho amor por alguien o algo.

Sienta con el corazón el entendimiento compasivo del lugar donde se encuentra ahora en el proceso de su vida. Puede haber experimentado momentos de desánimo en el pasado, o haber entregado el corazón a otra persona. Invite amorosamente esta energía a que regrese a usted, el corazón puede ayudarle a entender más claramente sus verdaderos deseos. Respire esta energía, profunda y completamente, de regreso al área de su corazón, y rodéela con una luz suave curativa. Cuando lo haga, observe cualquier guía intuitiva que su corazón pueda ofrecerle en este momento.

Luego, continuando a lo largo de su columna vertebral, imagine su chakra gutural como una hermosa copa de cáliz, llena con luz líquida de color azul claro. Sienta o imagine que lleva la copa a sus labios. Mientras inhala lentamente, beba esta luz líquida de divina verdad e inhale sus vapores curativos. Sienta esta sustancia circular por todo su cuerpo. Mientras exhala, sienta que le está ayudando a decir la verdad de su ser, y a eliminar cualquier barrera que le impida expresarse.

Ahora muévase al centro del tercer ojo, en medio de su frente, e imagine un profundo color violeta índigo en esta área. Tenga la sensación de caer en ese lugar profundo detrás de sus ojos, en el centro de su cerebro. Imagine que emerge un rayo de luz, como un faro, irradiando luz de color índigo desde este centro chakra. Mientras respira lentamente sienta que esta luz cubre su ambiente inmediato, como un faro que ilumina la costa, ayudándolo a verse y percibirse a sí mismo, y a visualizar el mundo que lo rodea, con una mayor claridad.

Después lleve su conciencia a la corona de la cabeza. Imagine una flor abriéndose lentamente en esta área. Se abrirá sólo lo suficiente para dejar entrar la cantidad apropiada de esencia espiritual. Es posible que en momentos de su vida haya sentido que su ser espiritual se ha alejado de usted. Ahora dele la bienvenida, mientras ve, siente o imagina una radiante luz blanca entrar a su cabeza a través de la flor en la corona. Será sólo la cantidad adecuada para usted en este momento.

Inhale en esta resplandeciente luz espiritual. Recíbala mientras fluye en el cerebro y a lo largo de su columna vertebral. Siéntala circular por todo su cuerpo. Deje que cada célula de su cuerpo se bañe con esta luz curativa. Sienta el estímulo y la energía. Mientras lo hace, esté abierto a recibir la guía o la sabiduría que su ser espiritual le puede ofrecer ahora.

Lleve su conciencia de regreso al área del corazón. Sienta que la energía vital de su chakra raíz, y la luz espiritual que entra en su corona, se mezclan en el centro de su corazón. Respire estas energías profunda hacia el corazón y al núcleo de su ser. Experimente en su interior la conexión del cielo y la tierra. Sienta la armonía de todas las partes de su ser (espíritu, sentimientos intuitivos, voluntad instintiva y cuerpo). Disfrute por un tiempo esta experiencia de plenitud. Note cómo se siente en su cuerpo ahora.

Lentamente regrese a la conciencia externa; cuando esté listo abra los ojos. Escriba acerca de su experiencia, en especial los sentimientos intuitivos o las guías que pueda haber tenido. ¿Hubo centros chakras con los que fue más difícil conectarse? ¿Hubo sentimientos inquietantes asociados con alguno de los chakras, o alguno de los colores apareció gris pardusco en el ojo de su mente? Si es así, esto puede indicar áreas donde se ha bloqueado la energía o es deficiente. Tome su tiempo al llevar energía a estas áreas con la respiración. Mientras lo hace, podrá inhalar y exhalar los colores relacionados con los chakras; por ejemplo, raíz (rojo), abdomen (naranja), y plexo solar (amarillo).

Notas

1. El término *cuerpo-mente* en este texto se refiere a la conexión entre el cuerpo físico y los elementos conscientes y subconscientes de la psique. Esto incluye fuerzas subconscientes personales y los componentes universales más profundos de la mente, que comparten todos los humanos, conocidos como el inconsciente colectivo.

2. Candace B. Pert, *Molecules of Emotion: Why You Feel The Way You Feel* (New York: Scribner, 1997).

3. Fred Alan Wolf, *The Body Quantum: The New Physics of Body, Mind, and Health* (New York: Macmillan, 1986), p. vii.

4. Fritjof Capra, *The Tao of Physics: An Exploration of the Parallels Between Modern Physics and Eastern Mysticism*, tercera edición, revizada (Boston: Shambhala, 1991).

5. David Bohm, *Wholeness and the Implicate Order* (New York: Routledge, 1980).

6. Ibíd.; también, William Keepin, Ph.D., "Astrology and the New Physics: Integrating Sacred and Secular Sciences." *The Mountain Astrologer*, agosto/septiembre, 1995.

7. Virginia MacIvor y Sandra LaForest, *Vibrations: Healing Through Color, Homeopathy, and Radionics* (New York: Samuel Weiser, 1979).

8. Itzhak Bentov, *Stalking the Wild Pendulum: On the Mechanics of Consciousness* (Rochester, VT: Destiny Books, 1988).

9. Barbara Brennan, *Hands of Light* (New York: Bantam Books, 1988). Virginia MacIvor y Sandra LaForest, *Vibrations: Healing Through Color, Homeopathy, and Radionics* (New York: Samuel Weiser, 1979).

10. Harold S. Burr, *The Fields of Life: Our Links With the Universe* (New York: Ballentine, 1972).

11. Jack Schwartz, *Human Energy Systems* (New York: NAL/Dutton, 1979).

12. Ann Hill, *A Visual Encyclopedia of Unconventional Medicine* (New York: Crown Publishers, 1979).

13. Se dice que hay veintiún chakras secundarios localizados en diferentes puntos del cuerpo. Vea Barbara Brennan, *Hands of Light* (New York: Bantam Books, 1988).

14. Barbara Brennan, *Light Emerging* (New York: Bantam Books, 1993).

2

LA PSICODINÁMICA
DE LA CURACIÓN

Patrones arquetípicos de energía

VEAMOS AHORA DETALLADAMENTE COMO ocurren cambios psicosomáticos en el cuerpo-mente. Dentro del cuerpo mismo, hay un reflejo fisiológico de la matriz universal de energía que rodea y conecta toda la materia. Esta sustancia del cuerpo es el tejido conectivo translúcido llamado fascia. Estas envolturas, fuertes pero elásticas, están entretejidas por todo el cuerpo; rodean músculos, huesos, nervios, vasos sanguíneos y órganos viscerales.

La fascia, como una red, conecta, envuelve y también sostiene todas las partes del cuerpo, integrándolas como una totalidad funcional. Si se estimula una parte de este sistema corporal, los otros sectores se afectan también.

La matriz fascial es la sustancia material que transporta gran parte de la energía desde el cuerpo etérico (también en forma de red) hasta cada parte de nuestro vehículo físico. Si hay sectores de tensión o bloqueo en la fascia, la energía no puede fluir efectivamente en los diversos sistemas del cuerpo físico.

¿Cómo se desarrolla este tipo de bloqueo? A través del contacto y la comunicación con el sistema nervioso, los músculos y la fascia circundante responden a heridas físicas, traumas emocionales, y patrones habituales de pensamiento y acción. Por ejemplo, imagine que está experimentando tristeza, tal vez debido a una situación dolorosa en su vida, entonces podría sentirse vulnerable y desprotegido. En respuesta a esta información sensorial, las neuronas motoras transmitirían impulsos a los músculos para comunicarles que se contraigan. Sus hombros podrían ser llevados hacia adelante, protegiendo un pecho cóncavo. De este modo las capas miofasciales responden a estos sentimientos tristes y vulnerables, suministrando protección. Si los sentimientos de tristeza están acompañados por la sensación de tener que ser fuerte y grande, los músculos podrían proveer una compensación de fortaleza empujando el pecho hacia arriba y afuera. Esta postura se encuentra a menudo en los hombres, lo cual no es sorprendente, pues en nuestra cultura siempre se les ha enseñado a no mostrar nunca señales de debilidad.

Si este tipo de situación penosa continua, se pueden establecer dichos patrones corporales. Los músculos se acortarán y engrosarán y/o se fusionarán invadiendo tejido conectivo. Esto evita el movimiento independiente natural de los músculos; se forma una estructura de tensión muscular fija o "armadura". La sabiduría y eficiencia de este proceso es que el cuerpo pueda funcionar sin tener que activarse constantemente para defensa de emergencia. La protección se establece automáticamente, de tal forma que el sistema cuerpo-mente pueda atender las demás funciones. Sin embargo, la dinámica se mueve de un nivel externo consciente a uno inconsciente. En este punto, usted puede ya no ser consciente de la posición de los hombros, o incluso de los sentimientos de vulnerabilidad.

Mucho después de que la experiencia dolorosa ha pasado, el cuerpo puede aún mantener este patrón de "armadura", incapaz de relajarse. Este carácter puede luego afectar la manera en que la persona percibe el mundo. En lugar de una experiencia directa —un sentimiento espontáneo en el presente—, ésta se restringe y se filtra a través de patrones del pasado guardados en el cuerpo-mente. Esto crea la tendencia a estar atado psicológica y físicamente a una formación particular de carácter tal como el patrón del pecho cóncavo. Muchos enfoques cuerpo-mente tienen sistemas de tipología de carácter basados en dichos patrones somáticos.[1]

Esta dinámica de estados mentales-emocionales que crean un efecto sobre el cuerpo físico, también se ve en ciertos trastornos somáticos. En estos casos, las personas con un patrón de ansiedad exhiben enfermedades de síntomas corporales en las que no pueden encontrarse bases orgánicas. Lo que puede no observarse en la psicología tradicional es que el cuerpo está respondiendo a lo que está sucediendo emocionalmente. Recuerde, el cuerpo etérico, que sirve como patrón energético para la forma física, es sensible a impresiones de los planos mentales y emocionales por medio de los chakras. Aunque no han ocurrido cambios reales, las personas con trastornos somáticos pueden efectivamente tener sensaciones en el nivel del cuerpo etérico. Si la perturbación emocional continúa y no se trata, podrían surgir cambios fisiológicos orgánicos. Lo que no curamos en el nivel emocional se retiene en el cuerpo físico mientras el patrón es más somáticamente formado.

Lo contrario también puede ser cierto. Si hay un trastorno físico, puede a veces afectar el estado mental-emocional. El mismo trauma de una herida física puede afectar nuestra perspectiva mental y emocional. La fascia también reacciona a la herida física de la misma manera que lo hace al trauma emocional. El tejido conectivo rodea el músculo lesionado o parte de él, reforzando el área y suministrando protección. Otros grupos musculares pueden tener que compensar y trabajar más intensamente debido a que la parte herida no puede funcionar normalmente. De esto puede también resultar un patrón corporal establecido o "armadura", y a su vez afectar el estado mental y emocional. Por ejemplo, digamos que usted se lesiona la espalda en una caída, entonces debería aprender a caminar cuidadosamente para evitar problemas o lesiones futuras. Si el proceso de recuperación es largo, este patrón puede continuar por un tiempo. Este cuidado requerido al caminar podría originar sentimientos de ansiedad que incluso desarrollarían una inflexibilidad emocional que permanecería mucho tiempo después de que el cuerpo es curado.

Esto ilustra muy claramente que hay una dinámica causal lineal; es decir, las enfermedades mentales-emocionales pueden causar trastornos somáticos, o las patologías físicas pueden originar perturbaciones psicológicas. Sin embargo, con la información fisiológica que retroalimenta a la esfera mental-emocional, y viceversa, se hace difícil distinguir qué surge primero, el trastorno mental o el físico. Esto es como tratar de comprender qué fue primero, la gallina o el huevo. Por ejemplo, en el caso del problema en la espalda que mencionamos, ¿fue una inflexibilidad emocional causada por la lesión, o la rigidez mental y emocional originó la postura corporal inflexible, dando como resultado la lesión física? Esto guía a una dinámica diferente que opera en el cuerpo-mente, el principio de sincronismo

SINCRONISMO

Carl Jung usó la palabra *sincronismo* para describir la relación entre dos o más eventos que están ligados de forma significativa, aunque aparentemente no tengan conexión causal. Estos aparentes eventos coincidenciales están conectados por un tema idéntico o un significado similar que se está expresando. Por ejemplo, el tema idéntico en el anterior ejemplo (la lesión en la espalda) es la rigidez y la inflexibilidad. La lesión del individuo dejó inflexible la espalda.

La rigidez emocional es también un tipo de inflexibilidad. Desde esta perspectiva, la espalda lesionada del individuo sería vista como un suceso sincrónico al estado mental-emocional rígido. De hecho, la lesión en la espalda podría llamar la atención del individuo a comportamientos rígidos, dando así una oportunidad de curación sobre un nivel emocional mucho más profundo.

Los síntomas físicos están a menudo sincronizados con otros temas o eventos que tienen lugar en nuestras vidas. Una vez tuve una experiencia cuando pensaba separarme de mi esposo, la cual ilustra bien este punto. Tenía colmenas, y un día fui picada en mi dedo anular. Esto fue incluso inusual, pues rara vez me habían picado. Lo que fue aun más extraño es que tuve una mala reacción y mi dedo se hinchó como un globo. Pronto el anillo de bodas empezó a impedir la circulación de la sangre en el dedo, por consiguiente debía quitármelo. Mientras lo hacía, percibí todos mis sentimientos acerca de la separación y finalización del matrimonio. Mi dedo retornó a la normalidad rápidamente después de que el anillo fue removido. La picadura de abeja y los eventos ocurridos fueron sincrónicos a mi deseo de separarme. El matrimonio estaba limitándome y confinándome así como el anillo impedía el flujo sanguíneo a mi dedo. No podía negar más la realidad de mi situación; tenía que terminar mi matrimonio. De esta manera, la perturbación corporal sincrónica actuó como un mensaje para mi vida.

A veces pueden ocurrir extraordinarios eventos sincrónicos externos, relacionados con nuestro estado interno. Por ejemplo, uno de mis clientes despertó a la 1:30 de la mañana por una alarma contra incendios, y no pudo encontrar la razón física para que hubiera sonado. Sin embargo, cuando él estaba en su último grado de secundaria hace más de 30 años su padre sufrió un ataque al corazón, en la misma fecha y a la misma hora. Fue un acontecimiento traumático, y había pensado en esto cada año desde que sucedió. El incidente de la alarma actuó como un "llamado" sincrónico, trayendo su atención consciente a este asunto emocional no resuelto, que aún existía en relación con su padre.

Edward Whitmont describe las fuerzas sincrónicas como campos de energía que ejercen una cierta tensión. La única forma de observar el campo es a través de objetos que lo penetran y responden de determinada forma:

> (Por ejemplo, una aguja magnética responde mecánicamente ante un campo eléctrico, con la deflexión, mientras un tubo de neón produce un fenómeno lumínico frente al mismo campo. Un pedazo de madera no responde en absoluto). Así, el campo es un tipo de entidad trascendental nunca observable directamente, sólo lo conocemos a través del comportamiento particular de objetos que afecta y por medio de los cuales se manifiesta.

> Similarmente, el "significado" trascendental de los eventos sincrónicos se manifiesta a nosotros sólo a través de objetos que afecta y que, cada uno en su propia forma, le da expresión. De este modo. . . cada vez que la vida de una persona pasa por un "campo de significado", éste se manifiesta por medio de eventos en diversos niveles (psíquicos, somáticos), y cada uno a su manera da expresión a ese mismo factor formativo.[2]

Esto ilustra que hay un tipo de conexión sincrónica entre los estados psicológicos y fisiológicos. En el caso de mi experiencia sincrónica, el campo energético de significado se manifestó en forma de una picadura de abeja junto con el síntoma físico del dedo hinchado y los sentimientos emocionales acerca de mi matrimonio.

Vemos entonces que los cuerpos energéticos y los chakras se relacionan con los estados mental, emocional y físico del ser, y que hay un principio sincrónico involucrado cuando ocurren los síntomas. ¿Cuál podría ser el propósito primordial y la dinámica central que opera en este proceso que afecta el sistema cuerpomente? Para obtener una respuesta, démosle una mirada a la función de los arquetipos.

ARQUETIPOS

Jung reconocía que hay ciertos temas guía fundamentales que ocurren como parte de la experiencia humana. Creía que así como la especie humana tiene una anatomía común, sin importar raza o cultura, la psique humana tiene también un patrón prototípico almacenado en la memoria ancestral colectiva. Jung le llamó *arquetipos* a estos patrones primordiales, y encontró que son los factores centrales alrededor de los cuales se organizan los elementos de nuestra vida. Los temas arquetípicos tales como masculino, femenino, el yo, niño, gobernante, héroe, guerrero, nacimiento y muerte, son principios que todas las personas experimentan en la vida de una forma u otra. Todos los humanos viven una infancia, enfrentan un poder regidor particular, y ven los héroes levantarse y caer. También tratamos estos temas internamente en nuestra psique. Por ejemplo, es posible experimentar una muerte interior mientras mueren viejos patrones. En forma similar, hay un guerrero dentro de todos nosotros que puede guiarnos a momentos de gran valor y fortaleza.

Jung visualizaba un arquetipo como un patrón dinámico que poseía una fuerza real y representaba una energía específica.[3] Pensaba que los arquetipos actuaban como el foco central alrededor del cual se formaban las experiencias y contenidos de nuestra psique. Grupos de ideas, recuerdos y sentimientos emocionales, conocidos como complejos, giran alrededor de estos temas arquetípicos centrales. Como mecanismo guía, los arquetipos enfocan su atención sobre ciertos asuntos para ayudarnos a expresar una cualidad esencial dentro de nosotros. Operan como los factores de dirección detrás de los eventos sincrónicos y la significativa conexión entre ellos. Por ejemplo, el mecanismo guía detrás de la experiencia de la alarma fue el padre arquetípico. Trajo a esta persona su atención consciente a los recuerdos emocionales que rodearon la muerte de su padre. Sólo resolviendo estos asuntos del pasado podría introducirse en la verdadera autoridad interior y la sabiduría que representa el padre arquetípico.

A través de los lentes arquetípicos, podemos experimentar las diferentes dimensiones de nuestro propio ser. De esta manera nos conscientizamos más de nuestra verdadera naturaleza, de nuestro yo esencial. Esto fue desde luego cierto en el caso de la picadura de abeja. La experiencia condujo mi atención consciente hacia sentimientos que estaba tratando de ignorar. Este viejo patrón de negar mis verdaderos sentimientos en el matrimonio, se derrumbó de tal forma que pude empezar a conocerme y expresarme con más autenticidad. Al igual que la picadura de abeja, terminar el matrimonio fue doloroso. Sin embargo, también fue una puerta que me llevó a un conocimiento más profundo de mi verdadero yo y mi poder como mujer.

Aunque los arquetipos representan experiencias que todos compartimos como seres humanos, ciertas cualidades arquetípicas son más dominantes o significativas en la vida de cada individuo. En este sentido, representan aspectos de la naturaleza esencial del alma, que nos guían en nuestro camino por la vida. El maestro, curador, artista o místico arquetípico puede representar una parte básica del propósito de nuestra alma. He incluido un ejercicio al final de este capítulo, junto con una lista de arquetipos importantes, para ayudarle a descubrir las energías esenciales de su alma.

Fragmentación

Los arquetipos nos ayudan a expresar una cualidad esencial dentro de nosotros, y representan una parte que debemos integrar, usualmente una parte que ha sido negada. A través de experiencias dolorosas en esta vida (o en vidas pasadas), estas partes se hacen inaceptables y realmente se fraccionan en un sentido energético. Tuve una cliente que ejemplifica muy bien esto a través de una experiencia que tuvo con su padre. Siendo muy joven su padre la llamó inútil y le dijo que era un "desperdicio". Ella recuerda el suceso de esta manera: "fue como si el tiempo se detuviera y soplara una ráfaga, y todo se hiciera pedazos".

El mensaje de su padre fue fuerte. El comentario fue tan impactante y dañino que esta mujer perdió una parte de sí misma ese día. La parte de ella que sabía que era una mujer valiosa se fragmentó. Cargó esta sensación y baja autoestima hasta la adultez. Tuvo una serie de relaciones con hombres abusivos, repitiendo el patrón establecido por su padre.

Cuando los arquetipos emergen primero llevándose la energía de estas partes fraccionadas de nuestro ser, a menudo toman la forma de guías interiores o apoyos espirituales. Algunas personas ven o imaginan estos guías, otras sienten su presencia o los escuchan como una voz interior, incluso hay quienes los observan en sueños o a través de la meditación. Estos guías proveen dirección y entendimiento, y tienen un carácter específico relacionado con la energía arquetípica que representan. En el caso de la mujer que acabamos de mencionar, surgieron dos energías arquetípicas en forma de guías interiores, para ayudarla en su proceso curativo. Uno de los guías fue una anciana sabia que le ayudó a reclamar su espíritu femenino y autoestima. El otro, un guerrero indio, le suministró poder y un aspecto masculino positivo. Comunicándose con estos dos guías arquetípicos a través de un tipo de diálogo interno, ella pudo curar y cambiar el patrón autoabusivo en el que se encontraba.

Las partes fragmentadas de nuestro ser son como pedazos de una vasija rota tratando de unirse de nuevo. Al inicio cuando estas partes negadas se fraccionan se retiran totalmente de nuestra presencia. Esto usualmente involucra una experiencia emocional difícil o un trauma físico. Las personas normalmente no son conscientes de esto cuando sucede. Sin embargo, con frecuencia describen dicha experiencia traumática como "sentí que una parte de mí moría", "perdí una parte de mí ese día", o "se bloqueó una parte de mí". Pueden perder cierta vitalidad o conexión con la vida. Cuando las partes negadas se fraccionan, es como si algún aspecto del alma nos abandonara temporalmente. A veces esto sucede como un modo de supervivencia. Por ejemplo, si una parte de nosotros es inaceptable a un padre abusivo, debe huir para asegurar nuestro continuo bienestar físico y emocional.

Cuando se rechaza, distorsiona o fragmenta una energía arquetípica esencial del alma de esta manera, se desarrollan subpersonalidades, partes semiautónomas de la personalidad que son expresiones de complejos. Ellas encarnan estos contenidos emocionalmente cargados de la psique. Cuando las partes se fraccionan a causa de experiencias difíciles o traumáticas, se forman estas subpersonalidades, creando una distorsión en la manera en que se expresa la energía arquetípica esencial. Luego, las características positivas de la energía se deterioran y se expresan de una manera negativa.

El trabajo realizado por los psicólogos Hal Stone y Sidra Winkelman ha contribuido enormemente al entendimiento de las dinámicas de subpersonalidad.[4] Ellos demuestran que la psique de cada persona contiene diferentes subpersonalidades, incluyendo la crítica, la protectora o controladora, la infantil, y la perfeccionista o emprendedora. La subpersonalidad crítica es una incorporación de todos los mensajes negativos internalizados tales como "eres estúpido; no puedes hacer nada bien". La protectora/controladora es un gran jefe interior que ejerce control para asegurarse de que la falsa persona permanezca en su lugar, para protección y para ganar la aceptación y aprobación de los demás. El niño dentro de nosotros contiene los recuerdos y sentimientos de todas nuestras experiencias de la infancia. Aunque puede expresarse en forma creativa y juguetona, esta subpersonalidad es a menudo una parte inmadura del individuo que puede ser fuente de sentimientos de enojo, necesidad y vulnerabilidad. La perfeccionista/emprendedora nos motiva a alcanzar más, y a hacer las cosas más rápido y a mayor perfección.

Si alguna vez ha escuchado una voz crítica dentro de usted dominando su conciencia, o experimentado sentimientos como un niño asustado, ha estado enfrentando una subpersonalidad. Incluso puede haber sentido, en ocasiones, como si hubiera dos partes dentro de su ser luchando por el control de un asunto en particular. Por ejemplo, el niño en usted puede querer ir a cine, pero su subpersonalidad perfeccionista desea revisar una vez más la propuesta de negocios para su jefe. Reconociendo su presencia y comunicándose conscientemente con sus subpersonalidades, tales conflictos dentro de la psique se pueden resolver y las partes desconocidas de su personalidad pueden reintegrarse.

Para ilustrarlo imagine que encarna el arquetipo del artista y su padre lo ridiculiza porque quiere que su hijo sea un atleta. El aspecto de artista retrocedería mientras trata de complacer a su padre, evitando el desconcierto, y consiguiendo el amor que necesita. Como resultado de esta experiencia, podría desarrollarse una subpersonalidad infantil vulnerable junto con una crítica como el padre, y tal vez una subpersonalidad rebelde luchando por el control. Como adulto, podría experimentar ser incontrolablemente autocrítico, o en ocasiones actuar inapropiadamente rebelde y argumentativo. Si la cualidad artística del alma se la reprimieran severamente, entonces podría ignorar talentos creativos y artísticos, o haber puesto a un lado estos intereses hace mucho tiempo. Para reconocer completamente y expresar la creatividad del artista, usted debe curar estas antiguas heridas del yo.

A medida que se liberan del cuerpo y de la psique las experiencias contaminantes del pasado, las subpersonalidades y los complejos acompañantes se transforman, y las partes desconocidas o pérdidas del yo se recuperan. Luego se puede expresar la verdadera intención de la esencia arquetípica.

En casos extremos, cuando sucede la fragmentación frecuentemente en la infancia antes de que el ego se desarrolle fuertemente, puede originarse una intensa división de la personalidad además del desarrollo de diferentes personalidades autónomas. Esto se conoce como el trastorno de múltiple personalidad. A veces, las personas temen tener tal trastorno cuando experimentan por primera vez sus subpersonalidades. Sin embargo, este no es usualmente el caso. La mayoría de individuos tienen un ego central que opera con las subpersonalidades sólo ejercitando una influencia sobre él. La clave es fortalecer el a menudo débil y herido ego, e interactuar con las subpersonalidades de manera consciente de tal forma que no domine más la personalidad. El diálogo central de este tipo de trabajo curativo se explicará posteriormente en este libro.

Si encuentra que en algún momento escucha diálogo interno o voces que lo atemorizan o le dicen que haga cosas malas, busque la guía de un terapeuta profesional.

Arquetipos de energía

Creo que es útil pensar en los arquetipos en términos energéticos y psicológicos. Las fuerzas arquetípicas que ayudan a reintegrar las partes fraccionadas del ser, emiten un patrón de energía específico. Según mi punto de vista, estas fuerzas arquetípicas operan como campos energéticos significativos, con una frecuencia armónica particular, y de este modo interactúan con el propio sistema de energía del cuerpo. Los arquetipos representan principios que son expresados a través de nosotros como patrones y cualidades esenciales del alma. Por consiguiente poseen mayores frecuencias vibratorias. A medida que estas energías del alma buscan ser expresadas y encarnadas, llevan esta fuerza acelerada hacia el sistema cuerpo-mente.

Cuando un campo de significado arquetípico, con su frecuencia vibratoria particular, interactúa con los chakras y los cuerpos energéticos, produce cambios en el equilibrio que conducen a fenómenos sincrónicos en el cuerpo-mente. Recuerde, los chakras actúan como centros a través de los cuales la energía es transformada en materia. Igualmente, la energía arquetípica también se transforma y manifiesta de alguna forma a través de ciertos fenómenos mentales, emocionales o físicos. Así, lo oculto y desconocido puede ser traído al consciente, permitiéndonos recordar lo que realmente somos y manifestar nuestra verdadera esencia. Estos aspectos del alma, de una mayor y más fina vibración, están continuamente buscando ser encarnados mediante este proceso. A medida que se amplía nuestra conciencia, somos también capaces de incorporar y mantener un mayor nivel de esta energía.

El hecho de que el equilibrio cuerpo-mente sea o no afectado por una presencia arquetípica, depende en gran parte de la resonancia de los campos involucrados. Cuando una energía esencial arquetípica resuena con un aspecto de nuestra alma y busca expresión a través de nosotros, se amplifica y ejerce presión sobre lo que no esté alineado con ella. Si un individuo está totalmente alineado, sin bloqueos en una determinada cualidad arquetípica del alma, el campo de energía del cuerpo está en armonía con la vibración de la fuerza arquetípica, y probablemente no ocurrirán fenómenos psicofísicos. En tal caso, el campo arquetípico no encuentra resistencia, y podemos expresar totalmente un aspecto esencial de nuestro ser. Sin embargo, en la mayoría de los casos, a causa de las creencias básicas de la infancia, las restricciones culturales, o incluso experiencias de vidas pasadas, somos incapaces o no tenemos la voluntad de reconocer estos aspectos de nuestro ser. En estos casos, los chakras no están alineados con la energía arquetípica, y esta disonancia aparecería en los centros energéticos específicos involucrados como un bloqueo o desequilibrio de algún tipo. A medida que estos chakras entran en contacto con el campo arquetípico, se estimulan para alinearse con la vibración de la energía esencial del alma. En el proceso, los bloqueos o distorsiones de la energía en esos puntos chacra se manifiestan como diferentes trastornos emocionales y/o físicos.

Esta perspectiva es similar a la de Samuel Hahnemann, el fundador de la medicina homeopática, quien creía que las enfermedades entraban al cuerpo sobre niveles mentales, emocionales y físicos, en forma de fuerzas sutiles e indetectables llamadas *miasms*. Estas miasmas energéticas impactan la fuerza vital, creando así síntomas y condiciones. Hahnemann pensaba que un individuo podía estar predispuesto a ciertas enfermedades debido a que los miasmas eran transmitidos de generación en generación. Jung también creía que los temas arquetípicos pasaban a través de generaciones de familias. Esto apoyaría la creencia que tal vez, sobre un nivel del alma, elegimos ciertos patrones o condiciones familiares para promover nuestro desarrollo como seres.

Mientras se estimulan los diversos centros chakras, la energía arquetípica del alma puede manifestarse como experiencias místicas o de vidas pasadas, sueños y visiones, patrones mentales, dinámicas emocionales o síntomas físicos, dependiendo de los centros que sean afectados. Los síntomas resultantes actúan como mensajes simbólicos, señalando el camino hacia nuestro ser esencial mientras se revela todo lo que nos separa de nuestra verdadera intención del alma. Llevando la conciencia a estos fenómenos simbólicos, puede realizarse la curación, recuperar nuestras partes perdidas y se puede descubrir la energía arquetípica del mensaje esencial del alma.

Karen, una de mis clientes, da un ejemplo de cómo estas energías arquetípicas pueden manifestarse en nuestras vidas. Cuando le pregunté si tenía un sueño en la vida, o pensaba en algo en que podría ser talentosa, respondió que siempre había querido ser escritora (arquetipo de comunicador), pero temía expresar su poder y la verdad. Este tema de comunicación se manifestó a lo largo de su vida en muchas formas. Karen era consciente de su largo y delgado cuello, el área del chacra gutural y el centro de comunicación y autoexpresión. Además, cuando comenzaba a hablar, a veces sentía una sensación de estrechez en la garganta. Había sido abusada sexualmente cuando era niña, y forzada a mantener esto en secreto. Posteriormente fue violada de nuevo, con amenazas de daño si gritaba. No es extraño que también sufriera en su matrimonio al lado de un alcohólico durante muchos años, sin decir nada a los amigos y miembros de la iglesia. En una sesión en que recordó su experiencia al nacer, Karen se dio cuenta que su madre tuvo que casarse debido a que estaba embarazada de ella. Pensó que su madre no la había querido cuando nació. Esta mujer había venido al mundo pensando que no estaba bien estar aquí y expresar lo que ella era. En el proceso de trabajo conjunto, Karen también experimentó una sesión de vida pasada en la cual se le había cortado la cabeza, como castigo por expresar su poder femenino de alguna forma.

El arquetipo de comunicador se expresó a través de la estructura somática y las sensaciones corporales de Karen, su asunto actual concerniente a la autoexpresión, el nacimiento y la dinámica infantil de desarrollo, y la experiencia de vida pasada. Aunque este aspecto de su yo esencial fue reprimido por la dinámica de su infancia, siguió buscando el modo de expresarse, activando así las sensaciones en el área de la garganta y presentando asuntos emocionales. Sólo a través del proceso de resolución de estos asuntos de su pasado, Karen pudo empezar a expresar su yo esencial y permitir que apareciera la escritora que había en ella.

Sí es posible que haya diferentes fenómenos sincrónicos, ¿qué determina la forma exacta en la cual una energía arquetípica se manifiesta en un momento dado? Un aspecto involucra el camino particular que escoge un ser, y la intención que está presente antes de la encarnación. La esencia del alma está compuesta por ciertos patrones arquetípicos. Decidimos expresar una energía arquetípica particular debido a que buscamos reforzar, equilibrar y desarrollar ciertas cualidades en esta vida, para el crecimiento de nuestra alma. Como parte de este desarrollo del alma aquí en la tierra, cada espíritu es atraído a determinadas condiciones, situaciones o experiencias para conocer más a plenitud esta cualidad esencial del alma. Por ejemplo, un ser puede encarnar la misión del alma de ser un maestro, un curador o un líder, y tener ciertas experiencias concernientes a esos temas arquetípicos. A nivel del alma, Karen puede haber elegido ciertas experiencias para desarrollar su habilidad para expresar la verdad. Es importante recordar que dentro de la experiencia escogida, siempre hay libre voluntad y diversos caminos que pueden ofrecer el crecimiento del alma que se requiere. Respecto a esto, muchas personas malinterpretan el karma como un tipo de castigo y juicio, cuando en realidad tiene que ver con el aprendizaje de nuevas experiencias del alma y nuestro desarrollo como seres espirituales.

También es cierto que cuando encarnamos en la forma física, nuestras energías arquetípicas a menudo son reprimidas o rechazadas de su verdadera expresión, especialmente si no hay un ambiente de aceptación para estos aspectos. Las experiencias en la infancia de Karen son un ejemplo de esto. Incluso el nacimiento, nuestra primera experiencia aquí en la tierra, es frecuentemente un proceso traumático que no apoya nuestra naturaleza esencial. Este tipo de experiencia perjudicial crea desequilibrios en ciertos centros chakras. Los fenómenos específicos a estos centros surgirán mientras la energía arquetípica los estimula, buscando de nuevo una total encarnación en y a través de nosotros.

Otra dinámica que se podría trabajar, se ilustra a través de un principio fundamental de la homeopatía, el cual formula que el mecanismo de defensa del organismo humano responde a la enfermedad y hace el ajuste de la forma que sea menos perjudicial al sistema, dado el estado actual de salud.[5] La dimensión espiritual/mental es vista como la más significativa del funcionamiento total del organismo, luego está la esfera emocional, y la física, que es la menos crucial. Por ejemplo, una jaqueca es una amenaza menos seria para la salud que una depresión suicida. Sin embargo, una enfermedad física grave como un tumor cerebral predominaría en esta jerarquía general, y sería visto como una amenaza mayor para el funcionamiento del cuerpo que una ligera ansiedad. Con base en este principio, el sistema cuerpo-mente responde a la influencia arquetípica de una manera que expresa el significado simbólico del arquetipo, y permite la mayor integridad del sistema en conjunto. Las intuiciones, los eventos sincrónicos benignos y los sueños emergen como algunas de las respuestas más inofensivas, y al otro extremo del espectro se encuentran los graves trastornos físicos y psicológicos.

Si el mensaje simbólico inicial del arquetipo no se reconoce, y la energía se rechaza, pueden originarse enfermedades más graves. Esto es un proceso similar a la represión en el plano emocional y la supresión en el plano físico. Así como la represión de sentimientos básicos tales como la tristeza y la ira puede guiar a problemas psicológicos más profundos y serios, la represión de una energía arquetípica conduce también a trastornos más graves. Este tipo de represión tiene su correlación en el nivel físico con la supresión de ciertos síntomas que son un factor de curación o equilibrio. Cubrir o eliminar señales de una enfermedad puede causar síntomas que se intensifican y manifiestan en un nivel más profundo y vital del organismo. Por ejemplo, la eliminación de síntomas del resfriado tales como la congestión nasal o la tos, usando ciertos medicamentos, puede hacer que el efecto se transmita a los pulmones y los bronquios.[6] Fisiológicamente, algunos antihistamínicos pueden hacer que se espese el moco en la cabeza y el seno, creando una mejor trampa para partículas virosas que luego pasan a los oídos y a la garganta.[7] Por supuesto, a veces necesitamos medicinas y debemos hacer lo que sea para curarnos; no hay nada malo respecto a esto. Sin embargo, cuando sea posible, es preferible usar sistemas curativos tales como la homeopatía, que trabaja con toda la persona en lugar de síntomas específicos.

Otra dimensión de la manera en que la energía arquetípica influencia el cuerpo-mente se ve en la relación entre ciclos planetarios y eventos en la tierra. Las configuraciones planetarias en el momento y lugar de nacimiento de un individuo, se asocian a la expresión de determinadas energías arquetípicas que operan en la vida de éste. Al igual que nuestro sistema de energía humana, los cuerpos planetarios también tienen campos de energía que irradian el espacio. Estos campos magnéticos planetarios afectan el campo magnético de la tierra y nuestros propios cuerpos energéticos. Recomiendo bastante el libro del doctor Percy Seymour, *The Scientific Basis of Astrology*, a quien esté interesado en investigar la forma en que el sol, la luna y otros cuerpos planetarios afectan el campo magnético de la tierra, y cómo responden las especies a esas fluctuaciones. El Dr. Seymour, quien es el principal profesor de astronomía en la universidad de Plymouth (Inglaterra), afirma:

> Todo el sistema solar toca una sinfonía sobre el campo magnético de la tierra. . . todos estamos genéticamente "entonados" para recibir un juego diferente de melodías de dicha sinfonía.[8]

Como el Dr. Seymour lo describe, los planetas crean una fuerza gravitacional sobre los gases de la magnetosfera que rodea la tierra, haciendo que las vibraciones del campo terrestre entren en resonancia con los movimientos planetarios. Además, el campo magnético del sol es afectado por la posición y el movimiento de los planetas. Estos patrones magnéticos planetarios son a su vez transmitidos a la tierra por medio de los vientos solares, creando fluctuaciones en el campo geomagnético. De acuerdo al Dr. Seymour, estos cambios en el campo magnético de la tierra crean una estimulación eléctrica en el sistema nervioso humano. En la matriz, el sistema nervioso en desarrollo del feto está constantemente captando estos mensajes de los planetas, a través del siempre fluctuante campo magnético de la tierra. Luego las configuraciones planetarias se sincronizan con el reloj biológico interno del feto, el cual controla el momento del nacimiento. De este modo venimos al mundo con nuestra propia y única impresión planetaria plasmada en el sistema nervioso, y resonamos con ciertas emanaciones planetarias.[9]

Aunque el trabajo de Seymour provee una base científica para la influencia celestial, basada en el efecto de los campos magnéticos planetarios, desde el punto de vista del concepto de holomovimiento de David Bohm, no puede haber duda de que existe dicha resonancia planetaria, pues todas las cosas están conectadas y se influencian entre sí.

El Dr. Seymour también se refiere a la investigación hecha por Michel Gauquelin, el antiguo director del "laboratorio de relaciones entre los ciclos cósmicos y la psicofisiología" de París. Gauquelin desarrolló repetidamente rigurosos experimentos controlados, los cuales revelaron que individuos notables de diversas profesiones tienen la tendencia a nacer cuando ciertos planetas están cerca a los puntos de culminación inferior y superior (cenit y nadir).[10] Por ejemplo militares, empresarios y atletas tienden a nacer cuando Marte está localizado cerca a uno de estos puntos, mientras los científicos tienen a Saturno en tal posición. Esto demuestra que hay una relación entre los planetas y las cualidades arquetípicas específicas. Por ejemplo, Marte se relaciona con el arquetipo de guerrero y Saturno lo hace con el arquetipo de autoridad mayor. De hecho, los experimentos de Gauquelin mostraron que los individuos de cada campo tenían rasgos de personalidad similares, consecuentes con la energía atribuida al planeta que los regía. Los que tenían el dominio de Marte eran dinámicos, valientes, enérgicos, osados y luchadores de gran voluntad, mientras que quienes tenían una fuerte influencia de Saturno eran reservados, metódicos, sombríos y observadores. Aquellos con el gobierno de Venus eran encantadores, agradables, seductores y considerados. Igualmente, mi cliente, Karen, tenía el planeta Mercurio, que incorpora el arquetipo de comunicación y autoexpresión en el cenit o cielo medio en el momento de nacimiento.

Como se mencionó anteriormente, cada ser es atraído a las condiciones, situaciones y experiencias que son necesarias para llevar a cabo las tareas específicas y el proceso evolutivo en cada vida. Esas condiciones incluyen las configuraciones planetarias particulares que apoyarán el viaje del alma en la tierra. Cada ser elige para encarnarse un momento en que las dinámicas planetarias están más conductivas para la realización del propósito del alma. Aunque el sistema nervioso de la forma física en desarrollo es afectado por las emanaciones planetarias, durante todo el período de gestación, la impresión principal ocurre en el momento del nacimiento.[11] Hasta este punto, el alma ha sido protegida de influencias exteriores por una matriz etérica, la cual fue formada en la concepción.[12] Cuando el alma se encarna, esta matriz protectora es removida, y el ser está abierto a todas las influencias externas, incluyendo las energías planetarias y el campo magnético de la tierra. En el momento del nacimiento, la corriente de emanaciones planetarias plasma un patrón específico sobre el sistema nervioso y el campo áurico del individuo.

Las impresiones planetarias natales continúan siendo activadas por la posición actual de los planetas a lo largo de la vida de cada individuo. Los rayos emanados por los planetas resuenan con nuestros patrones arquetípicos natales, impulsándonos a expresar nuestra verdadera esencia y terminar la tarea del alma. Esto es especialmente cierto en períodos de la vida cuando las energías planetarias hacen ciertos aspectos desafiantes, tales como ángulos de 90 grados u oposiciones de 180 grados, o cuando se repiten las configuraciones planetarias natales, como el retorno anual del sol a su posición en el momento de nuestro nacimiento, o cuando Saturno regresa a su posición natal, aproximadamente a los 29 años. En dichos momentos, el impacto de las energías arquetípicas sobre el cuerpo-mente puede ser amplificado, creando ciertos fenómenos psicofísicos sincrónicos.

En el libro, *Liquid Light of Sex*, Barbara Hand Clow correlaciona pasajes importantes de la vida con los ciclos de cuerpos celestiales. Por ejemplo, el retorno de Saturno a la posición que tenía en el nacimiento, se relaciona con el tiempo para alcanzar madurez y la disciplina para realizar nuestra tarea en la vida. Clow asocia el período cuando el planeta Urano está directamente opuesto a su posición natal, que ocurre aproximadamente a los cuarenta años, con el proceso de la crisis de la edad media y el despertar del kundalini.

Si parece difícil imaginar que un planeta tan lejano pueda tener este tipo de impacto, considere el principio de amplificación resonante. Así como la dinámica de resonancia amplifica una nota musical hasta el punto de poder romper un vidrio de igual frecuencia (estilo Ella Fitzgerald), también los arquetipos planetarios pueden afectar el sistema de energía humana, a través de la resonancia con un aspecto de nuestra alma y la impresión celestial plasmada en el sistema nervioso. La destrucción del vidrio de Ella demuestra lo poderoso que puede ser este proceso.

Como psicoterapeuta y astróloga consejera, continuamente he tenido la oportunidad de observar la manera en que los ciclos planetarios se reflejan en las vidas de mis clientes, a través de asuntos que experimentan. Por ejemplo, mi cliente Joan, quien ha sufrido problemas intestinales en el pasado, había estado recientemente enferma de un resfriado que afectó su garganta. Joan es una herbalista que a menudo sentía que tenía que aliviar a la gente. Se sobrecargaba, tratando de curar el dolor de los demás e ignoraba el suyo. Joan nació con el pequeño cuerpo planetario Quirón (arquetipo de curador) descendiendo o estableciéndose en el horizonte con Saturno (autoridad y poder mayor), en el punto directamente opuesto al cielo medio conocido como nadir. En adición al cielo medio y los puntos Este (ascendente) y Oeste (descendente), la posición nadir también puede ser significativa. Como el punto localizado más lejanamente abajo del horizonte local y fuera de la vista del observador, puede representar las cosas más ocultas dentro y debajo de la superficie, esos elementos de los cuales no somos tan conscientes. Para Joan, significaba que posiblemente había asuntos subconscientes que le impedían expresar su verdadero poder y autoridad como curadora.

Joan vino a una sesión un día en que Plutón estaba en el mismo punto de su cielo medio en el nacimiento, directamente opuesto a su Saturno natal, y en un desafiante aspecto cuadrado de noventa grados con su Quirón natal. El tema transformativo de Plutón, de muerte y renacimiento, parecía evidente, pues Joan expresaba sentimientos de dolor y tristeza en los que no había causa inmediata. Explorando las raíces de estos sentimientos, empezó a tener una sensación de pesadez en su pecho que le dificultaba la respiración. Luego experimentó recuerdos y sentimientos del ser en una vida pasada, durante la cual ocurrió un evento catastrófico al que ella había contribuido de alguna forma. Sintió que la época y la cultura en la que se encontraba era correspondiente a la Atlántida.

Le pregunté a Joan qué le decían sus sensaciones acerca de esta vida pasada, y dijo que su corazón estaba comunicándole que, durante esta vida, había estado en una posición de liderazgo y poder. Sin embargo, ella había permitido que la mente dominara sus decisiones en lugar de escuchar su intuición (corazón) y sus sensaciones a nivel intestinal. Dejó que su intelecto y la mente científica gobernaran lo que decía, en lugar de expresar (garganta) sus dudas y sentimientos intuitivos a los demás. La consecuencia final de esta decisión fue parte de una serie de eventos que produjeron dolor y muerte a otras personas. Joan había traído a su vida presente la culpa resultante de causar este daño (Plutón), sintiéndose responsable de originar dolor y problemas a todo el mundo, una expresión deformada del arquetipo del curador. No obstante, como resultado de esta sesión, ella se dio cuenta que la mejor forma de enmendar lo que había sucedido era escuchar su corazón y decir su verdad desde este lugar intuitivo.

Los chakras de la garganta y el corazón de Joan fueron estimulados por el arquetipo del curador, que buscaba expresión a través de ella. Joan aprendió también a cuidar sus propias necesidades y a expresar su poder personal sin temor —todos los aspectos del chakra del plexo solar, relacionados con los órganos digestivos y sus dificultades intestinales—. La posición actual de Plutón activó los asuntos dolorosos, representados por el Quirón natal de Joan, que le habían negado su verdadera autoridad (Saturno) como herbalista intuitiva. El poder transformativo de Plutón, resonando con las impresiones planetarias de Quirón y Saturno, produjeron el dolor emocional, las sensaciones del corazón, y los recuerdos de la experiencia de una vida pasada, que estaban bloqueando la habilidad de Joan para fluir la sabiduría intuitiva de su curador arquetípico. Aclarando este asunto de la vida pasada, Joan pudo recuperar sus dones curativos, que había rechazado a causa del temor residual de usarlos mal, encarnando más a plenitud su yo esencial. Como parte de esto, también estableció el patrón de escuchar a su corazón y sus instintos, en lugar de dirigirse a su mente pensante, rechazando el cuerpo y las sensaciones.

Reconocer, a través del estudio personal o una consulta profesional, sus energías planetarias natales y los patrones actuales que las influencian, será de ayuda para que usted trabaje más conscientemente con las situaciones relacionadas con su crecimiento personal y desarrollo espiritual.[13]

Si bien, como lo muestra la sesión anterior, los trastornos surgen a menudo como resultado de una presencia arquetípica, esa misma presencia es disponible como un aliado en el proceso curativo; el arquetipo es la fuente de la enfermedad y la cura. En lugar de resistirnos a esta fuerza curativa, es mejor que entendamos la naturaleza de la energía arquetípica, y participemos conscientemente con ella reconociendo lo que sucede en el cuerpo-mente. En lugar de negar características desagradables en nosotros, o avergonzarnos por problemas físicos, debemos aceptar abiertamente las enseñanzas que traen. Para muchas personas, especialmente aquellas que crecen en hogares emocionalmente insanos, este tipo de actitud abierta es difícil. Puede incluso haber sentimientos de vergüenza concernientes a ciertas cosas. Aunque estas características pueden parecer negativas, finalmente hay una intención curativa tras de ellas. Para que ocurra la transformación, debemos tomar la responsabilidad de llevar la conciencia a estas cualidades.

Adquirir conciencia es como sintonizar un radio, avanzando por el dial, probamos las áreas de estática para entonar la más clara transmisión del sonido. Sin embargo, incluso cuando se ha ido un poco el tono, la fuerza básica de la onda de radio está aún transmitiendo claramente y tratando de restablecerse. Esto es similar a la energía arquetípica que trata de expresarse a través de nosotros. La estática de nuestro cuerpo-mente nos dice que necesitamos el tono más fino de curación y transformación, para manifestar más claramente nuestro verdadero ser. Por supuesto, como humanos, preferimos ser vistos en una buena luz sin estática o problemas, y evitar mirar este lado "oscuro", como Jung lo llamó. No obstante, este tipo de negación conduce a repercusiones futuras más insanas en el cuerpo y la psique.

Inversamente, identificando el propósito de estos trastornos físicos, mentales y emocionales, se puede descubrir la verdadera intención positiva de la influencia arquetípica. Ese propósito verdadero es el descubrimiento y expresión de nuestro ser esencial. A través de la presencia energética, el apoyo y la guía de la esencia arquetípica del alma, las partes perdidas del ser pueden ser reintegradas. Como parte de este proceso, las cualidades y los talentos reprimidos que previamente podríamos haber desconocido, se hacen disponibles para nosotros. Además, escuchando estos mensajes sincrónicos de nuestra alma, podemos sentir y conocer nuestra conexión con el propósito significativo de un universo amoroso.

CUALIDADES ARQUETÍPICAS DEL ALMA

Para entender mejor las diferentes cualidades del alma que cada persona encarna, quiero dar un enfoque a los arquetipos principales. Trabajar con las energías arquetípicas de manera consciente le ayudará a activar estos patrones dinámicos del alma, y a encarnar más a plenitud su yo esencial. Las siguientes descripciones son breves definiciones de los arquetipos, destinadas a proveer un entendimiento básico que facilitará su proceso de crecimiento personal y desarrollo espiritual. También están incluidas las expresiones "oscuras o sombrías" y las subpersonalidades que pueden surgir cuando la energía arquetípica es distorsionada. Además presento las asociaciones planetarias con los arquetipos donde son aplicables. Aunque aquí menciono la mayoría de arquetipos y subpersonalidades más relevantes, de ningún modo es una lista completa. Usted puede también usar diferentes nombres para las subpersonalidades que aparecen en este texto. Si desea más información sobre estos temas, diríjase a los escritos de Carl Jung y los autores jungianos, quienes los tratan a través del uso de simbolismos, sueños, mitos y cuentos de hadas.

Aunque ya se discutió anteriormente sobre el yo, lo mencionaré de nuevo aquí con respecto a las energías arquetípicas. El yo arquetípico, también llamado en este texto como Dios, yo superior y yo esencial, es ese núcleo eterno e ilimitado, la chispa de lo divino dentro de nosotros.Inicialmente, existimos como un yo experimentando la unidad, y luego se desarrolla el ego a medida que entramos a la existencia física y empezamos a interactuar con el mundo externo. Aunque el ego opera como el centro de la personalidad consciente, el yo es el centro unificador de toda la psique, el principio ordenador que abarca la mente consciente y subconsciente. Por consiguiente, el yo es a la vez el núcleo y la totalidad de nuestro ser, de la misma forma que Dios puede expresarse como esencia y totalidad de las cosas.

El crecimiento personal y el desarrollo espiritual involucran una total realización y expresión del yo, el cual actúa como el guía esencial en este proceso de individuación. Así como una planta emerge de su semilla hasta un crecimiento total, somos guiados espiritualmente por el yo superior para manifestar nuestra verdadera esencia. La habilidad de un individuo para diferenciar y expresar sus necesidades, los deseos y los sueños, es una parte importante de este proceso.

El yo representa la unidad de todas las cosas, conectando todos los opuestos (masculino y femenino, humano y divino, luz y oscuridad). Para reconocer la totalidad del ser, las divisiones dentro de nosotros se deben curar y recuperar las partes negadas. Las imágenes simbólicas de unidad y totalidad tales como el círculo, la mándala y la serpiente que se come su cola, son representaciones del yo. Por ejemplo, el sol, simbolizado por un círculo (totalidad y unión) con un punto en el centro (núcleo esencial) representa la luz del ser de Dios. De la misma forma que el sol es la fuente de vida y luz en nuestro sistema solar, el yo es también nuestro centro y nuestra energía. Esta parte interior del yo del individuo es la fuerza guía en su vida, y su conexión con la fuente creativa, el amor y la conciencia en el universo. Recibimos esta guía a través de la inspiración, los sueños, las visiones, la intuición y eventos significativos en nuestras vidas.

El proceso inicial de individuación y autorrealización es un viaje arquetípico. Esta búsqueda, esta aventura, este camino de vida que cruzamos, puede involucrar una prueba de algún tipo, o requerir que llevemos a cabo tareas específicas. Por ejemplo, un viaje curativo que puede llevarnos a un descubrimiento más profundo del yo, requiere que ejecutemos todas las tareas involucradas en la recuperación de determinada enfermedad. La experiencia del viaje es a veces en solitario, como se demuestra en la búsqueda de visión de la tradición nativo americana en la que un individuo se dirige solo a un lugar desierto y sagrado, para esperar la guía y una visión o realización de su propósito.

El viaje de autodescubrimiento requiere un descenso al oscuro mundo de la mente subconsciente, de tal forma que podamos curar los elementos ocultos y rechazados que residen ahí, y descubrir la luz vital dentro de nosotros. Este es el proceso de traer lo inconsciente u oscuro a la luz de la conciencia, para que se pueda curar y transformar. En el recorrido enfrentamos diferentes adversarios, que son limitaciones y obstáculos que deben ser transformados o vencidos. Por ejemplo, pueden tomar la forma de una enfermedad, un patrón emocional negativo, o una persona que se opone a nosotros. El adversario puede percibirse como una pared o un gran abismo, una fuerza oscura o maligna que busca herirnos o destruirnos de alguna forma.

En nuestro proceso de crecimiento personal es importante asumir la responsabilidad de nuestros propios asuntos, en lugar de culpar continuamente a los demás o a las circunstancias externas. A menudo, nuestro adversario más grande es el ego, que puede resistirse al cambio que destituiría su poder e interrumpiría la falsa imagen que proyecta al mundo. Por esta razón, es importante resolver los asuntos emocionales que mantienen arraigadas nuestras creencias erróneas acerca del mundo y de nosotros mismos. De esta manera, la conciencia del ego puede ser asistida alineándola con las verdaderas intenciones del ser.

Enfrentar al adversario en nuestro viaje involucra la lucha arquetípica entre el bien y el mal. Con éste crecemos y nos fortalecemos mientras logramos un descubrimiento más profundo de nuestro ser.

A veces un adversario aparece como un tramposo. Esta energía engañosa hace que enfrentemos nuestros propios asuntos, de tal forma que obtengamos las lecciones de la vida y el crecimiento necesario para confiar en el espíritu y en la guía interior de nuestro ser, y no en la lógica de la mente racional. Por ejemplo, Sara tuvo problemas con su automóvil en una autopista. Inicialmente se asustó cuando el motor se detuvo. Sin embargo, pronto se encontró en una vía de acceso que la conducía a una estación de gasolina, y en la cual podía fácilmente maniobrar el carro. Se sintió literalmente impulsada a la estación; luego los mecánicos arreglaron rápidamente el problema. Esta mujer se sintió muy protegida, y se dio cuenta que podía confiar en un poder universal superior a ella misma. Como resultado de esta experiencia, pudo sentir su conexión con el espíritu, y confiar en la forma en que estaba operando en su vida, a un nivel mucho más profundo.

El arquetipo del Dios o la Diosa

El Dios (la Diosa) arquetípico es la encarnación de un poder creativo universal y una presencia espiritual que podemos buscar para obtener ayuda, guía e inspiración. Las expresiones de este arquetipo son tan variadas como las diversas creencias y religiones, tanto pasadas como presentes, que vemos manifestarse en todo el mundo junto con los mitos de creación que las acompañan. El Dios bíblico judeo-cristiano, de expresión masculina, es un contraste de la más antigua manifestación de divinidad conocida como Magma Mater o Gran Madre. Jehová es el padre y poder celestial, mientras la Diosa, la matriz de creación, está profundamente conectada con los procesos de la vida y las fuerzas de la naturaleza.

Sin embargo, míticamente ambos aspectos divinos comparten una expresión dual, una clara y compasiva, y la otra colérica y devoradora. Por ejemplo, el Dios del Antiguo Testamento envió una devastadora inundación como castigo para purificar la humanidad, y también liberó a los hebreos de la esclavitud, suministrando un paso seguro fuera de Egipto y, en el Nuevo Testamento, amorosamente envió su único hijo, Cristo, para dar luz al mundo. La Gran Madre, cuya expresión confortante es ilustrada por la amable y compasiva diosa china Kwan Yin, también tiene su expresión de Madre Terrible, como se ve en la triple diosa india Kali Ma, la poderosa madre oscura de la creación, preservación y destrucción. Kali es a la vez matriz y tumba, la dadora de vida y la destructora de las personas, la tierra e incluso el universo, mientras avanza en espiral en el espacio sin forma, del cual producirá nuevamente su creación.

Estas expresiones duales de Dios/Diosa se reflejan en la forma como la gente experimenta la divinidad. Algunos individuos sienten a Dios como un poder colérico, juzgador y castigador al que se le debe temer. Otros ven al ser supremo como una presencia amorosa y compasiva que los alimenta y sostiene. También he encontrado que la percepción de una persona acerca de una autoridad espiritual, puede afectarse por la relación con su padre y su madre en la infancia, su primera experiencia con los "creadores" poderosos y proveedores. Por ejemplo, si un niño crece con un padre austero y estricto, recibiendo castigos constantemente, le será difícil percibir a un Dios compasivo. Estos tipos de creencias pueden afectar nuestra concepción del arquetipo del Dios o la Diosa. Ahora, más que nunca, creo que todos tenemos la oportunidad de mirar más allá de nuestros mitos personales y colectivos acerca de Dios o la Diosa, y expandirnos para experimentar la verdad acerca de esta conciencia creativa en el universo.

La conexión con el Dios o la Diosa puede ser una experiencia expansiva y regocijante. Sin embargo, cuando la falsa persona distorsiona esta energía puede guiar al aumento del ego y a una sobreidentificación con la deidad. Esto origina un comportamiento egocéntrico y la creencia de que uno es un dios, por encima de reglas y normas que se aplican a simples mortales. Otra distorsión de este arquetipo se ve en el fanático obsesionado que proyecta la divinidad a los demás. Este tipo de individuo da todo su poder a la proyección del Dios que ha creado en alguien, y luego obedece ciegamente todo lo que esa persona dice. Muchos autoproclamados "gurús" alimentan este comportamiento disfuncional en sus seguidores. Si la expresión del Dios/Diosa está desequilibrada, también puede conllevar a la obsesión religiosa o a una vida demasiado ascética, desprovista de sensualidad y los placeres de la tierra. Una subpersonalidad de monje o monja puede encarnar este tipo de cualidades de devoción y represión.

En la meditación, la visualización guiada, la escritura de diarios, y los diversos procesos curativos, a menudo los individuos experimentan algún aspecto del Dios o la Diosa. Puede aparecer como una luz, o en forma similar a uno de los diferentes dioses griegos, romanos o de la mitología oriental. (Los dioses y las diosas de la mitología pueden también tener atributos específicos que se relacionan con otros arquetipos. Afrodita/Venus tiene que ver con el amor, Aries/Marte con el guerrero, etc.).

Mara, mi cliente, tenía un guía interior que emergió en forma de diosa durante una sesión con su terapeuta de masajes. Describió esta figura interior como una gran mujer de aspecto griego. Debido a que esta figura de Diosa emanaba una presencia femenina poderosa y espiritual, pudo ayudar a Mara en su proceso de autohabilitación en un camino que estaba profundamente conectado a su yo esencial. La diosa griega de Mara fue una fuente de inspiración para ella y una expresión positiva internalizada del poder femenino.

Arquetipo del niño

La expresión más pura del arquetipo del niño es el niño dorado o niño de luz que representa el ser esencial. También está asociado con la luz brillante de nuestro propio sol. Las cualidades que este

arquetipo encarna son amor, alegría, creatividad, autoentendimiento, sentimiento, intuición, espontaneidad y curiosidad. Inicialmente, como niños, todo lo que sabemos es lo que sentimos,
y es lo que expresamos espontáneamente. Estamos instintiva-
mente en contacto con nuestro núcleo espiritual y los atributos
arquetípicos que son parte de él. Por esta razón, el arquetipo del
niño puede ayudarnos a curar, conducirnos a un descubrimiento
más profundo de nuestro ser total, y actuar como entrada a otras
energías arquetípicas. Los sueños o las imágenes que involucran
niños recién nacidos, son a menudo un simbolismo de la inocencia y pureza de este arquetipo. Los sueños relacionados con niños
que necesitan ayuda o alimentación, también son comunes para
quienes trabajan con el arquetipo del niño.

En el proceso de descubrir el ser divino dentro de nosotros,
el arquetipo del niño surge porque hay usualmente asuntos de
la infancia aún no resueltos, los cuales han afectado el sentido
de autovaloración del individuo. Para experimentar la realidad
más profunda del yo esencial, es necesario transformar las creencias erróneas y los patrones de la infancia que pueden estar
bloqueando su verdadera expresión. Las heridas y necesidades
latentes de la niñez deben tratarse de tal forma que surja el
amor, la alegría y la creatividad de este arquetipo.

Las distorsiones del arquetipo del niño se manifiestan cuando
el individuo que no ha resuelto asuntos de su infancia, permanece
emocionalmente inmaduro. Esto sucede porque eventos dolorosos del pasado pueden interferir con el desarrollo normal,
dejando congelada una parte emocional de la persona, sin los
recursos que usualmente se obtienen a través de un proceso de
maduración personal. Tales individuos continuarán tratando de
suplir necesidades pasadas de manera inconsciente. Por ejemplo,
una mujer puede seguir comprometiéndose con hombres que
tienen adicciones, intentando inconscientemente conseguir el
amor que nunca recibió de su padre alcohólico. Un hombre
puede infantilmente necesitar ser el centro de atención de todos.

Trabajando conscientemente con su subpersonalidad de niño, el adulto que es ahora puede alimentar y proteger esta parte suya, además de cambiar dichos patrones. Autores tales como John Bradshaw, quien ha enfatizado la importancia de este "niño interior" en el proceso de crecimiento personal, son un excelente recurso para trabajar con este aspecto de la personalidad.[14]

Las otras expresiones de subpersonalidad que pueden emerger con el arquetipo del niño, son el "desdeñoso" egocéntrico, que quiere imponer su voluntad, el rebelde, a menudo en la etapa de la adolescencia; el niño vulnerable, un aspecto herido, necesitado, tímido o dependiente, que puede estar triste o temeroso; y el payaso, un bromista travieso e inmaduro.

Arquetipos masculino y femenino

Otros dos arquetipos muy importantes son el masculino y el femenino. Todos nosotros, seamos hombres o mujeres, tenemos un elemento masculino y uno femenino interiormente. Estos aspectos son usualmente expresados de acuerdo a patrones aprendidos de nuestros padres —para bien o para mal—. El arquetipo masculino es una energía estimulante, agresiva y eléctrica que tiene la habilidad para hacer. Es decisivo, analista, discriminante y estructural. Se relaciona con la mente consciente y provee una perspectiva objetiva y racional. Debido a que el sol irradia luz y energía, está asociado con esta cualidad de decisión masculina y la mente consciente. El padre arquetípico se relaciona con el aspecto masculino; encarna los atributos mencionados, da dirección en el mundo, establece límites sanos, y motiva la realización de un objetivo. El padre arquetípico se asocia con el planeta Saturno, el cual deriva su nombre del dios romano con el mismo nombre, y representa un poder y una autoridad superior.

Cuando lo masculino está en desequilibrio, sus cualidades de evaluación y discernimiento pueden desintegrarse en comportamientos perfeccionistas, estrictos, austeros, estoicos, críticos, escépticos y cínicos. Con este tipo de desequilibrio, un individuo puede también ser dominado por la mente lógica y el intelecto, mientras rechaza sus sentimientos y emociones. Las subpersonalidades interiores que pueden emerger cuando lo masculino es distorsionado, son las del crítico; el emprendedor/perfeccionista; el protector/controlador; el juez, un aspecto que decide las normas de la vida, y hace juicios de si usted o los demás están o no equivocados; el sabelotodo, probando constantemente cuánto sabe; y el cínico, pesimista o escéptico, que no confía en la realidad subjetiva o el mundo oculto, duda que algo pueda mejorar o cambiar, y para creer debe tener pruebas objetivas.

El arquetipo femenino es una energía receptiva, sentimental, intuitiva, magnética y nutriente, y representa la naturaleza instintiva y la matriz o el espacio fértil del cual se manifiestan las cosas. A diferencia del masculino, que está relacionado con resultados y descubrimiento de cosas, el arquetipo femenino se interesa en el proceso. Tiene la habilidad de fluir, y simplemente ser en lugar de hacer. El aspecto femenino también se asocia con el cuerpo físico, la mente subconsciente, y la experiencia subjetiva o interior del individuo. Abarca la joven doncella o cualidad virginal; el aspecto de la madre; y la anciana sabia, que representa vejez, muerte y sabiduría. La madre arquetípica significa amor, entendimiento, alimentación y protección de quienes están a su cuidado. La luna, que refleja la luz del sol, es un simbolismo de la mente subconsciente y las cualidades femeninas de receptividad, alimentación e intuición.

Cuando lo femenino está en desequilibrio, pueden originarse tendencias sobreemocionales o histéricas, introversión, pasividad, un estado de confusión, sobreprotección, y la incapacidad de ser objetivo o establecer límites personales. Esta pasividad y carencia de límites puede dar como resultado una constante inmolación. Una distorsión común de la energía femenina es la tendencia a la protección perpetua, ignorando nuestros sentimientos y necesidades para cuidar a los demás. La subpersonalidad protectora es una expresión de esta dinámica como lo es la supermadre, quien rechaza sus propios deseos para estar disponible como la perfecta y perenne madre, y a menudo también esposa.

Las otras subpersonalidades que pueden emerger con esta energía arquetípica son el salvador, quien siempre necesita "arreglar" los problemas de otras personas; la víctima, continuamente en crisis sin tomar la responsabilidad de hacer cambios personales; el rey/la reina del drama, una personalidad exageradamente dramática emocionalmente, constantemente en caos; el pesimista pasivo; y el protector/controlador.

Jung llamó "anima" a la energía femenina en un hombre, y "animus" a la energía masculina en una mujer. La manera en que se relaciona un hombre o una mujer con estas dimensiones interiores de su ser, se reflejará en la dinámica de sus relaciones exteriores. Los arquetipos masculino y femenino tienen diversas expresiones o caras que pueden manifestarse dependiendo de nuestra experiencia en la vida y las asociaciones personales que resultan de ellas. Por ejemplo, si experimenta un cuidado de madre con frialdad y desinterés, la madre arquetípica podría manifestarse como una madre o hechicera negativa y fría. Usted podría encontrarse repetidamente en situaciones con mujeres que muestran este tipo de características, y tal vez hallarlas en su propia personalidad. Por otro lado, si su experiencia del cuidado materno ha sido amorosa y estimulante, el arquetipo femenino podría representarse en forma más compasiva, a través de relaciones armoniosas con mujeres, o una conexión positiva con la madre tierra y la naturaleza.

Psicodinámicamente, los aspectos negativos del padre y la madre internalizados en un individuo, deben transformarse a patrones positivos y sanos que expresen su verdadera naturaleza. La curación de esta dinámica familiar interior es fundamental para la expresión de un equilibrio masculino y femenino dentro de nosotros, y el descubrimiento de nuestro yo. Los arquetipos masculino, femenino y del niño actúan como guías que nos ayudan en este proceso de curación.

Arquetipo del artista

El artista arquetípico encarna las cualidades de expresión creativa
y los dones de las artes (pintura, música, actuación, poesía, baile,
escultura, etc.). El yo es el centro creativo, y a medida que descubrimos y aceptamos nuestra naturaleza esencial, podemos dar
expresión a esta chispa de creatividad interior. Cuando estamos
desconectados del espíritu, de los sueños, las necesidades o los
deseos, es probable también que aislemos nuestros talentos creativos. Para los artistas es importante permanecer conectados con
este recurso espiritual interior, manteniendo viva la creatividad.

Las personas que expresan esta energía arquetípica tienen
una fuente inagotable de energía creativa, que se puede expresar en diversas formas. Sin embargo, cuando se bloquea esta
energía puede volverse autodestructiva, debido a que la fuerza
creativa que busca expresión o aceptación retorna al ser del
individuo distorsionadamente. Vemos estas tendencias destructivas en las vidas de muchos artistas y músicos famosos.

El arquetipo del artista tiene una naturaleza sensible, la cual
permite a los individuos recibir impresiones que pueden luego
canalizar en forma creativa. Los artistas son usualmente muy
receptivos a las esferas fértiles y creativas de la mente subconsciente y el inconsciente colectivo. De este lugar se originan
gran cantidad de sus imágenes e ideas. Sin embargo, cuando
esta maravillosa capacidad está en desequilibrio, pueden ser
hipersensibles o autoabsorbidos y dominados por el oscuro
mundo de sus mentes subconscientes. Esta dinámica crea un
artista introvertido y de humor variable.

Los artistas también pueden ser renegados no convenciona-
listas que actúan como canales para nuevas e innovadoras ideas.
A veces encuentran que sus ideas inconformistas no son acepta-
das inmediatamente, lo cual conduce a la frustración y al sufrimiento o síndrome del artista famélico. Recomiendo *The
Artist's Way*, de Julia Cameron, a quien necesite ayuda para dar
expresión a la creatividad de este arquetipo.

El planeta Venus, cuyo nombre proviene de la diosa romana del amor, conocida como Afrodita por los griegos, está asociado con la belleza estética y los talentos artísticos. Esto se debe a la naturaleza femenina de Venus, la cual es receptiva a la inspiración y abundancia de las fuerzas creativas.

Las subpersonalidades que pueden emerger con el arquetipo del artista son: el rebelde, que se subleva contra la sociedad, la tradición o la autoridad; el artista famélico, a menudo perezoso, rara vez exitoso, y siempre luchando financieramente; y, por supuesto, el crítico.

Arquetipo de nacimiento-muerte-renacimiento

Este arquetipo representa las transiciones, los cambios y los ciclos de la vida. Estamos constantemente experimentando transformación y renacimiento mientras crecemos y cambiamos. La muerte de viejos patrones, autopercepciones y seres queridos es parte de la vida. El dolor de tales pérdidas nos guía más al interior para dar nacimiento a otros aspectos del yo verdadero. Así, además de experimentar la muerte de quienes nos rodean, también experimentamos el arquetipo de la muerte mientras crecemos emocional y espiritualmente. Esto se debe a que abandonamos los conceptos que ya no son útiles, mientras abrimos un nuevo estado de conciencia. El fénix mítico, que se levanta renovado fuera de sus propias cenizas, simboliza este proceso de transformación. Requiere la voluntad de salirnos de los límites de ideas y conceptos preconcebidos, y pararnos en el borde del acantilado de lo desconocido, para introducirnos a nuevas experiencias. Mientras hacemos esto, es importante desahogarnos completamente de las pérdidas en nuestras vidas. De esta manera, así como la serpiente muda su piel, podemos liberarnos de lo viejo o pasado para dirigirnos a lo nuevo. Aunque parezca extraño, es incluso posible sentir tristeza por la pérdida de situaciones y patrones negativos de nuestra vida, si se han sentido seguros y familiares a nosotros.

A menudo, cuando experimentamos el arquetipo de la muerte, es la indicación de un cambio que debe ocurrir. En un tiempo en que necesité hacer algunos cambios importantes en mi vida, murió el conejo mascota de la familia, dos peces de colores fueron comidos por otro pez en el acuario, y mi hija estuvo escribiendo poemas sobre la muerte. Esto fue un mensaje muy fuerte asociado con una relación emocionalmente abusiva, en la que estaba involucrada y necesitaba terminar.

A veces los individuos experimentan gran intensidad y crisis cuando tienen en sus vidas el arquetipo de nacimiento/muerte. Dichas personas pueden permanecer encerradas en el caos de repetidos patrones negativos, y nunca miran interiormente para descubrir el verdadero propósito que tiene en sus vidas. Este tipo de individuo usualmente tiene una subpersonalidad de víctima o rey/reina del drama, y está con frecuencia en crisis o culpando a los demás, sin asumir la responsabilidad para hacer los cambios personales que producirían la transformación. Sin embargo, cuando se usan los desafíos de la vida como un medio de crecimiento y transformación personal, entonces se puede descubrir el verdadero regalo de tales situaciones. Los individuos que han experimentado este tipo de proceso transformacional, y el poder que representa, pueden luego ayudar a quienes atraviesan tiempos de crisis. Tales personas a menudo se convierten en terapeutas, u otros profesionales del ramo, para compartir más directamente la sabiduría y el poderoso conocimiento que han ganado.

La energía dadora de vida del kundalini está relacionada a este proceso transformacional de muerte y renacimiento. Pueden ocurrir diferentes tipos de muerte mientras la energía kundalini se eleva por la columna vertebral y trae la experiencia de un estado más consciente del ser. Los síntomas físicos y emocionales son una forma en la cual esta muerte simbólica se manifiesta. Sin embargo, la antigua identidad o persona es la que cae y muere a través de este proceso. Este tema arquetípico puede también experimentarse por medio de imágenes de muerte en vidas pasadas, o a nivel colectivo, por ejemplo, sintiendo íntimamente la muerte de la madre naturaleza a través de la contaminación. Elementos del trauma biológico del nacimiento y una situación de vida o muerte, también pueden ser parte de esta dinámica. Por esta razón, los métodos de regresión para trabajar con vidas pasadas y experiencias del nacimiento, pueden ser útiles para facilitar la transición de muerte psicológica en renacimiento espiritual.

La serpiente, que representa el arquetipo del kundalini además de la fuerza vital sexual y los procesos instintivos del cuerpo, es un simbolismo de este tipo de transformación. En realidad la sexualidad, la transformación y la muerte se relacionan estrechamente. Para sentir el éxtasis del orgasmo sexual, debemos entregarnos a las experiencias. La muerte, física o psicológica, también requiere que atravesemos la transición particular de la vida.

Cuando el arquetipo nacimiento/muerte está en desequilibrio, el individuo puede volverse muy serio, autoabsorbido, introspectivo o deprimido. Es como si se cerrara la energía vital del primer chakra. La persona puede entonces perder el sentido de su vitalidad y preocuparse por el aspecto oscuro o mortal del ciclo, sin nunca completar la transformación en renacimiento. Este es el tipo de persona que siempre busca y mora en los aspectos negativos de la situación. Un individuo de estos puede tener la subpersonalidad del pesimista que opera interiormente con una actitud hosca. Otra expresión sombría se encuentra en individuos que usan las fuerzas oscuras destructivas para manipular o minimizar a los demás y, como buitres, ganar poder para sí mismos a través de la muerte emocional de otras personas. En adición a esta subpersonalidad manipuladora o controladora, también puede surgir el seductor/la seductora, usando el sexo para dominar a los demás.

El planeta plutón está asociado con el proceso transformativo del arquetipo de nacimiento/muerte. Su propósito es el cambio evolutivo. En la mitología, Plutón está relacionado con el submundo de la muerte, y es el símbolo de la matriz o esfera oscura en la cual debemos descender periódicamente para crecer, curarnos y renacer.

Arquetipo del comunicador

El comunicador es el mensajero que tiene la habilidad de transmitir información, expresarse, y comunicar ideas a través de diversas formas, incluyendo la escritura y el habla. El comunicador es mentalmente rápido, curioso, lógico, expresivo, alegre, y le gusta conversar e interactuar con los demás. El comunicador arquetípico conoce el poder de la palabra hablada o escrita cuando se usa a conciencia, y muchos individuos que expresan este arquetipo son poderosos oradores. Como mensajero arquetípico, el comunicador transmite la verdad y el poder de la palabra a los demás. El planeta Mercurio, llamado así en honor al mensajero de los dioses de la mitología romana, representa esta energía arquetípica.

Este arquetipo está relacionado con los asuntos del quinto chakra. Cuando la energía del comunicador es distorsionada, puede manifestarse como el individuo egocéntrico que está constantemente dominando la conversación. También puede mostrarse en el hablador, o el compañero intelectual que discute en lugar de comunicar. A veces la rapidez mental del comunicador origina también una intranquilidad o incapacidad para relajarse. Otra expresión sombría se encuentra en el payaso superficial que muestra una sonrisa para entretener a los demás, mientras oculta sus verdaderos sentimientos. La inhabilidad para expresar pensamientos e ideas claramente también es común cuando se reprime este arquetipo. Esto puede originar sentimientos de aislamiento, y a menudo es visto en personas tímidas que se convierten en ermitaños sociales.

No puede negarse la importancia de las habilidades del buen comunicador en el mundo actual. Escuchar es tan importante como hablar, en el intento de entendernos mutuamente. Muchos individuos nunca aprendieron a expresar ideas y sentimientos en su infancia, y luego continuaron con estos patrones hasta la vida adulta. En estos casos puede ser útil tomar una clase básica de técnicas de comunicación.

Además del payaso, el ermitaño, el hablador, y el divagador — un paseador errante que está constantemente en movimiento, y necesita la estimulación de nuevos entornos, más información u otros cambios en la vida—, pueden surgir cualquiera de las subpersonalidades que ejercen un control intelectual, tales como el crítico, el juez, el cínico/escéptico, el emprendedor/perfeccionista, el protector/controlador, o el sabelotodo, cuando la energía del comunicador arquetípico es distorsionada o rechazada.

Arquetipo del curador

Esta energía arquetípica tiene la capacidad de dar bienestar, curación y armonía a individuos y situaciones. El curador encarna las cualidades de compasión y empatía, y es también sensible psíquica, emocional y físicamente. Todos tenemos un aspecto curativo dentro de nosotros, como una cualidad inherente de nuestro yo superior. Sin embargo, los individuos con el curador como una esencia dominante del alma, a menudo tienen diversos dones curativos tales como intuición psíquica, habilidades de sanación energética o con las manos, sabiduría herbal, y talentos expresados a través de diferentes profesiones del cuidado de la salud. Muchas veces, el arquetipo del curador se manifiesta en la vida de los individuos en forma de curador herido, presentando una enfermedad que la persona debe primero curar en sí misma, para poder expresar realmente su don de sanación. Este viaje curativo origina el cambio de conciencia necesario para que el individuo sirva como guía curativo de los demás. Muchos shamanes de tiempos modernos han atravesado de alguna forma esta experiencia.

Una de las expresiones sombrías de esta energía es la persona que se ocupa demasiado en el cuidado de los demás, ignorando sus propias necesidades, y finalmente es absorbido por quienes no son capaces de alimentar y revitalizar sus propias energías. Otra distorsión de esta energía se encuentra en el hipocondríaco que vive preocupado por su salud. La expresión deformada puede también observarse en personas que están siempre esperando que los demás solucionen sus problemas. Las subpersonalidades que pueden emerger con el arquetipo del curador son el salvador, el cuidador, el hipocondríaco y la víctima.

Quirón, un pequeño cuerpo celestial con una órbita extremadamente elíptica, y que usualmente viaja entre Saturno y Urano, está asociado con la curación y el curador herido. Míticamente Quirón era el centauro, mitad hombre y mitad caballo o unicornio, que fundó el antiguo templo curativo asclepiano. Su cuerpo, que une al hombre y el animal, simboliza la curación que debe darse entre la naturaleza intelectual e instintiva dentro de todas las personas. Muchas enfermedades físicas del cuerpo son el resultado de la división que ha existido entre nuestra naturaleza espiritual y animal.

Quirón era inmortal; sin embargo, dejó caer una flecha venenosa sobre su pie, quedando para siempre herido pero sin poder morir. Finalmente se sacrificó para que el fuego de Prometeo pudiera ser liberado del mundo terrenal. Este mito expresa el servicio desinteresado y el curador herido que puede surgir con este arquetipo.

Como astróloga consejera, he encontrado que el aspecto curativo emerge en una persona cuando la ubicación de Quirón en los cielos forma una fuerte relación con las posiciones planetarias presentes en el momento de su nacimiento. El asunto particular que el individuo busca curar —una relación, un trastorno físico o un problema emocional— surgirá en ese momento para ser afrontado de alguna forma. Esto puede llegar directamente experimentando la enfermedad o herida emocional, a través de la experiencia de alguien más, o curando activamente el problema en el ser de uno o de otra persona.

Arquetipo del héroe/heroína y guerrero

El héroe arquetípico persistente, valeroso y fuerte, trae resolución donde hay conflicto, crisis o caos. Los individuos que expresan esta energía arquetípica sostendrán impecablemente los más grandes principios e ideales, encararán luchas y emergerán victoriosos. El héroe tiene confianza en sí mismo, toma la iniciativa, y tiene firmeza para obtener sus objetivos y defender sus principios. Al igual que el mítico Jasón, a quien el rey de la Cólquida le asignó una tarea imposible para poder obtener el vellón de oro, el objetivo de su búsqueda, un héroe nunca se rinde. El héroe es también aventurero, y puede estar siempre partiendo a explorar algún territorio desconocido. Muchos entusiastas buscadores de aventuras se ajustan a esta descripción.

Cuando se distorsiona la energía heroica, el resultado puede ser la negación de sentimientos y necesidades del individuo, en una rígida, compulsiva o mal dispuesta dedicación a una causa. Un ejemplo de esta expresión sombría se encuentra en la persona que en la infancia tuvo el rol del "héroe de la familia" en un hogar insano emocionalmente. En la niñez, y posteriormente como adulto, este individuo hará lo apropiado para obtener medios visibles de éxito (héroe de fútbol, ejecutivo de ventas, o socio de una notable firma legal). Puede convertirse en un trabajador obsesivo, sentirse responsable de todo, y tener necesidad de no mostrar imperfecciones. A pesar de todo el éxito y la fanfarronería, este tipo de persona a menudo se siente insuficiente interiormente.

Los héroes pueden ser bastante independientes, piensan que tienen la capacidad de hacer todo por sí mismos, llevándolos a la inhabilidad de pedir ayuda. Nuestro héroe mítico, Jasón, es un gran ejemplo, al menos inicialmente, cuando le pidió ayuda a la diosa Afrodita y obtuvo el apoyo de Medea, la hechicera. Sin embargo, cuando el viaje heroico de una persona no permite este tipo de vulnerabilidad, puede originarse un desequilibrio. Esta dinámica la observamos frecuentemente en el mundo de los deportes; se ignora constantemente el dolor corporal y los sentimientos son para lograr la victoria en el juego. No es extraño que nuestros héroes deportivos modernos hayan caído de su pedestal de gloria. Esto es una señal de que debe terminar la glorificación de tales patrones insanos. También creo que nos llama a activar las cualidades del héroe impecable y valeroso presente en todos, en lugar de sentarnos pasivamente a adorar a quienes lo hacen por nosotros en la televisión.

Otra expresión sombría de la energía heroica es el buscador de gloria, que necesita presentar un show y salvar el día. Esta persona puede estar más interesada en llamar la atención que en mantener principios personales o ayudar a los demás. Tales individuos pueden también ser adictos a crisis, necesitando siempre una situación a superar o resolver. La distorsión del arquetipo del héroe puede también terminar en el comportamiento imprudente del temerario que ignora su propia seguridad por la emoción adictiva de la aventura y el peligro. Las subpersonalidades que pueden emerger cuando se distorsiona la energía heroica son el emprendedor/perfeccionista, el protector/controlador, el salvador, y el temerario (un imprudente buscador de emociones adicto al peligro).

El guerrero está relacionado con el arquetipo del héroe. El guerrero tiene la habilidad de realizar asertivamente una tarea dada, y ser agresivo cuando es necesario. Este arquetipo encarna valor, valentía, poder personal, determinación, vitalidad y fortaleza (tanto interior como física). El caballero, el indio guerrero, la amazona y el soldado son expresiones de la energía guerrera. El guerrero tiene la iniciativa, la motivación y la habilidad para abrir nuevos caminos y defender una causa. Sin embargo, la necesidad de acción y emoción puede a veces producir la tendencia a ser impulsivo y actuar antes de pensar. Al igual que el héroe, el guerrero tiene una fuerte voluntad y puede ser muy independiente y confiado. Cuando esta energía se encuentra en desequilibrio, puede originar una persona insensible y egoísta que no se concientiza de las necesidades o los sentimientos de los demás. Esta independencia puede también impedir que el individuo reciba órdenes o forme parte de un grupo, a menos que sea el líder.

La misma energía vital que da al guerrero su impulso y poder, puede ser expresada negativamente como agresión y un genio irascible. Esto puede hacer que una persona esté continuamente oponiéndose, atacando y culpando a los demás. El individuo que suele estar furioso a todo momento es un ejemplo de este patrón abusivo. Otra expresión sombría es el individuo supercompetitivo que se obsesiona por luchar contra alguien. Por otro lado, si se reprime la energía guerrera, el resultado puede ser una persona pasiva incapaz de valerse por sí misma.

El guerrero se relaciona con los asuntos del tercer chakra, y las personas que expresan esta energía arquetípica pueden necesitar aprender cómo usar su poder de manera consciente. Emociones poderosas tales como ira o rabia son a menudo parte de este proceso. Si bloqueamos la ira, puede escaparse de manera inconsciente, usualmente afectando a un espectador inocente que está alrededor de nosotros. Cuando retenemos la ira, ésta se hierve a fuego lento bajo la superficie hasta que finalmente estallamos, a menudo enojándonos inapropiadamente por un asunto menor que activa el volcán de nuestras emociones reprimidas. Las personas que manejan conscientemente su ira, pueden expresar sus sentimientos y necesidades en forma directa, sin ese tipo de erupciones volcánicas. Es importante enfrentar y tratar la ira adecuadamente, en lugar de reprimirla o descargarla sobre los demás. Esto se puede hacer escribiendo los sentimientos en un diario o caminando y realizando ejercicios. También puede esperar y hablar con otras personas cuando se sienta capaz de expresar los sentimientos conscientemente.

Las subpersonalidades que pueden surgir con la energía guerrera son las del valentón dominante y agresivo; el colérico,
adicto a liberar ira; el emprendedor/perfeccionista, que puede
ser muy competitivo; y, cuando se distorsiona el elemento protector del guerrero, el protector/controlador, que puede también buscar venganza culpando o persiguiendo a los demás por
cualquier proceder erróneo percibido. La energía planetaria
relacionada con los arquetipos del héroe y el guerrero es Marte,
cuyo nombre proviene del dios romano de la guerra.

Arquetipos del amante y la comunidad

El arquetipo del amante es una energía amorosa, apasionada y
compasiva que busca unión, asociación, cooperación equilibrada
y armonía (incluyendo la armonía de la naturaleza y la estética).
Este arquetipo encarna las cualidades de la belleza, gracia, sensualidad, intimidad, ternura, entendimiento, empatía y lealtad.
Está relacionado con la dinámica del segundo y cuarto chakra, y
permite que los individuos busquen placer y sientan el éxtasis
del amor. A través de las relaciones humanas, la persona puede
experimentar la frecuencia vibratoria del éxtasis, y de este modo
recordar su verdadera naturaleza.

La comunidad arquetípica expande este amor y esta cooperación hasta abarcar el grupo. Trae la conciencia de igualdad y
hermandad en la familia humana. Mientras nos amamos a nosotros mismos y abrimos el corazón, sentimos que el amor se
extiende naturalmente hacia los demás. Nos damos cuenta de
nuestra conexión con todas las personas, y queremos mejorar la
vidas de los demás porque, al final, también se beneficia nuestra
vida. Las personas que expresan el arquetipo comunitario pueden ser grandes humanitarios, reformadores sociales futuristas,
y visionarios de grupo.

La dinámica de amor y relación a menudo nos provee un
espejo que refleja nuestras cualidades positivas y negativas

desconocidas. Por ejemplo, la esposa regañona es un reflejo de la incapacidad de autoafirmación de su esposo. Por otro lado, la pasividad de éste, es una señal exagerada de la cualidad de sentimiento femenino carente en su esposa. También podemos escoger una pareja con cualidades que equilibran las nuestras, o nos estimulan a liberar aspectos no desarrollados del ser — por ejemplo, la mujer tímida que se compromete con un hombre seguro y de mucha actividad social, gradualmente saldrá de su caparazón de timidez—. Sin embargo, cuando esta dinámica opera en forma distorsionada, podemos proyectar nuestras mejores cualidades a otra persona y amar esos aspectos en ella, en lugar de desarrollarlos o expresarlos en nosotros mismos. Aunque las relaciones pueden evocar lo mejor y lo peor en nosotros, a menudo necesitamos la polarización que esto puede proveer para activar nuestro autocrecimiento.

El éxtasis del amor también nos conduce a dimensiones más profundas del alma. Puede guiar a la unión con nuestro verdadero ser amado, el yo. A través de relaciones externas, podemos unirnos más con el anima o animus positivo de nuestro interior. De esta manera, somos más íntegros y podemos experimentar la unidad del yo.

Los individuos que expresan el arquetipo del amante son buenos pacificadores, arbitradores y diplomáticos. Sin embargo, cuando esta energía está en desequilibrio, puede verse en el individuo que mantiene la paz sin importar las consecuencias para él o los demás. Esta persona puede estar incómoda con la expresión de emociones intensas, deseando siempre que las cosas parezcan armoniosas y pacíficas superficialmente. Este tipo de individuo es con frecuencia correcto y amable, evitando o rechazando cualquier sentimiento negativo o desagradable. En tales casos, a menudo está presente la subpersonalidad pasiva del complaciente, queriendo siempre hacer cosas que hagan felices a los demás.

Cuando se distorsiona el arquetipo del amante, puede originar una adicción al amor, y hacer que la persona se interese más por lo "maravilloso" de estar enamorada que por alguien en particular. Este individuo puede convertirse en un adicto al sexo que usa las relaciones y los encuentros sexuales como una droga para el sentimiento eufórico que se puede producir. En tales casos, puede estar operando una subpersonalidad de seductor/seductora. El sexo es lo más importante en el mundo para este aspecto interior del seductor, que puede inducir a que actuemos inapropiadamente en el campo del sexo y la seducción.

Las distorsiones de la energía del amante arquetípico pueden también hacer que la persona se cierre sexualmente. A veces, esta disfunción sexual está acompañada por una subpersonalidad de monje/monja, más interesada en la virtud espiritual que en disfrutar los placeres sensuales de la vida. Otras expresiones sombrías del amante incluyen el narcisista, quien se absorbe egoístamente en el amor a sí mismo, y el codependiente, quien se ignora a sí mismo por el amor de otra persona, en lugar de cuidar sus propias necesidades.

Cuando se niega el amor, individual o colectivamente, a menudo está presente la subpersonalidad de juez. El juicio forma una barrera que impide la compasión, anula la capacidad de sentir, expresar y recibir amor. Si juzgamos algo o a alguien, no demostramos entendimiento y aceptación amorosa. Esto no significa que no deberíamos usar el discernimiento para decidir lo apropiado para nuestra vida. No obstante, seremos más abiertos al amor y el entendimiento si evitamos juzgar a los demás. El salvador y el cuidador son otras dos subpersonalidades que pueden surgir con el arquetipo del amante.

Si se niega o se distorsiona la expresión de la comunidad arquetípica, el individuo puede tener dificultad para comprender cómo está acoplado a la sociedad o el mundo de los demás. Puede sentirse como un forastero en tierra desconocida, sin amigos, y ser un excéntrico de alguna forma. A menudo está presente la subpersonalidad de un rebelde iconoclasta.

La diosa del amor, encarnada como el planeta Venus, está naturalmente asociada con el arquetipo del amante. El planeta Urano se relaciona con la comunidad arquetípica y una perspectiva humanitaria colectiva. Míticamente, estos dos cuerpos celestes están asociados, pues fue Afrodita/Venus quien emergió del agua espumosa después que el dios Saturno, el Cronos griego, castró a su padre Urano, y lo arrojó junto con su falo al océano. Venus nació de los genitales, la energía sexual y la fuerza creativa de su padre, Urano.

Al igual que esta experiencia de desmembración de Urano, la energía de este planeta puede a veces ser bastante fragmentada. Urano a menudo nos provee la experiencia impactante que nos conecta a las piezas de nuestra psique que necesitan integrarse y sintetizarse, para lograr una mayor totalidad y libertad. Sin embargo, como lo demuestran los míticos Urano y Venus, después del shock inicial puede originarse una energía más amorosa y humanitaria. Tales minirevoluciones son ocasionalmente necesarias para que avancemos hacia el propósito superior de nuestras vidas.

Arquetipo del mago

Este es el hechicero que puede aprovechar las herramientas de la mente y la conciencia, para obtener los resultados deseados. El mago tiene la habilidad de enfocar, concentrar y dirigir poderes mentales para manifestar sus intenciones. Alineando su voluntad con la voluntad divina, el mago alquímico puede refinar el metal básico de los viejos patrones de conciencia, y manifestar el oro del ser esencial. Quien expresa el arquetipo del mago cree en la magia de la vida, y sabe que los milagros suceden a través del poder de la creencia. El mago es un cocreador, sabe que las palabras tienen poder, que los pensamientos se manifiestan, y que construimos nuestra realidad a través de estas herramientas de la conciencia. Muchas personas atraídas por la metafísica y lo oculto poseen este arquetipo. El mago cree más en la consecución de sus objetivos a través de la mente que a través de la fuerza física.

Cuando se distorsiona la energía mágica es distorsionada, el individuo puede usar su voluntad mental para manipular a los demás. Otra expresión sombría se encuentra en la persona que constantemente tiene que tomar la acción en situaciones, en lugar de permitir que las cosas fluyan naturalmente. También puede haber un desequilibrio interior, con el dominio de la conciencia intelectual o racional, y una represión de las emociones. El individuo es frecuentemente un pensador positivo, que intenta crear ciertas circunstancias a través de una voluntad pura, mientras rechaza los sentimientos. Sin embargo, el verdadero mago respeta la esfera subconsciente porque sabe que es parte del mundo oculto, la sustancia creativa viva con la cual trabaja. La mente consciente solamente dirige y forma esta sustancia para manifestar las cosas.

Este arquetipo se relaciona con los asuntos del sexto chakra. Cuando la energía mágica está en desequilibrio, el individuo puede tener dificultad para manifestar sus pensamientos, o puede sufrir por el pensamiento mágico, deseando siempre una estrella, pero sin hacer algo concreto para que sus sueños sean realidad.

El planeta asociado con el mago es Mercurio. El dios romano, Mercurio, con su vara mágica podía hacer dormir a las personas o ser un mensajero de la muerte. Mercurio está también relacionado con el dios egipcio Thoth, el alquimista y mago que tenía el poder de levantar a los muertos.

Al igual que el comunicador, al cual está asociado mercurio, cuando la energía mágica es distorsionada puede emerger cualquiera de las subpersonalidades que ejercen un control intelectual: la del crítico, el juez, el cínico, el emprendedor/perfeccionista y el protector controlador.

Arquetipo del místico

El místico encarna una energía espiritual compasiva que mira más allá de la esfera material, hasta la unión con Dios y el cosmos. El místico busca éxtasis espiritual; es sensible, comprensivo, intuitivo, psíquico, y sabe cómo la personalidad del ego a la presencia divina. El místico arquetípico puede guiar al individuo hacia la luz de su propio ser y a las experiencias místicas. De este modo trae una conciencia expandida, una experiencia directa de Dios, y conocimiento del universo. El místico tiene la habilidad de centrarse en la quietud y la paz, para meditar y pasar un tiempo tranquilo, lejos de la actividad de la vida y el mundo, conectándose con el yo interior.

La unidad que encarna el místico disuelve todas las limitaciones y fronteras para integrarse con la fuente de todas las cosas. Cuando este sentido de unidad se expresa en forma desequilibrada, puede guiar a una carencia de límites personales. Un individuo puede entonces ser incapaz de separar su identidad emocional con quienes se mezcla energéticamente. Esto origina fácilmente un comportamiento de codependencia en la relación. Una persona que expresa la energía mística puede también ser extremadamente sensible a las impresiones de los demás, convirtiéndose en una esponja psíquica que absorbe sentimientos y negatividad de otras personas. Por esta razón, es importante que estos individuos sean conscientes de su ambiente y el tipo de personas que los rodean. También es útil para estas personas psíquicamente sensibles, reconocer conscientemente las impresiones empáticas que reciben de los demás, dejándolas pasar energéticamente, en lugar de internalizarlas.

El arquetipo del místico se relaciona con el séptimo chakra y los estados expandidos de conciencia asociados a él. El contacto con dichas frecuencias dimensionales superiores puede hacer que un individuo parezca estar siempre en otro mundo. Puede tener la tendencia a disociarse y salir de su cuerpo, o ser el continuo soñador que carece de los esfuerzos prácticos necesarios para hacer sus sueños realidad. Además, la energía mística puede expresarse distorsionadamente como el mártir que busca unión con Dios a través del sufrimiento, la autoabnegación, y la represión del cuerpo. Esto puede sumarse al sentimiento de inconformidad con el mundo físico. Este tipo de individuo usualmente no quiere estar aquí en la tierra, y está constantemente buscando partir a través de la meditación o con fantasías cuando sueña despierto.

Un ejemplo del arquetipo místico se encuentra en la mujer de quien abusaron sexualmente en su infancia y, como una mártir, tomó el rol de salvadora de la familia, sacrificándose al ser abusada por los amantes de su madre para mantener unido el hogar, y esperando que algún día Jesús vendrá, la salvará y se la llevará. Cuando crece, entra a un convento y se hace monja, purificándose al tomar a Cristo como su ser amado. A menudo las dinámicas de misticismo e inmolación están entrelazadas de esta manera con el arquetipo místico. De hecho, esta mujer tuvo experiencias muy místicas que involucraron un guía espiritual nativo americano que apareció en sus meditaciones y terapias. La cualidad altruista y de autosacrificio del místico puede ser noble; sin embargo, se convierte en mártir cuando el sacrificio ritual simbólico, hecho a los dioses, es distorsionado y llevado a un autoabuso de su propia abnegación.

Otra expresión oscura del místico se encuentra en la personalidad adictiva que busca éxtasis espiritual, llegando a los límites de los vicios tales como las drogas o el alcohol. En lugar de lograr una unión mística a través del crecimiento personal y el desarrollo espiritual, este individuo busca un estado alterado de conciencia con medios artificiales. Como ajustándose a lo anterior, la palabra espíritu, que describe nuestra esencia vital divina, también se define como "una fuerte bebida alcohólica". Cuando el individuo restaura la dimensión espiritual de su vida, y reemplaza el "espíritu" del licor por el "espíritu" de su naturaleza divina, puede disminuirse el dominio que sus adicciones parecen tener sobre él. Esto puede influir mucho en el éxito de los alcohólicos anónimos, quienes usan un poder espiritual superior en el proceso de recuperación.

También he visto personas con fuertes experiencias místicas que tuvieron un efecto curativo similar en adicciones. Jenny, una de mis clientes, estaba atormentada con la adicción al cigarrillo y el alcohol, mientras sacrificaba sus necesidades para cuidar a otras personas. Jenny tenía el planeta Neptuno, el cual se asocia al arquetipo del místico, cerca al ascendente en el momento del nacimiento. Neptuno era el dios romano del mar, y su hogar acuoso es un simbolismo del océano trascendental de energía con el cual el místico armoniza. Una víspera de Navidad, mientras enfrentaba una situación particularmente frustrante, Jenny salió a fumar un cigarrillo. Observando con asombro el estrellado cielo nocturno, recibió una sensación de amor y paz superior a todo lo que había experimentado antes. En este estado expansivo, se dio cuenta que ya no necesitaba usar sustancias perjudiciales para sentirse bien. También vio claramente que podía amar y ayudar a los demás sin sentirse enredada en sus problemas. Jenny apagó el cigarrillo, y desde entonces no ha sentido deseos de volver fumar. Sostenida por este sentimiento de amor y serenidad, su depresión alcohólica desapareció, pues ya no experimentaba la necesidad de esconder sus problemas en el licor. También pudo mantener buenas fronteras personales, diciendo no a las exigencias de las personas cuando era necesario. Este es un ejemplo dramático del poderoso rol que el espíritu y el arquetipo del místico pueden jugar en la curación de adicciones de una persona.

Cuando lo místico es expresado en forma desequilibrada, puede guiar al ascetismo o el fanatismo religioso. Las subpersonalidades que pueden emerger con este arquetipo son: la víctima/mártir; el monje/monja; el salvador; el cuidador; el adicto, un aspecto obsesivo de la personalidad; y el soñador, que vive en un mundo de fantasía.

Arquetipo del gobernante (rey/reina)

El arquetipo del gobernante, del rey o la reina, es el líder sabio que toma decisiones vitales basadas en ideales que buscan el mayor bien para todos. El gobernante confía en sí mismo, y tiene el sentido de saber que merece lo mejor. Puede ver claramente el propósito, reconocer los objetivos que deben ser realizados, y dar los pasos necesarios para obtener dichos fines. Hay un sentido de justicia e igualdad en este proceso, además de la capacidad para adoptar un alto estándar. Esta influencia arquetípica puede ayudarnos a manifestar nuestro verdadero poder, y hace que las personas sean grandes líderes, directores de negocios y estadistas.

El gobernante tiene la habilidad de equilibrar y medir los diferentes elementos de una situación, y decidir lo que realmente permitirá que todo se beneficie y fortalezca. Muchos líderes notables han iniciado con este sueño, y luego son desencantados o seducidos por un sistema político corrupto que sólo favorece a un determinado sector. El gobernante tiene la responsabilidad de usar su poder sabia y justamente, y no para ganancia personal o el beneficio de unos pocos privilegiados.

En adición al liderazgo externo, el simbólico rey sol representa el yo, la conciencia regidora que dirige toda la psique. Significa poder y maestría sobre el mundo, y la habilidad para ser un instrumento a través del cual puede manifestarse un poder espiritual superior. En nuestro mundo interior, este aspecto puede ayudarnos a tomar decisiones que beneficien el ser íntegramente, en lugar de dejar que el dominio sea de un solo aspecto de la personalidad.

Las expresiones sombrías del gobernante incluyen el individuo que, como un dictador, actúa como una autoridad dominante y pomposa, debido a la codicia de su propio poder. Este es el tirano, impulsado por su ambición, quien gana control manteniendo a los demás a su servicio. El gobernante puede también ser reservado, imparcial, y no relacionarse con las personas que atiende, como la reina malvada de los cuentos de hadas, quien es cruel y carente de compasión. Cuando esta energía es reprimida, el individuo puede ignorar su propia autoridad o ser complaciente y pasivo, fácilmente influenciado por los demás, siendo incapaz de tomar decisiones. Una persona que expresa el arquetipo del gobernante puede también ser un rígido tradicionalista, interesado en mantener el "statu quo", y resistir o limitar cambios que podrían ser beneficiosos.

La expresión inmadura del rey/reina puede hacer que la persona sea un pequeño príncipe mimado, acostumbrado al tratamiento real. Este individuo es a menudo superficial, débil, conformista, y quiere que todo sea fácil. Tal persona puede actuar en ocasiones como un "mocoso" consentido, insistiendo que el mundo gire alrededor de él. Otras subpersonalidades que pueden emerger con este arquetipo son las del juez, el protector/controlador, el emprendedor/perfeccionista, el crítico y el complaciente.

Si el rey o la reina gobierna con sabiduría, entonces se convierte en una autoridad mayor, la cual encarna la sabiduría de la experiencia además de un profundo entendimiento espiritual. La autoridad mayor puede encontrarse de diversas formas, incluyendo la anciana sabia y la figura del abuelo o la abuela de las tradiciones nativas americanas. Junto con el conocimiento que la edad puede traer, las cualidades del anciano sabio incluyen discernimiento, autodisciplina, y un sentido maduro de la responsabilidad. El sabio mayor comparte pacientemente el conocimiento que ha ganado para ayudar a los demás.

En nuestra cultura americana la sabiduría de los mayores suele perderse en una sociedad enfocada en la apariencia juvenil. Las familias están a menudo separadas por la distancia, donde hijos y nietos no pueden acceder a la perspectiva y el conocimiento de las personas de edad. Muchas veces los ancianos son llevados a casas de reposo, en lugar de ser motivados a continuar una vida útil y satisfactoria. Me pregunto si trastornos tales como la enfermedad de Alzheimer, que involucra una creciente pérdida de funcionamiento, no son un reflejo de nuestra pérdida de los mayores y su verdadero rol en la sociedad.

Cuando el arquetipo del anciano sabio está en desequilibrio, puede ser expresado negativamente como cinismo, rigidez y actitud crítica. Puede dar origen a un consejero crítico que intenta controlar lo que otras personas hacen, en lugar de motivarlas a que sigan su propio camino en la vida. Otra expresión sombría se encuentra en la persona cargada de responsabilidades, o que se ha endurecido con los años y ya no siente alegría ni emoción en la vida. Cuando la energía del sabio es reprimida, el individuo puede estar desconectado de su propia sabiduría interior, ser inmaduro y egocéntrico, o sentirse mal con su edad avanzada. Las subpersonalidades que pueden emerger con esta energía arquetípica son las del protector/controlador; el crítico; el sabelotodo; el emprendedor/perfeccionista; el cínico/escéptico; y el anticuado, un aspecto rígido, a veces estoico, y extremadamente conservador, que ha perdido el sentido de alegría y espontaneidad en la vida.

Saturno es el planeta asociado con los arquetipos del gobernante y el anciano sabio o autoridad mayor. Como se mencionó antes, Saturno representa un poder mayor tradicional, y es asignado al poderoso dios del mito romano, también conocido como padre tiempo. Esto parece apropiado pues, en el espacio tridimensional, el tiempo parece "gobernar" la estructura de nuestras vidas. Al igual que el arquetipo del gobernante, el tiempo puede ser usado de tal forma que provea organización útil, o ser distorsionado en un marco que nos limita. Como se dijo anteriormente, la sabiduría de la anciana acartonada es simbolizada por la luna, particularmente en su fase menguante, y el rey sol es, por supuesto, relacionado con este astro.

Arquetipo del maestro

El maestro es el filósofo que busca conocimiento de las verdades esenciales de la vida, mientras comparte lo que ha aprendido y experimentado con otros individuos. El maestro tiene una perspectiva amplia de la vida, une diferentes filosofías en las verdades universales de la creación. Quienes reflejan este arquetipo ven la integridad como algo muy importante. Actuando como guía o mentor en el proceso de autodescubrimiento, el maestro ayuda al individuo a aprender, crecer, tener fe, y creer en sí mismo, mientras lo inspira a encontrar un significado espiritual o una filosofía personal para su vida. El maestro experimenta todo en la vida como una oportunidad para aprender y crecer. Así, este arquetipo puede usar los viajes, la educación, o cualquier cosa que brinde una nueva perspectiva, para producir su expansión.

A nivel interior todos tenemos un maestro, el yo superior, a través del cual recibimos dirección y sabiduría. Aunque encontramos maestros externos útiles en nuestro proceso de crecimiento espiritual, la voz de nuestro maestro interior es la principal fuerza guía. El mejor tipo de maestro es aquel que tiene integridad, paciencia y compasión, demostrando con sus acciones lo que quiere enseñar a los demás. No hay nada más confuso y desalentador que el hipócrita que no practica lo que predica. Cuando la energía de este arquetipo se distorsiona puede originar un individuo sabelotodo, dando constantemente consejos a los demás, diciéndoles lo que deben hacer y cuál es la manera "correcta" de hacerlo. Otra expresión sombría es el individuo que está constantemente filosofando, o el campeón del debate que siempre se lamenta y discute un punto.

Muchos maestros espirituales expresan esta energía arquetípica. Cuando fluye negativamente, puede dar origen a una especie de gurú manipulador que necesita seguidores, a los cuales pueda controlar y decirles cómo vivir sus vidas. Esta persona usará la imperecedera dedicación de sus seguidores para habilitarse a sí mismo, en lugar de guiarlos a su propia verdad interior. Otra expresión oscura del maestro se encuentra en el devoto que no tiene sentido del yo y necesita estar constantemente con la presencia de su maestro. Este tipo de individuo puede también actuar como un aficionado espiritual, en lugar de hacer el trabajo del verdadero autodesarrollo. También hay maestros que mantienen el control ocultando información, y haciendo que las personas conozcan sólo verdades a medias o distorsiones.

Las subpersonalidades que pueden surgir con este arquetipo son las del sabelotodo, el juez, el emprendedor/perfeccionista, el crítico, y el monje/monja o gurú.

Júpiter es el planeta asociado a esta energía arquetípica. Júpiter era el nombre romano para el dios griego Zeus, quien mantenía el orden en el cosmos con el mayor sentido de la verdad, justicia y virtud. Como el planeta más masivo de nuestro sistema solar, provee una representación física de la expansión y el crecimiento que ganamos a través del proceso de aprendizaje del maestro arquetípico.

Con el planeta Júpiter ascendiendo en el horizonte en el momento de mi nacimiento, la esencia del maestro es muy importante para mí. Esto es cierto no sólo en mi papel de maestra de otras personas, sino también en las lecciones de la vida que he aprendido a través de mi rol como estudiante en relación con otros maestros espirituales, educadores y mentores. He aprendido tanto de mis experiencias negativas como de las positivas, incluso, en algunas ocasiones más de las primeras. Con Quirón cerca del cielo medio, y Venus próximo a Júpiter en el ascendente, mi trabajo curativo provee un importante canal para traer amor a través de mi enseñanza.

DESCUBRA LOS PATRONES ARQUETÍPICOS DE SU ALMA

El siguiente proceso le ayudará a identificar una o más de las energías arquetípicas que operan en su vida.

1. ¿Qué es lo que sueña hacer? ¿Cuál es su pasión o talento (la pintura, los viajes, el liderazgo comunitario, la enseñanza, la escritura)? ¿Cuáles fueron las aspiraciones que tenía en su infancia, o que cosas disfrutaba hacer (mago, enfermera, astronauta, bailarina, guerrero indio, héroe vaquero)? Los sueños, las pasiones, y las aspiraciones en la niñez a menudo representan una presencia arquetípica que busca expresión a través de usted.

    Ejemplos: "La gente dice que soy un buen oyente y se sienten mejor hablando conmigo". Arquetipo: curador.

    "Cuando niño siempre me gustó leer acerca de la vida de los santos". Arquetipo: místico.

2. ¿Cuál es su lado oscuro, la parte suya que teme expresar o sentir negativa? ¿Qué parecería y sentiría si esto fuera transformado?

    Ejemplos: "Soy tímido. Sería un orador efectivo y confiado". Arquetipo: comunicador.

    "Tengo miedo de estar en una posición de autoridad, incluso aunque me crea un buen organizador. Me sentiría capacitado para seguir roles de liderazgo". Arquetipo: gobernante.

3. ¿Hay un adversario en su vida, un patrón repetitivo que constantemente debe afrontar, tal vez en sus relaciones? ¿Hay alguna figura relevante que aparece frecuentemente en sus sueños o fantasías despierto?

Ejemplos: "Mi actual jefe está siempre detrás de mí para que sea más asertivo en mis ventas. Mi esposa se enoja cuando no busco agresivamente lo que quiero. Ambos me hacen enfadar". Arquetipo: guerrero.

"Me la paso soñando con bebés, me siento responsable por ayudar de alguna forma a un niño enfermo y desnutrido". Arquetipo: niño.

4. Después de emplear las anteriores preguntas para descubrir algunos posibles arquetipos que operan en su vida, escoja uno y escriba una descripción de lo que esta energía arquetípica sería si fuera encarnada. Por ejemplo, si fuera una persona, ¿cómo luciría o aparecería ante usted? (También pueden presentarse otras formas, como animales o seres míticos). Si lo prefiere, haga un dibujo de la forma en que imagina la energía arquetípica encarnada, o encuentre una obra de arte o pintura que lo represente.

5. ¿Qué mitos, conceptos o sentimientos limitantes tiene con relación a la expresión de cualidades esenciales del alma que representa esta energía arquetípica?

Ejemplos: "No soy lo suficientemente inteligente para ser maestro".

"Tengo miedo de que si expreso esta energía guerrera, la gente se alejará y terminaré solo".

Ahora imagine lo que sería expresar estas cualidades esenciales exitosamente, experimentando resultados positivos en su vida. Mientras lo hace, observe cómo se siente en su cuerpo, cuál es su experiencia emocional, y qué piensa y siente acerca de su vida como producto de expresar efectivamente esta energía. Afirme su intención para dar expresión a esta cualidad del alma, y transformar las cosas en su interior que harán que esto suceda.

6. Respire relajadamente, cierre los ojos, e imagine que viaja a encontrarse con la energía arquetípica esencial que ha escogido. Tenga presente que todo lo que experimente será para su mayor bien. Ahora, imagine que avanza a lo largo de un camino y está rodeado por la naturaleza. Se sentirá firme y centrado en su propio ser, sintiendo la tierra bajo sus pies mientras camina. Ahora puede estar aquí íntegramente, sin nada más que hacer. El calor del sol se siente bien sobre su piel, y puede relajarse y dejarse llevar por la hermosa tranquilidad de este lugar.

Mientras continúa avanzando por este camino, es guiado hacia una cueva. Cuando se pare frente a la entrada de ésta, pida a la presencia arquetípica que salga a su encuentro. Observe lo que experimenta. Note cómo se siente emocional y físicamente con esta energía arquetípica. ¿Qué mensajes —a través de palabras, sensaciones o acciones— tiene para usted la presencia arquetípica en este momento? Si se siente bien con esta presencia, pregúntele si le ayudaría a dar expresión a la cualidad esencial que representa. Cuando sienta que el proceso ha finalizado, regrese a la conciencia externa, y cuando esté listo abra los ojos.

7. Ahora puede encontrar útil registrar su experiencia, y escribir acerca de sus sentimientos. ¿Qué ha descubierto en usted y del propósito de esta energía arquetípica en su vida? ¿Es consciente de las subpersonalidades que están operando en su vida, y que de alguna forma se relacionan con la expresión de esta energía? Nombre una cosa que podría hacer por usted mismo, o cambie en su vida esta semana lo que le ayudaría más a dar expresión a esta energía arquetípica. Por ejemplo, podría exteriorizar el que yace en usted, inscribiéndose finalmente a la clase de herbología en la que ha estado interesado, o haciendo trabajos curativos en usted mismo, tal vez un masaje corporal.

Podría hacer surgir el artista, comprando algunas acuarelas y papel artístico. La energía guerrera puede expresarse teniendo el valor de autoafirmarse, diciéndole a una persona lo que cree o siente que necesita. Además, esté alerta a cualquier experiencia sincrónica que pueda ocurrir, con relación a ésta o a cualquier otra energía arquetípica del alma.

A medida que avanza en este libro, tenga en cuenta estos patrones arquetípicos que ahora ha descubierto, y las cualidades que está buscando encarnar. De esta manera, continuará profundizando con estas energías a través de otros procesos presentados en este texto. En la parte III, descubrirá cómo eliminar cualquier dinámica de subpersonalidad u otra contaminación que pueda estar bloqueando la verdadera expresión de su alma. En la parte IV tendrá la oportunidad de integrar más estas cualidades del alma, mientras encarna su propia esencia espiritual.

Notas

1. Alexander Lowen, *Bioenergetics* (New York: Penguin Books, 1975). Ron Kurtz, *Body-Centered Psychotherapy: The Hakomi Method* (Mendocino, CA: LifeRhythm, 1990). Barbara Brennan, *Light Emerging* (New York: Bantam Books, 1993).

2. Edward C. Whitmont, *Psyche and Substance: Essays on Homeopathy in Light of Jungian Psychology* (Berkeley, CA: North Atlantic Books, 1980), pp. 73–74.

3. Carl G. Jung, *Memories, Dreams, Reflections* (New York: Random House, 1961).

4. Hal Stone and Sidra Winkelman, *Embracing Ourselves: The Voice Dialogue Manual* (Novato, CA: Nataraj Publishing, 1993).

5. George Vithoulkas, *The Science of Homeopathy* (New York: Grove/Atlantic, 1980).

6. Ibíd.

7. David E. Larson, M.D., *Mayo Clinic Family Health Book* (New York: William Morrow Co., 1990), p. 694.

8. Percy Seymour, *The Scientific Basis of Astrology: Tuning to the Music of the Planets* (New York: St. Martin's Press, 1992), p. 225–226.

9. Algunos científicos pueden argumentar que el efecto gravitacional del doctor que atiende al bebé es mayor, por ejemplo, que el del distante planeta Plutón. Sin embargo, este argumento científico es refutado por Ronald Laurence Byrnes, quien explica que la influencia gravitacional no debe medirse solamente por simple fuerza o atracción. También debe considerarse la distancia de escape y el potencial del campo gravitacional, la energía requerida para mover un objeto fuera de la influencia gravitacional de un planeta. Cuando se usa la fórmula para potencial de campo gravitacional [-Gm/r], se encuentra que el distante planeta Plutón tiene efectivamente un potencial más fuerte que el doctor que atiende el bebé. Vea Ronald Laurence Byrnes, "The Physical Basis of Astrology: The Influence of Gravitational Field Potential." *The Mountain Astrologer*, abril/mayo, 1994.

10. Michel Gauquelin, *Neo-Astrology: A Copernican Revolution* (London: Arkana, 1991).

11. Además, hay impresiones de la conciencia de la madre y el estado físico del ser. Arthur Janov, *Imprints: The Lifelong Effects of the Birth Experience* (New York: Coward-McCann, Inc., 1983).

12. Barbara Brennan, *Hands of Light* (New York: Bantam Books, 1988).

13. Las cartas astrológicas pueden ser obtenidas a través del servicio personalizado de Llewellyn, P.O. Box 64383-K926, St. Paul, MN 55164-0383. Ver también, Steven Forrest, *The Inner Sky: The Dynamic New Astrology for Everyone* (reimpreso.) (San Diego, CA: ACS Publications, 1989); y William W. Hewitt, *Astrología para Principiantes* (St. Paul, MN: Llewellyn Español, 2001).

14. John Bradshaw, *Homecoming: Reclaiming and Championing Your Inner Child* (New York: Bantam Books, 1990).

PARTE II

LA MENTE

3

HERRAMIENTAS DE LA CONCIENCIA

Manifestar las intenciones

¿QUÉ PASARIA SI CADA VEZ QUE USTED piensa o dice algo, instantáneamente se manifestara frente a sus ojos? En principio esto podría sonar como algo maravilloso. Usted podría pensar en un millón de dólares instantáneamente y no tener nunca más que preocuparse por dinero. Sin embargo, ¿Qué hay de los pensamientos tristes y las preocupaciones? ¿Qué sucedería si estas cosas también se manifestaran instantáneamente?

En realidad, sus pensamientos y palabras crean un efecto. En algún nivel y de alguna forma, constantemente se están manifestando ciertos resultados. Recuerde, la energía que compone todas las cosas es inteligente y responsiva. Aunque no se pueden ver los resultados del pensamiento, los pensamientos y las intenciones verbales son como señales de radio, enviadas a una matriz universal de energía que nos rodea. Así como la arcilla adopta diversas formas, esta sustancia energética, viva, consciente y creativa, es moldeada por sus pensamientos e intenciones. De este modo, continuamos formando nuestra experiencia y realidad a través de procesos mentales.

¿De qué modo se podrían manifestar los pensamientos que usted no reconoce inmediatamente? Nuestros cuerpos son grandes depósitos de muchos de nuestros pensamientos y nuestras creencias conscientes e inconscientes. Las células de nuestro cuerpo son como esponjas que absorben los pensamientos y experiencias del día. Las preocupaciones y los pensamientos negativos sobre nosotros mismos son ingeridos en los alimentos que comemos. Si esta es la única clase de alimentación que ofrecemos a nuestro cuerpo, finalmente conducirá a enfermedades. Recuerdo una historia de Oscar Wilde, *The Picture of Dorian Gray*, que vi en el cine. El personaje principal en este drama es un hombre joven atractivo, quien tenía un gran autorretrato. A medida que se volvía más egoísta, deshonesto y manipulador, empezaron a ocurrir cambios en la pintura, hasta que finalmente se convirtió en el retrato de una persona fea y decrépita. La pintura actuó como un espejo, reflejando el efecto que la conciencia negativa de este hombre estaba teniendo sobre su vida. Este es el caso donde la ficción no está lejos de la realidad de las cosas. De hecho representa los efectos que pueden causar al cuerpo los pensamientos negativos. Por otro lado, si dichos pensamientos afectan nuestra experiencia, entonces también es cierto que las imágenes curativas pueden ser usadas conscientemente para producir cambios positivos en nuestra vida.

La matriz universal de energía nos une a todos en una red de conciencia. Mientras pensamos, nuestros pensamientos producen también un efecto a lo largo de esta red. Así, aunque un pensamiento aparentemente no se manifieste en la vida de un individuo, afecta la mente colectiva y el planeta en el cual vivimos. Estos pensamientos pueden entonces afectar a los demás, o regresar a nosotros, desde la conciencia mental en masa, para ser reciclados una vez más como nuestros propios pensamientos. Obviamente esto crea un círculo vicioso inconsciente. De este modo, los procesos mentales actúan como imanes, creando profecías de experiencias autorealizantes. Si un individuo piensa que sus esfuerzos nunca son apreciados o reconocidos, lo más probable es que experimente situaciones que le prueben esta creencia una y otra vez. Él podría escoger a un compañero el cual no lo aprecie o sea incapaz de reconocer cuando su amigo realmente realice sus esfuerzos, ya que esta actitud se filtra a través de su pensamiento negativo. En una situación como esta, es importante examinar cómo se originaron tales creencias y sanar el núcleo donde se formó. Sin embargo, realmente tenemos disponible una herramienta muy poderosa. Imagine las cosas que podrían ser realizadas por la humanidad, si enfocamos colectivamente nuestra conciencia en crear armonía y paz en el planeta. Muchas personas ya se han dado cuenta de este potencial, y han empezado a reunirse en pequeños y grandes grupos con esta intención en la mente. Entendiendo cómo usar esta potente herramienta de la conciencia, podemos empezar a crear el tipo de vida que nos gustaría tener. Somos cocreadores. Esto significa que podemos trabajar juntos con el poder creativo del universo, para manifestar nuestras propias creaciones. Para hacerlo, usamos el poder de las palabras, las cuales son hechas de la sustancia de nuestra conciencia o saber. Cualquier pensamiento, intención u oración interior se amplificará y adquirirá poder, por medio del uso de la palabra hablada.

Si usted tiene un pensamiento negativo, puede desecharlo y reemplazarlo con una imagen, un pensamiento o una intención de carácter positivo de lo que quiere crear. Por ejemplo, si tiene temor de verse involucrado en un accidente automovilístico, puede eliminar este pensamiento imaginando que se disipa en un destello de luz. Luego, reemplácelo con una imagen de lo que quiere manifestar. En este caso podría desear visualizarse conduciendo sin problemas, y afirmar "mi intención es estar seguro y protegido en todo lo que haga hoy". Esto no significa que puede arrogantemente ignorar la esfera física.

Este tipo de proceso de aclaración puede también ser hecho en la noche, recordando las experiencias del día, y usando luz y afirmaciones para transmutar acciones y pensamientos inquietantes que puedan haber ocurrido. Empiece escribiendo los sentimientos sin resolver relacionados con los eventos de su día. Acepte amorosamente sus sentimientos, y pídale al espíritu que las experiencias implicadas sean transformadas. Registre cualquier cosa acerca de las situaciones que ahora haría en forma diferente, o simplemente reconstrúyalas intensamente de otra manera a través de la visualización. Luego, imagine una bola de luz blanca, como el sol, moviéndose lentamente a lo largo de su campo de energía y su cuerpo, desde la cabeza hasta los pies, clarificando las experiencias difíciles y/o pensamientos negativos de su conciencia. Después, observe cómo esta esfera de luz se mueve rápidamente en el cielo y es arrastrada lejos y más lejos hasta volverse muy pequeña en la distancia hasta desaparecer. Cuando esto suceda, confirme el nuevo patrón que ahora quiere establecer para usted mismo.

AFIRMACIONES

Las afirmaciones son una manera de establecer una intención de lo que se desea crear en la vida. Son maravillosas para fortalecer un nuevo patrón que se está estableciendo en nuestro proceso de crecimiento personal. Es importante enfocar clara, completa y profundamente el poder de la conciencia sobre la intención. Esto envía un mensaje muy claro a la fuerza creativa, de tal forma que los verdaderos deseos puedan ser manifestados, en lugar de dar forma a patrones de pensamiento negativos. Por consiguiente, primero es necesario que se tranquilice y despeje la mente, llevando su conciencia a las profundidades de su interior, hasta el núcleo y centro de su ser.

Una buena afirmación es directamente personal, positiva, y se formula en tiempo presente, con sentimiento, conocimiento y aceptación. Directamente personal significa que es establecida de tal forma que esté directamente relacionado con el individuo. Por ejemplo, en lugar de decir, "que la paz se manifieste sobre la tierra", diga, "doy gracias porque la paz se está manifestando en mi vida y en el mundo". Incluso si se trata de una afirmación general, es útil personificarla usando frases en primera persona. Las afirmaciones no específicas son magníficas cuando no sabemos que pedir, o no estamos seguros cuáles podrían ser los mejores resultados en una situación particular. En estos casos pueden ser usadas afirmaciones tales como, "doy gracias de que el espíritu está originando resultados perfectos en esta situación, produciendo el mayor bien para todos", o "acepto que el orden divino esté ahora siendo restaurado en esta situación". A veces hago una afirmación pidiendo algo específico y luego agrego "o cualquier cosa maravillosa que el universo tenga en mente para mí y que aún no he imaginado".

El aspecto positivo de una afirmación es importante. Debe asegurarse de que está afirmando lo que quiere manifestar, y no expresar verbalmente lo que no desea. Así, en lugar de decir "acepto que no quebraré", afirme "doy gracias por la abundancia financiera que ahora se manifiesta en mi vida sin ningún esfuerzo". Esto enfatiza la dinámica positiva que usted quiere experimentar. Formular las cosas en tiempo presente lo mantendrá conectado con la afirmación de manera inmediata; hágalo como algo que está sucediendo en el aquí y ahora, no en un tiempo futuro o irreal. Evite usar expresiones tales como "voy a" o "trataré". Por ejemplo, la frase "acepto que voy a tratar de ser más amoroso", no tiene mucho poder. Esto se debe a que no se refiere a algo que está sucediendo realmente en el presente. Observe la diferencia cuando se formula como "doy gracias por cada día que experimento más amor en mi vida y expreso ese amor a los demás".

Los sentimientos son los que nos conectan al conocimiento y a la conciencia del núcleo de nuestro ser. Por esta razón, es importante dar esta cualidad sentimental a la afirmación. Esto significa que usted realmente la siente, la acepta, y la da por verdadera. He oído a individuos formulando afirmaciones sin sentimiento alguno, como si estuvieran recitando tablas de multiplicación. Esto no será tan efectivo porque no hay sentimiento ni conexión consciente con el yo superior y lo que se está pidiendo. He encontrado que expresar las palabras de la afirmación desde el plexo solar, el centro del poder emocional y la voluntad, nos ayuda a conectarnos con el ser sentimental. Visualizando su propia experiencia del nuevo patrón que se está afirmando le ayudará a conectarse con sus sentimientos; y a aceptar que su súplica tiene respuesta y ya se está manifestando en su vida. He trabajado con personas que tienen una afirmación, una súplica o una intención y luego continúan negándola a través de una constante duda y preocupación. Esto causará confusión acerca de que si realmente quiere manifestar la afirmación o el pensamiento lleno de duda.

La duda y la preocupación son a menudo reflejos de las dinámicas subconscientes que existen respecto a los asuntos relacionados con la afirmación. La curación emocional concerniente a tales situaciones puede a veces ser necesaria para que la afirmación sea plena y se manifieste. Esto es similar a abrir las cortinas de una habitación oscura y polvorienta, y dejar entrar luz solar. Usted puede luego ver la suciedad que no se notaba cuando el cuarto estaba en tinieblas. Similarmente, cuando usted crea una afirmación o súplica, brilla una luz sobre cualquier cosa que le haya impedido manifestar esa intención en su vida, iluminando el polvo de sus creencias y patrones emocionales distorsionados. Estas dinámicas emergen para ser transformadas y liberadas, de tal manera que su intención se pueda cumplir. Por esta razón es importante usar afirmaciones en conjunto con algún tipo de proceso de clarificación emocional. De otra manera, es posible que usted esté tratando de imponer un nuevo patrón sobre la mente subconsciente, sin dirigirse a los sentimientos que allí residen; por ejemplo, el dolor en la infancia.

También es útil que incluya en sus afirmaciones un sentido de gratitud, esto ayudará a la aceptación de su propósito. Lo anterior implica un sentido de amor y humildad, lo cual crea un estado receptivo dentro de usted.

Cuando surjan dudas, preocupaciones o temores respecto a su afirmación:

1. Escriba en un trozo de papel la afirmación además de su reacción dudosa. Registre los sentimientos que tiene con relación a esta duda que está experimentando.

2. Continúe explorando su respuesta. ¿Es la reacción o duda un mensaje conocido? ¿De quién o de qué se acuerda? ¿Cuándo fue la primera vez que recuerda haber tenido este sentimiento en particular, y cuál fue su experiencia en esa ocasión? Esto le ayudará a observar los patrones subconscientes que tiene respecto a estos asuntos.

3. Formule una intención o súplica en que el espíritu lo ayude en la curación profunda de su mente y su corazón, para que logre una armonía con su afirmación. Como parte de este proceso, un diálogo de subpersonalidad, concerniente al mensaje negativo internalizado, le ayudará a despejar cosas emocionalmente, de tal forma que pueda estar confiado de su afirmación. (Vea los capítulos 5 y 6 para información acerca de cómo usar el proceso de diálogo de encarnación).

Hacer una afirmación

Los siguientes pasos le ayudarán a hacer que cualquier afirmación, intención u oración sea una declaración poderosa que se manifestará en su vida.

1. Adopte una posición cómoda y relajada, concentrándose interiormente, tomando aire y conteniéndolo el mayor tiempo posible en su abdomen.

2. Alcance su mayor sentido de amor y conciencia espiritual. Establezca contacto consciente con la fuente creativa, su mayor sentido de ser interior.

3. Formule su intención y proponga el patrón que desea crear, pronunciando con poder y sentimiento las palabras de su afirmación desde su plexo solar. Siéntala en su cuerpo mientras la dice.

4. Acepte que su afirmación se está manifestando. Sienta que usted mismo la recibe y visualice cómo se percibe al tenerla. Vea, sienta o imagine lo que será experimentar la afirmación manifestándose en su vida.

5. Dé gracias a la fuente creativa, si esto no era ya parte de su afirmación u oración.

6. Asuma que su oración es respondida. Puede relajarse y saber que está siendo realizada, como cuando ordena un artículo por catálogo usando teléfono o correo, y simplemente asuma que llegará sin tener que preocuparse por ello.

Ejemplos de afirmaciones

Además de las afirmaciones diseñadas personalmente por usted, las siguientes son algunas que pueden ser útiles:

1. Soy un ser divino y hay un plan divino de amor para mí.

2. Doy gracias que cada día estoy experimentando más amor y compasión en mi vida.

3. Es mi intención acelerar mi crecimiento personal y desarrollo espiritual, y doy gracias que cada día estoy abriéndome a experimentar más la presencia del espíritu en mi vida.

4. Puedo confiar en la dirección divina de mi ser superior y la sabiduría de mis propios instintos.

5. Doy gracias que cada día experimento y emano más salud, alegría y vitalidad en mi vida.

6. Doy gracias porque la abundancia financiera se manifiesta ahora sin esfuerzo en mi vida.

7. Es mi intención experimentar amor, alegría, paz y seguridad en todo lo que hago este día.

8. Pido la curación profunda de mi mente y mi corazón con respecto a este asunto, y acepto que el espíritu ahora me esté trayendo toda la ayuda que necesito para resolverlo.

9. Doy gracias que el espíritu está ahora produciendo resultados perfectos en esta situación, de tal forma que ocurra el mayor bien para todos los que están involucrados en ella.

RECURSOS

También puede usar la mente consciente como ayuda en su crecimiento personal, reconociendo sus recursos internos y externos. Los recursos son actividades, o cualidades interiores que actúan como apoyo y generan una sensación de bienestar y totalidad. Cuando se sienta desconectado de su ser esencial, los recursos pueden proveer un sentimiento de fortaleza interior. Por ejemplo, las oraciones y afirmaciones son poderosos recursos espirituales que puede utilizar. Usted ya accedió a otro recurso en el anterior capítulo cuando se conectó con las cualidades positivas de su esencia arquetípica. Estas cualidades interiores pueden ahora ser utilizadas cuando las necesite. Por ejemplo, una cliente, maestra de escuela y muy buena con los niños, podía adoptar este aspecto de maestra cuando trataba las difíciles características infantiles dentro de su propia personalidad. Otro hombre permitió que el artista en él le trajera mayor creatividad en su trabajo trivial.

Los recursos pueden ser especialmente útiles cuando surgen sentimientos difíciles o cuando estamos atravesando un período de estrés, depresión o ansiedad. Ellos nos conducen a los sentimientos más fuertes y expansivos disponibles dentro de nosotros. Recuerdos y sentimientos difíciles de eventos pasados pueden ser resueltos de esta manera, pues están presentes nuevos recursos que no estaban disponibles en el momento que ocurrió originalmente la situación dolorosa. Por ejemplo, la experiencia, las habilidades y la sabiduría que hemos ganado como adultos, puede ahora usarse para apoyar la parte más vulnerable de nuestro interior, para tratar ciertos temores basados en acontecimientos dolorosos de la infancia. De este modo, los recursos pueden proveernos las herramientas que necesitamos para enfrentar los desafíos internos y externos de la vida. En adición a los recursos internos, también tenemos recursos externos disponibles, tales como grupos de apoyo, libros de inspiración, o actividades estimulantes como el ejercicio físico.

Trabajar conscientemente con recursos internos y externos puede beneficiar enormemente a individuos que no saben cómo llenarse a sí mismos. Muchas personas que provienen de familias abusivas carecen de la habilidad de cuidarse a sí mismas en este aspecto. Pueden no tener el sentido de lo que les agrada, relaja o hace felices. Para algunos, estas cosas simplemente no han sido parte de sus experiencias. Si usted es uno de estos individuos, es muy importante que reconozca sus recursos personales internos y externos.

Recursos externos

Para reconocer sus recursos externos, elabore una lista de cinco cosas que lo hagan sentir relajado. Pase unos momentos de tranquilidad centrado en sí mismo, recordando ocasiones en que se ha sentido lleno contento o sosegado. Note lo que estaba haciendo cuando se sintió así. ¿Qué cosas le ayudan a sentirse así espiritual, mental, emocional y físicamente? (Puede incluir sensaciones internas y sentimientos). Cuando se sienta solo, triste o inquieto, puede observar esta lista y recordar hacer aquellas cosas las cuales lo confortan.

Como ejemplo, las siguientes son cosas que personas han listado como posibles recursos externos.

- Escriba acerca de sus sentimientos, o escriba una carta a Dios expresando cómo se siente.

- Prepare una taza de té caliente y tómela sentado a la luz del sol, sobre una cómoda manta.

- Haga alguna actividad al aire libre o un ejercicio físico que disfrute (nadar, montar en bicicleta, caminar en el parque).

- Hable con un buen amigo.

- Haga masajes o frote sus propios pies.

- Pase tiempo con su mascota preferida, perro, gato, etc.

- Dé un paseo en la naturaleza (por una pradera, un parque, bosque o lago).

- Baile su música preferida o ritmos africanos; haga yoga u otra técnica junto a la música que disfruta.

- Vaya a un patio de recreo, al zoológico, o haga algo que disfrutaba cuando era niño.

- Trabaje en el jardín, o cambie de maceta algunas plantas.

- Lea un libro que lo motive o una historia conmovedora.

Recursos internos

En adición a las accesibles cualidades interiores de la esencia arquetípica de su alma, otro recurso interno puede ser experimentado a través del ensueño o recordando un momento en que se sintió sosegado o relajado, o percibió un sentimiento expansivo en su cuerpo. Usando imágenes creativas para simplemente verse en algún tipo de experiencia agradable —tal vez caminando en el bosque, sentado en una cálida pradera, o disfrutando un día en el mar—, puede lograr el mismo resultado. A menudo tengo pacientes que se visualizan en sitios en que han estado o imaginan creativamente, para obtener sensaciones de confort, relajación y seguridad. Luego pueden dirigirse a este "lugar seguro" cada vez que se sienten agobiados o necesitan reconectarse con un sentido de paz en su propio centro interior. Varias de las meditaciones del siguiente capítulo pueden ser usadas para este propósito.

Cuando tenga una experiencia estimulante de naturaleza espiritual, perciba una sensación de paz, alegría, amor incondicional, o simplemente se sienta bien consigo mismo, observe las sensaciones corporales conectadas a esta experiencia. Esto le ayudará a su cuerpo a retener el recuerdo de dicha experiencia.

Conectarnos a sensaciones somáticas expansivas puede ayudarnos a relajar, mientras a menudo nuestras sensaciones a nivel intestinal pueden indicarnos cuándo una situación es incómoda o potencialmente peligrosa.

Mantenga fácilmente disponible su lista de recursos internos y externos, y mientras continúa con los procesos en este libro, recuerde usar sus afirmaciones y recursos para apoyar su proceso de curación y crecimiento personal.

4

Conciencia
y meditación

Aquietar la mente pensante

La mente es efectivamente una herramienta poderosa.
Sin embargo, este poder debe ser disciplinado si queremos
aprovechar todo su potencial. Nuestra mente pensante y consciente representa realmente solo una parte limitada de la inteligencia creativa, disponible para nosotros desde otras partes de
la psique. La conciencia y la meditación son dos procesos que
pueden ayudarnos a tener acceso a este fértil recurso interior.

Conciencia significa estar totalmente conscientes de lo que
experimentamos cada momento, percibiendo cómo nos sentimos mental, emocional, física y energéticamente. Más que un
enfoque mental, implica un sentimiento de conciencia, sensibi-
lización y observación. Sin embargo, disciplinar, enfocar y
aquietar la mente pensante permite estar centrado más fácilmente en este estado de conciencia. La conciencia es un aspecto

importante del crecimiento personal y el desarrollo espiritual, pues todos hemos removido, en muchos puntos de nuestra vida, el conocimiento consciente de nuestra experiencia, nuestros sentimientos, nuestro cuerpo y ambiente. Originalmente nos distanciamos de esta manera durante situaciones dolorosas, para evitar el sufrimiento que experimentamos en tales momentos. El proceso de curación y crecimiento involucra reclamar estas áreas de nuestra vida (cuerpo, sentimientos, etc.) a través de nuestra conciencia de ellas.

¿Cómo realizamos esto? Primero, mostrándose a la vida misma y poniendo atención. Para ello es necesario tener la conciencia aquí y el presente, en lugar de deambular en el pasado o preocuparnos por el futuro. Este tipo de mentalidad es fundamental en la filosofía budista y la práctica de meditación.

UTILIZAR UN DIARIO

Uno de los medios más efectivos para la curación, el crecimiento y el desarrollo de la conciencia es la escritura de un diario. Tener un diario personal —un registro escrito de sus pensamientos, sentimientos y experiencias— provee una estructura para que se conecte con su ser interior y permitir así tener acceso a la guía intuitiva de las profundidades de su propio ser, y crea un espacio sagrado para sus sentimientos y percepciones más internos. Constantemente me asombro de cuánto puede ser revelado en el proceso de sentarnos a escribir, incluso cuando creo que no tengo nada que decir. En el proceso de escritura, con el sólo hecho de desear empezar, se abre una puerta que estimula la sabiduría, el conocimiento y la creatividad. Puesto que usará un diario mientras avanza a través de los diferentes procesos de este libro, es necesario una información general sobre el uso de un diario.

Un diario puede ser usado de muchas formas en su proceso de crecimiento personal y revelación espiritual. Muchas veces la escritura del diario puede dar claridad y resolución a las situaciones que parecen dominar su conciencia. Tal vez usted se encuentre dándole vueltas a un mismo asunto una y otra vez. El uso de esta herramienta puede ofrecerle el canal para expresar sus verdaderos sentimientos, además de ayudarlo a conectarse con los asuntos involucrados, y a descubrir nuevas elecciones y direcciones.

Obtendrá los mayores beneficios en esta actividad con sus sentimientos, en lugar de sólo relacionar eventos externos. Mientras lo hace, empezará a entender mejor los patrones en dichos acontecimientos, y el significado que pueden tener en su vida.

Por ejemplo, en lugar de sólo describir intelectualmente la discusión que tuvo con su amigo, y lo que fue dicho o hecho, sería útil explorar las emociones que evocó, y escribir los sentimientos de enojo, tristeza, etc. Haciendo esto, podría reconocer el patrón repetitivo de que sus sentimientos no son escuchados, y relacionarlo con inquietudes del pasado acerca de no ser aceptado. No sólo la discusión con su amigo tendría menor carga emocional, también podría tomar decisiones más conscientes al expresar sus necesidades y sentimientos en las relaciones.

Un diario puede servir para registrar las grandes realizaciones de su vida, además de las cosas que podría juzgar como triviales. Todo esto es importante y puede guiarlo a una conexión más profunda con su propio ser. Su diario puede ser una compañía apreciable e imparcial que está siempre dispuesta a escuchar. También puede proveer un espacio seguro para liberar y aclarar sentimientos, en lugar de desahogarlos sobre los demás. A menudo tengo clientes que escriben sentimientos cuando lo necesitan en forma de carta, para individuos con quienes tienen asuntos sin resolver. Esta carta de diario puede ser escrita abiertamente y sin la necesidad de decir todo gramaticalmente perfecto, pues está hecha sólo para quien la escribe, y no es enviada realmente a ningún lugar. Este proceso ayuda a que las personas clarifiquen sus verdaderos sentimientos, y les permite transformar la situación involucrada, de tal forma que puedan salir de ella.

Su diario puede también ser una herramienta para describir, registrar y explorar sus sueños, visiones y experiencias de meditación. Los símbolos de los sueños a menudo revelan su significado durante un período de tiempo en el que la mente consciente reconoce más a plenitud los diferentes niveles de la sabiduría que contienen. Por esta razón, puede ser útil tener un registro escrito de los sueños en un diario, para dirigirnos a ellos posteriormente. Los sueños son recordados más fácilmente justo al despertar, el momento ideal para escribirlos. Frecuentemente encontrará que si hay partes del sueño que no puede recordar, éstas emergerán en su mente consciente a lo largo del día. No necesita registrar todos sus sueños, pero puede encontrar beneficioso escribir los más significativos, impactantes, o con mucha carga emocional.

También es útil que registre cualquier evento sincrónico que surja para usted en su proceso de crecimiento personal. Una vez, después de una sesión con mi terapeuta, la cual involucraba mi relación con mi padre, experimenté un evento sincrónico muy confirmativo. Esta sesión en particular se enfocó en retomar energía de mi padre. Ya no era una niña pasiva que tenía que soportar su alcoholismo, sino una mujer adulta habilitada. El día después de la sesión, mi padre llamó y dejó un mensaje en el contestador automático. Relató que había una tormenta de nieve donde él vivía, y en ese momento se fue toda la energía eléctrica de su casa. Sus palabras exactas fueron, "no tengo energía". Por mucho tiempo, cada vez que me sentía mal o tenía dudas sobre mí misma, volvía a leer esta experiencia en mi diario para reconectarme con el poder de esa sesión. Tener un diario puede darle este tipo de perspectiva, y ayudarlo a ver el patrón general de lo que está ocurriendo en su proceso.

Su diario también puede ser usado de manera autobiográfica para que "cuente su historia", y refleje hasta este punto su proceso de crecimiento personal y desarrollo espiritual. Un hombre usó su diario para registrar la historia de su vida; incluyó la experiencia de su infancia y cómo, a través de la terapia, pudo curar el rígido legado emocional heredado de su padre. Planeó darlo a sus hijos para compartir con ellos lo que había aprendido.

Para toda persona que tenga una historia de abuso físico, emocional o sexual, contar lo que experimentó es parte importante en su proceso curativo. A menudo, los niños abusados sexualmente son amenazados para que no cuenten a nadie dicho abuso. Poder relatar este oscuro secreto es un paso muy importante en la recuperación. Un diario provee un lugar privado y confidencial, donde la verdad puede finalmente ser dicha, y los sentimientos pueden ser expresados abiertamente.

La escritura del diario también le permitirá sacar nueva información de sus meditaciones, obteniendo un mayor entendimiento de estas experiencias. En estados contemplativos, en el ensueño de la naturaleza, y también en otras ocasiones, usted puede recibir una guía a través de palabras, imágenes, sentimientos o sensaciones. Escribir el proceso ayuda a introducir más plenamente la experiencia meditativa en la conciencia, y ayuda a integrar sus elementos en la vida diaria. Además, diferentes piezas de información relacionadas con un tema común, surgirán a lo largo de las diversas meditaciones. Tener la información escrita con su fecha correspondiente, es una ayuda para mantener la pista de estos elementos conectados y el proceso de revelación que está ocurriendo.

El proceso de escritura puede también ser la meditación misma. Hágale una pregunta al espíritu y comience a escribir la respuesta. Tengo un amigo que llama a esto "una carta de Dios", y puede ser un proceso muy poderoso.

La expresión del diario incluye más que palabras, y muchas veces cuando recibo imágenes en mis sueños o meditaciones, las registro en él. Este tipo de expresión creativa puede ser divertido y suministra conocimiento adicional. Su diario también es muy útil para que escriba sus objetivos, visiones, e intenciones para su futuro. ¿Cuál es el verdadero deseo de su corazón para usted mismo? ¿Cómo sería su vida ideal y qué incluiría? ¿Cómo le gustaría verse en los siguientes tres meses, seis meses, o más? Imagínelo, siéntalo, y luego escríbalo y hágalo real. Luego podrá crear y registrar en su diario afirmaciones específicas, que le ayudarán a manifestar estos objetivos en la vida.

Los anteriores son sólo algunos ejemplos de cómo puede ser usado un diario. De hecho, su diario es un reflejo de su naturaleza única, así que sea creativo. Lo más importante es su honestidad, sin importar qué tan mal pueda estar en ciertas ocasiones. Deje que el diario sea un lugar donde pueda ser usted mismo.

Ejercicio para el diario

El siguiente ejercicio de escritura del diario no sólo le ayudará a que inicie el suyo, también creará una mayor conciencia respecto a su proceso de despertar espiritual.

Tome su tiempo para escribir y reflejar su proceso de crecimiento personal y desarrollo espiritual hasta este punto.

- Cómo lo ha guiado el camino de su vida hasta el punto donde ahora se encuentra?

- ¿Cuáles son las realizaciones que lo condujeron a los cambios más importantes?

- ¿Ha tenido experiencias motivadoras, expansivas o transformativas espiritual, mental, emocional o físicamente? (Esto podría ser un momento extático —tal vez el nacimiento de un niño, o una experiencia transformadora de la vida, por ejemplo un proceso curativo—).

- ¿Cuál fue la creencia espiritual de su educación (o carencia de ella), y cómo lo afectó?

- Qué caminos espirituales, filosofías o procesos de crecimiento personal ha explorado, y qué ganó? ¿Qué funcionó y qué no funcionó para usted?

- ¿Cuál es su actual relación con el espíritu o fuerza creativa, y qué está buscando obtener en este momento para futuro crecimiento y desarrollo espiritual?

MEDITACIÓN

Muchas veces, cuando pregunto a las personas si meditan, oigo una serie de gemidos o afirmaciones tales como: "intenté eso una vez pero no pude hacerlo; no funciona para mí". Los individuos que encuentro decepcionados o frustrados con la meditación, caen en tres categorías principales:

1. Tienen ideas preconcebidas, expectativas, o entendimientos erróneos acerca de esto.

2. Están usando una técnica que no funciona para ellos.

3. Como parte de su práctica de meditación, están tratando de ajustarse a un estilo de vida particular, una creencia espiritual, o un sistema filosófico con el que no se sienten bien.

Primero quiero aclarar algunos malentendidos acerca de lo que realmente es la meditación y su funcionamiento. La meditación es una herramienta para tranquilizarnos, de tal forma que ganemos claridad y entendimiento siendo más receptivos a información de estados de conciencia más profundos. Es un tiempo de quietud en el que usted puede inspirarse, recibir guía del espíritu, y sentirse alimentado por el amor de la creación. A través de la meditación, usted puede tener una realización más profunda de su propio ser, y conocerse a sí mismo más plenamente. También puede conectarse con la fuente creativa que le ayudará en su crecimiento personal y la manifestación de los cambios que desea en su vida.

La meditación no depende de una técnica o forma particular, tampoco de creencias espirituales o sistemas filosóficos. La meditación no depende de una forma o técnica en particular, ni de creencias filosóficas, religiosas o espirituales. De hecho, la meditación puede ser simplemente relajarse y observar de qué somos conscientes internamente en el momento presente. Esa es toda la técnica requerida. Probablemente recuerde ocasiones en que lo ha hecho, tal vez relajándose después de una sesión de ejercicios, escuchando música meditativa, o mientras disfrutaba un tranquilizante entorno natural. Este tipo de meditación puede ser hecho en cualquier lugar y momento. Gradualmente, tomando consistentemente tiempo para aquietar la mente pensante, y de esta manera dirigir su conciencia interiormente, puede aprender a fortalecer su concentración, y ganar un mayor sentido de paz y autoentendimiento.

Hay diferentes tipos de meditación disponibles. Usted puede sentirse atraído por una forma particular, o ensayar varias para ver cuál se ajusta a sus necesidades particulares. Un tipo de técnica meditativa ayuda a la persona a fortalecer su concentración, enfocando su conciencia en un objeto significativo o de inspiración. Esto podría incluir la meditación sobre una flor hermosa, una vela, un cristal, o un cuadro espiritualmente estimulante. Medité sobre una naranja durante años, y me asombraba de las realizaciones que constantemente emergían para mí. Por ejemplo, las secciones individuales separadas de la naranja, contenidas dentro de la forma circular unificada de la piel exterior, significaban la integración de todos los diferentes aspectos de mi ser. Esto también representaba cómo todas las personas son particulares, aunque están unidas como parte de una totalidad más grande. También me fascinaba por el asombroso potencial de fuerza vital de cada pequeña semilla que contiene el patrón creativo de todo un árbol de naranja, así como cada uno de nosotros poseemos la semilla esencial del espíritu. Es posible estar tan absorbido en este tipo de práctica, que todo lo demás alrededor se desvanece mientras nos unimos al objeto en el cual nos concentramos. Sin embargo, también es muy efectivo y relajante mirar el objeto fijamente, manteniendo la concentración enfocada en él con gran receptividad.

En otras formas de meditación el individuo se enfoca en una palabra o frase particular, que a veces es repetida. Mientras estamos concentrados, la palabra o frase se imprime en la conciencia, y la energía o cualidad de ésta empieza a revelarse, de tal forma que tengamos una mayor realización de su significado dentro de nuestro propio ser. Encuentro que a menudo las personas son atraídas naturalmente por una cita inspirativa particular, una frase de un libro, una afirmación, o una oración que consideran significativa. En algunos casos, un maestro da una palabra específica o sonido "mantra", con la intención de producir una experiencia particular en quien la recita. Por ejemplo, cada uno de los diferentes mantras en la tradición hindú, es usado para un propósito específico tal como fortalecer una cualidad espiritual, unirse con la energía de una divinidad particular, estimular un chakra, o proveer protección espiritual.[1]

Meditando sobre el mantra predeterminado, podemos armonizar con su energía particular o el estado de conciencia asociado con él. Esto es posible debido a que cada palabra, sea o no hablada, está compuesta de ciertos sonidos y, como todas las ondas sonoras, posee una frecuencia vibratoria. Repitiendo la palabra del mantra, usted puede poner su conciencia en resonancia con esta razón vibratoria particular.

Entonar sonidos tales como "OM" puede tener dicho efecto. En la filosofía hindú OM es considerada la vibración primordial de la cual se originó toda la creación. Se cree que toda la materia y la energía en el universo se compone de ondas con frecuencias menores, las cuales se originaron del sonido vibratorio original de la quietud del vacío.[2] El sonido OM es a menudo cantado repetidamente para buscar conexión con la unidad, la totalidad de todo lo que es.

Además de entonar OM de esta manera, usted puede también usarlo como un ejercicio de preparación para otra meditación. Para hacerlo, divida el sonido OM en tres sílabas —Ah-O-MMM— y extienda cada parte tanto como pueda, mientras sostiene una sola respiración. Abra bien su boca para la parte Ah, redondéela para el sonido de O, y luego ciérrela para M. Cuando empiece, inhale a través de su nariz y lleve una respiración completa a su abdomen. Mientras exhala con el sonido Ah, hágalo resonar en el área del corazón. Luego forme el sonido O, y déjelo resonar en el área de la clavícula/garganta. Mientras entona el sonido MMM, hágalo vibrar sobre el techo de su boca y resonar en su corona chakra. Repita esto dos veces, recitando OM un total de tres veces, y luego siéntese y perciba el flujo de energía a través de todo su cuerpo.

Otras técnicas de meditación involucran concentrarse en la respiración o usar ejercicios respiratorios específicos. Para obtener los efectos más beneficiosos, la mejor forma de hacer tal respiración meditativa es a través de la nariz. Una de esas meditaciones sugiere que seamos conscientes de cada inhalación y exhalación. Esto incluye la conciencia de todo el proceso de respiración —por ejemplo, la expansión y contracción de los pulmones y el movimiento de las costillas—. También ayuda a respirar más lenta y rítmicamente mientras se hace el conteo hasta diez en cada ciclo respiratorio y luego se repite. Esto puede ser hecho contando uno en la inhalación, dos en la exhalación, tres en la siguiente inhalación, y así sucesivamente hasta diez. Sin embargo, la mayoría de personas prefieren inhalar una respiración lenta mientras cuentan hasta cinco, y luego exhalan contando de seis a diez. Si se distrae, enfóquese nuevamente en su respiración y comience otra vez el conteo. Si usted es una persona más cinestésica, le será más fácil concentrarse en la respiración de esta manera. Igualmente, si necesita conectarse más con la fuerza vital de su cuerpo físico, este tipo de meditación respiratoria puede ser útil.

La quietud de la meditación puede también involucrar prácticas de movimientos contemplativos. Si encuentra difícil o incómodo permanecer quieto, este tipo de meditación podría serle inicialmente más fácil. Por ejemplo, la meditación caminando puede ser hecha en cualquier lugar, pero es más efectiva en entornos naturales tranquilos. Mientras camina, enfóquese completamente en el proceso de caminar; por ejemplo, en la forma en que coloca el pie sobre el suelo, el olor del aire, o la flor que se detiene a tocar. También puede combinar la meditación caminando con otras técnicas tales como la mántrica o la respiratoria. Otros métodos que pueden ser usados para la meditación en movimiento son el baile sufí, que involucra un movimiento giratorio rítmico; ciertos tipos de yoga meditativo; y el T'ai Chi, una antigua práctica china, que consiste en posturas continuas ejecutadas a través de un movimiento fluido y relajado, y una respiración lenta y profunda.

Otro tipo de meditación se enfoca en los centros de energía chakra, o la persona se imagina inmersa en un color particular. Si hizo la meditación chakra al final del primer capítulo, entonces ya ha tenido una experiencia de este tipo de práctica.

También es una experiencia meditativa muy confortante sentarnos dentro del silencio de nuestro propio ser, y llamar la presencia amorosa de lo divino. Abrase a recibir esta energía incondicional del universo mientras da las gracias, sumergiéndose en el amor mientras lo respira suavemente hacia su corazón. Recomiendo este proceso especialmente cuando otras prácticas meditativas parecen demasiado difíciles.

Evitar fallas en la meditación

El error más grande que observo en las personas en cualquier tipo de meditación, es pensar que deben estar haciendo algo mal si sus mentes están llenas de pensamientos, o si comienzan a experimentar sentimientos molestos y sensaciones corporales. Cuando empiece a estabilizar la mente pensante, o intente enfocarla después de que toda una vida ha tenido total control, lo primero que debe observar es qué tan incontrolable parece estar. Repentinamente, un desfile de ruidosos chirridos mentales llena su cabeza.

Tranquilizar o estabilizar la mente no necesariamente significa que su conciencia esté libre de pensamientos, sentimientos, imágenes o sensaciones. De hecho, cuando surgen estas cosas, puede ser información importante para usted. Aprenda a simplemente observar el río de sentimientos, sensaciones y pensamientos, sin juicio alguno. Este tipo de punto de referencia a menudo es llamado estado de testigo o aspecto de observador objetivo, que puede sólo experimentar lo que es, sin reacción ni interferencia mental o emocional.

Tratar de luchar contra la mente pensante es muy similar a sacudir los brazos en un enjambre de avispones. Lo que usted resiste, persiste aun con más fuerza. Cuando encuentre su mente distraída, en lugar de entrar a una gran batalla interior de juicio y autorecriminación, simplemente retorne su conciencia al presente y continúe observando. Cada vez que lleve su mente extraviada de regreso al estado de conciencia centrado en el presente, se fortalece su habilidad para enfocar el consciente. Así, sin importar cuántas veces tenga que hacer esto inicialmente en una sesión de meditación, el proceso siempre está funcionando para usted, sin reparar en lo que su mente pensante trata de decirle.

Además, aunque la meditación produce finalmente una revitalización calmante, a veces puede surgir una sensación de ansiedad o inquietud, cuando toda la actividad exterior se detiene y nuestros sentimientos internos pueden finalmente ser oídos. Una vez más, mientras nuestra conciencia es dirigida interiormente, las fuerzas subconscientes pueden ser traídas a la luz, y ser vistas y sentidas por primera vez. Inicialmente esto puede no parecer muy relajante. Sin embargo, usted recibirá información importante que le permitirá curar la fuente de sentimientos inquietantes. Es útil simplemente reconocer los sentimientos cuando surgen ante usted. Evite rechazar o resistir su experiencia, o juzgar sus sentimientos y sensaciones. Reconocer los verdaderos sentimientos es el primer paso para comenzar a entenderlos. Al mismo tiempo, recuerde que sus emociones y sensaciones son solamente una parte de lo que usted es como totalidad. Simplemente piense que su conciencia es luz solar que entra a su habitación interior, permitiéndole ver lo que está ahí, para que se conozca más a sí mismo.

La primera regla de la meditación es que no hay reglas. En otras palabras, no haga de esto otra acción perfeccionista o un pretexto para someterse a un concepto rígido, trate de equilibrar la disciplina de sentido común con la sensación de que la meditación es un rato agradable, para cerrarse al ruido del mundo y sumergirse interiormente. Piense en la meditación como un tiempo para relajarse y recibir la energía estimulante del universo.

Ya que todos somos únicos, las necesidades de cada persona varían de acuerdo a la autodisciplina requerida para la meditación. Si usted tiende a ser compulsivo, perfeccionista, o rígido, recuerde ser amable consigo mismo. Puede ser importante que sea flexible y se dé un día libre. A veces sugiero que las personas mediten durante seis días en la semana, dejando un día en el que no tengan que hacer nada. Finalmente, apreciará tanto los beneficios de la meditación, que no deseará prescindir de ella. Sin embargo, si se convierte en un trabajo monótono forzado, probablemente está saturándose. A la inversa, si usted es una persona carente de estructura, tiende a dejar todo para después, o es letárgico, entonces parte de su proceso puede incluir trabajar más conscientemente con el desarrollo de la autodisciplina en su práctica de meditación. Esto es especialmente importante cuando su entusiasmo inicial comienza a decrecer, y las cosas parecen aburridas o estancadas. Puede haber períodos cuando parece que nada está sucediendo, y luego, repentinamente, puede notar que se está sintiendo menos cargado o tensionado, o que parece sentirse realmente bien más a menudo. También puede encontrar que desea entrar en meditación para encontrar respuestas a las preguntas de su vida, en lugar de depender de fuentes externas y la validación de los demás.

El comienzo

Empiece a abrir espacio para la meditación en su vida; digo esto literalmente. Forme un espacio real en su casa como su santuario de meditación. Este puede ser un lugar lejos de la distracción, por ejemplo un rincón de la alcoba, o una área asignada donde pueda tener tranquilidad. Haga este sitio especial para usted colocando cosas significativas y motivadoras, tales como un retrato o libro inspirativo, una vela, objetos sagrados, flores, piedras curativas o conchas de mar. También puede incluir una silla o un cojín para sentarse en su espacio de meditación. El lugar que crea de esta forma, es un simbolismo del espacio interior sagrado del ser divino, y la conexión consciente que ahora puede hacer con esta parte de usted mismo.

Cuando escoja la hora para meditar, considere su horario y sus patrones de energía, de tal forma que pueda estructurar las cosas de manera práctica, y por consiguiente lograr el éxito esperado. También tenga en cuenta la importancia de la salida y puesta del sol. Estos son momentos poderosos para meditar, pues son los períodos de transición de la naturaleza entre el mundo del día (conciencia) y la noche (subconsciente). La meditación en la mañana puede proporcionar un tono sosegado y positivo para el resto de su día. Sin embargo, si tiene problemas para relajarse después de su día de trabajo, podría encontrar útil meditar antes de acostarse. He notado que los períodos de inicio de la mañana y el anochecer funcionan mejor para la mayoría de personas. Es más fácil establecer su mente en las primeras horas del día cuando el mundo aun no está activo y contaminado por las mentes ocupadas y aceleradas de los demás. También es útil meditar a la misma hora cada día, y en el mismo lugar, pues se estabiliza un patrón específico que se puede seguir fácilmente.

Es importante sentarse en una posición en que la espalda esté derecha, de tal forma que la energía pueda fluir adecuadamente a lo largo de la columna vertebral. No es necesario que se siente en una postura de loto, con las piernas cruzadas y dobladas, así haya visto muchos gurús o maestros Zen orientales adoptando esta posición. Es igualmente efectivo y conductivo para el flujo energético sentarse en una silla con los pies sobre el suelo. Tener los pies sobre el suelo puede también fortalecer su conexión con la tierra, lo cual lo hace más consciente de las fuerzas vitales que llegan a su cuerpo a través de ellos. Acostarse para meditar no es recomendado, ya que es muy fácil quedarse dormido. Generalmente nos hemos acostado para conciliar el sueño toda una vida, y esto ha creado un patrón fuertemente establecido difícil de resistir.

Inicialmente realice una meditación de sólo tres a cinco minutos por día. He conocido muchas personas que pensaban que tenían que meditar una hora por día, para hacerlo correctamente. Este extenso período de tiempo termina desanimándolas, y abandonan la práctica de la meditación. Es mejor que empiece con meditaciones cortas, y luego aumente el tiempo gradualmente mientras se acostumbra más a esta práctica. Por ejemplo, medite cinco minutos durante dos semanas, luego diez minutos en las dos semanas siguientes, y después quince minutos en el siguiente mes. Aumente su tiempo hasta veinte minutos por día cuando sienta que está listo. Inicialmente es más efectivo meditar consistentemente durante períodos cortos de tiempo, en aproximadamente la misma hora y en el mismo lugar cada día, que meditar esporádicamente en largas sesiones.

Al comenzar su sesión de meditación, póngase cómodo y lleve respiraciones lentas de limpieza hasta el fondo de su abdomen. Si se siente cómodo con esto, respire a través de su nariz, o al menos inhale por las fosas nasales y exhale a través de la boca. Sin embargo, si su nariz está tapada, o no se siente bien respirando de esta manera, es mejor que respire por la boca. Tanto como sea posible, deje que la respiración se expanda completamente, no sólo hasta su diafragma, sino también hasta su abdomen y pelvis. Respirar hasta el abdomen de esta forma, a diferencia de la respiración superior, le permitirá entrar a un estado de relajación centrado en el cuerpo. Luego sólo respire naturalmente, con suavidad y facilidad.

Después, sienta o imagine que está rodeado por luz. Algunas personas encuentran más fácil hacer esto si visualizan una burbuja circular o en forma de huevo a su alrededor, y luego la ven llena de luz brillante. Esto actúa como una protección para usted, y también mejora su experiencia en meditación. También puede formular una intención particular para su trabajo meditativo. Por ejemplo, el propósito para su sesión podría ser disciplinar la mente pensante y enfocar la conciencia, aprender a relajarse, para obtener claridad y dirección, o tener una realización más profunda del ser.

PROCESO DE MEDITACIÓN SEMANAL

Para ayudarlo a comenzar, he incluido una serie de procesos de meditación semanal que le ayudarán a desarrollar gradualmente su propia práctica meditativa. Esto también le dará la oportunidad de experimentar diversos tipos de técnicas de meditación. Los procesos mostrados aquí, desarrollados y adaptados durante los años de mi trabajo con diferentes maestros y organizaciones, han sido usados exitosamente por muchas personas.

Primera semana

Encuentre un objeto que sea espiritualmente significativo para usted o evoque belleza, reverencia o alegría; funcionan bien una vela, un cuadro, una flor u otro regalo de la naturaleza. Medite sobre el objeto tres minutos cada día. Sienta que su conciencia descansa sobre el objeto y lo cubre. Mientras hace esto, deje que su conciencia permanezca totalmente concentrada sobre el objeto. Si su mente se distrae con pensamientos de otras cosas, dirija su consciente nuevamente sobre el objeto. Use el mismo elemento toda la semana.

Al final de la primera semana, registre su experiencia en el diario. ¿De qué se ha concientizado esta semana? Recuerde, no se desanime si ha sentido que su mente está fuera de control. Apenas empieza a disciplinar la mente pensante, y ese es un paso en la dirección correcta. Pronto aumentará su habilidad para hacer esto.

Segunda semana

Imagine un lugar al que desearía ir. Durante cinco minutos cada día, diríjase a él en su conciencia. Piense que su conciencia es una alfombra mágica que puede llevarlo a donde quiera ir. Luego, enfóquese sobre el lugar específico que ha escogido. Sumérjase en la experiencia —vea los colores que hay ahí, oiga los sonidos del lugar, e incluso huela las fragancias en el aire—. Una vez más, si su mente se extravía en otras cosas, lleve su conciencia de nuevo al sitio elegido.

Un derivado de esta meditación es el conocimiento creciente del hecho de que lo que usted experimenta, es a menudo resultado del lugar donde ubica su conciencia. De hecho, siempre ha de estar involucrado en este proceso, usualmente de manera inconsciente, a través de lo que coloque sobre su conciencia. Durante esta semana, esté consciente de qué tipo de experiencias crea mientras dirige su conciencia de esta manera.

Al final de la segunda semana registre su experiencia con la meditación. ¿Disfrutó ir a su lugar en conciencia esta semana? ¿Hasta qué punto pudo experimentar estar realmente en ese lugar? Durante la semana, ¿Tuvo realizaciones concernientes a la conexión entre lo que experimentó y lo que su conciencia enfocaba en el momento?

Tercera semana

Esta semana usted va a meditar un período de cinco minutos cada día, sobre una cualidad que le gustaría encarnar, por ejemplo paz, amor, alegría, abundancia, sabiduría, belleza, gracia, verdad o libertad. Antes de empezar, tome unas cuantas respiraciones lentas y relajantes hasta el fondo de su vientre, y déjese ir hasta un lugar profundo dentro de usted. Tanto como sea posible, sienta en su cuerpo la cualidad que escoja. Por ejemplo, siéntase envuelto por el amor. Tenga la sensación de respirar esta sustancia amorosa, y siéntala circular a través de todo su cuerpo. Siéntala absorbida en cada célula mientras penetra cada parte de su ser. Sentir la cualidad cinestésicamente de esta manera, le ayudará a experimentarla más plenamente.

También puede imaginar lo que sería emanar y manifestar esta cualidad. Por ejemplo, visualícese como alguien muy tranquilo; imagine cómo sería su vida si usted emanara este sentimiento de paz. Cómo se compartiría y cómo sentiría su cuerpo. Si se desconcentra, simplemente trate de enfocar su conciencia de nuevo en el ejercicio. A lo largo de la semana, recuerde su cualidad en diferentes momentos del día, y observe si le ayuda a resonar con ese sentimiento particular.

Cuarta semana

Esta semana hará una meditación de color. Cada día estará meditando sobre un color diferente de ocho a diez minutos. Los colores a usar son los asociados con los chakras, y debe meditarlos en ese orden. Así, el primer día será el rojo, el segundo naranja, el tercero amarillo, y así sucesivamente continuando con la secuencia verde, azul, índigo, violeta y blanco.

Cuando empiece, tome unas cuantas respiraciones completas. Mientras exhala, deje que los pensamientos y las tensiones salgan de su cuerpo, a medida que usted se introduce más a su interior. Luego imagínese rodeado con la luz coloreada para ese específico día de meditación. Los colores deben ser vibrantes y claros, como una canica roja o un pirulí amarillo. Es bueno que consiga objetos como estos para que tenga un claro sentido de los colores con que estará trabajando. He encontrado útil usar muestras de vidrios de color, los cuales pueden ser obtenidos en cualquier vidriera. Recordar el efecto emocional que estos colores tienen sobre usted cuando los ve o los usa, puede también permitirle experimentarlos más plenamente.

En la meditación, sienta que el color lo envuelve, respírelo y perciba la luz de color absorbida en todo su cuerpo. Experimentar el color de esta manera le ayudará a sentirlo, de tal forma que no esté tratando de "pensar" en su existencia. Recuerde, sólo deberá usar un color por día, uno diferente cada día de la semana.

Observe su experiencia y cómo responde a cada color. ¿Hay colores más difíciles de visualizar o mantener enfocados? ¿Tuvieron los colores diferentes cualidades o diferentes efectos en su experiencia? Para referencia futura, anote los colores que parecen ser especialmente efectivos y estimulantes para usted. Puede traer estos colores a su vida de otras maneras —tal vez en su ambiente o en la ropa que usa—, con ello sacará ventaja de sus beneficios.

Quinta semana

El primer día de la quinta semana, debe crear un lugar de trabajo espiritual y espacio curativo para usted mismo. Luego, el resto de días de la semana, irá a ese lugar interior para contactar a su yo superior y pedirle que lo guíe. El primer día, siga la siguiente meditación guiada.

Tome unas cuantas respiraciones de limpieza, sumergiéndose un poco más profundo interiormente, y luego deje que su respiración sea suave y fácil. Haga que cualquier pensamiento o tensión se disipe con cada exhalación.

Ahora vea, sienta, o imagínese rodeado en una esfera de suave luz curativa. Formule la intención que será guiada por su ser superior hasta un lugar de curación y crecimiento personal. Ahora, imagínese caminando a lo largo de un sendero, en medio de un entorno natural y sereno. No tiene nada más que hacer en estos momentos, puede relajarse, introduciéndose completamente en la belleza y tranquilidad de la naturaleza que lo rodea.

Sienta el calor del sol sobre su piel. Saboree la rica fragancia de la tierra. Disfrute la rizada hierba que baila en el viento.

Después de un tiempo, notará que el camino en que se encuentra conduce a un lugar de trabajo espiritual, un espacio curativo sagrado que puede usar para curar, recibir dirección, y crecer espiritualmente. Este lugar es diseñado perfectamente para usted y puede ser lo que desee, por ejemplo un templo de curación. Puede incluso ser distinto a cualquier cosa que haya experimentado antes, tal vez una estructura compuesta de cristales.

Debido a que este lugar de trabajo espiritual es llenado con minúsculas partículas de luz, su forma puede también parecer algo etérea. Sin embargo, se debe sentir cómodo, amoroso y expansivo.

Cuando entre, tome tiempo para explorar su lugar de trabajo espiritual. Configúrelo como quiere que sea. Usted puede tener todos los colores que desee y muebles apropiados y cómodos. Mientras mira alrededor, note los colores que se sienten curativos y estimulantes, u objetos que considere sagrados o tengan algún significado. Todo en este ambiente es confortante y tranquilizante para su ser. Luego, siéntase ubicado en su sitio de trabajo espiritual, envuelto por una presencia de amor incondicional.

Antes de comenzar la meditación del segundo al séptimo día, escoja un asunto o interés específico en el que desearía ser guiado, o elija algo de lo cual quiera más información, por ejemplo su proceso de crecimiento espiritual. También puede simplemente formular una intención para entrar a su tranquilidad interior y experimentar más de su sabiduría superior y la presencia de lo divino. Cuando esté listo, rodéese con luz y pida que todo lo que reciba sea para su mayor bien. Sienta o imagine que camina a lo largo del sendero hacia su lugar de trabajo espiritual. Siéntase en su verdadero espacio sagrado de curación. Si hay algo que quiera cambiar en el ambiente, es libre de hacerlo.

Invoque la presencia del espíritu y su yo superior para que lo ayuden, y pida guía acerca de su asunto. Luego sólo deje que su mente sea neutral y receptiva. Simplemente observe su experiencia sin juicio, y permanezca abierto a recibir sabiduría en la forma que aparezca. Esto no es nada que tenga que trabajar o intentar hacer. Permanezca pasivo, aunque alerta, y deje que las impresiones se presenten por sí solas. Puede oír palabras (sus propias palabras habladas u otra voz distinta a la suya), ver imágenes, tener sentimientos, o percibir la fuerte sensación de algo verdadero. Estas cosas pueden parecer sutiles en principio. Sin embargo, sólo reciba las impresiones sin tratar de entenderlas cognoscitivamente todas a la vez. Posteriormente puede obtener más revelaciones. Medite en este estado de receptividad durante diez minutos cada día.

Registre en su diario la información que recibe. ¿Cómo experimentó la llegada a usted de esta guía? ¿Ha recibido antes este conocimiento? ¿Ha tenido sentimientos intuitivos de esta manera? Es importante reconocer este tipo de guía cada vez que llegue a usted y en cualquier lugar. (A menudo recibo dirección y conocimiento en la bañera o la ducha).

Entre más reconozca y responda a este tipo de guía interior, cada vez será más fuerte y frecuente. Continúe usando su lugar de trabajo espiritual cuando lo desee.

Sexta semana

Mientras estabiliza su mente y cae en su centro, imagine que está sentado en un vibrante rayo solar. Sienta que la luz del sol se vierte alrededor de todo su cuerpo. Mientras la luz dorada fluye desde arriba a lo largo de su columna vertebral, véala, siéntala e imagínela formando una bola de luz en su plexo solar. Sienta por un momento el calor y la energía de esta radiante orbe. Ahora, permita que esta bola lumínica se expanda, haciéndose más brillante y más cargada de energía, hasta que rodee su cuerpo totalmente. Mientras se sienta en el calor vibrante y el resplandor de esta esfera de luz, empápese en su energía estimulante para que sea revitalizado. Haga esta meditación durante diez minutos cada día, visualice y sienta esta energía vibrante rodeándolo para que se conecte conscientemente a la luz vital. Registre sus experiencias de meditación en su diario.

Esta meditación puede ser muy beneficiosa cuando necesite fortalecer sus fronteras energéticas, o cuando por alguna razón se sienta particularmente susceptible a las emanaciones de energía de otras personas. ¿Notó algún cambio en su nivel de energía, sus emociones o su perspectiva mental como resultado de la meditación de esta semana?

Séptima semana

Para esta meditación, va a sentirse envuelto en lo que yo llamo "la matriz de la Gran Madre". Esta matriz es un ambiente totalmente seguro, curativo, nutritivo y compasivamente amoroso, que es proveído para todos por la madre de toda creación. Todo lo que debe hacer es descansar en esta energía y estar abierto a recibir. Las personas reportan que esta meditación les produce una experiencia muy curativa. Puede ser usada en momentos que quiera crear una sensación de seguridad y amor para usted mismo.

Empiece centrándose y sintiéndose rodeado por una incondicional presencia amorosa. Si tiene dificultad para conectarse con el amor, puede ser útil que recuerde una época en que tuvo este sentimiento por algo o alguien, o cuando recibió amor de otra persona. Mientras hacen esto, a algunas personas les gusta imaginarse totalmente envueltas por una nube rosada. Otros se sienten rodeados por un fino capullo curativo de luz brillante y amor. Lo importante es conectarse con el sentimiento de amor incondicional que apoya y alimenta el ser. Respire esta sustancia amorosa y estimulante en cada hueso, músculo, órgano y sistema de su cuerpo, especialmente en su corazón. Siéntala absorbida en cada célula como suaves ondas de amor que llenan todo su ser. Luego, sienta y reciba la afirmación "el universo es un lugar amoroso, cálido y seguro para mí, y puedo reposar en ese amor".

Haga esta meditación de diez a quince minutos cada día, y registre sus experiencias en el diario.

Octava semana

En la octava semana va a hacer una meditación respiratoria, mientras se enfoca en la alimentación espiritual del proceso de respiración. Hágala con una duración de diez a quince minutos cada día.

Siéntese cómodamente, relájese, y mientras respira a través de la nariz, empiece a seguir el movimiento de la respiración adentro y afuera de su cuerpo. Mientras inhala, sienta el flujo a través de sus fosas nasales hasta el tope de su cabeza, y luego permita que la respiración continúe por la columna vertebral y se expanda por todo su cuerpo.

Mientras respira, dé la bienvenida al espíritu, en forma de respiración, entrando a todo su ser. Tenga la sensación que el espíritu lo conoce íntimamente y lo alimenta con amor. Para hacer esto, repita las palabras "estoy aquí y te amo y cuido", mientras respira completamente y recibe las palabras del espíritu en esta frase.

Repaso del proceso de meditación

¿Cómo ha progresado su experiencia de meditación en las últimas ocho semanas? ¿Ha notado cambios en su habilidad para concentrarse y aquietar la mente pensante? Si siente que necesita fortalecer su concentración, puede repetir la meditación para la primera semana, durante aproximadamente diez minutos cada día. Una opción es visualizar el objeto esta vez con los ojos cerrados, en lugar de observarlo frente a usted. Mientras sostiene esta imagen interior en su conciencia, note todas las características del objeto, tales como el color y la textura. Véalo y siéntalo con sus ojos y sentidos internos. También puede alternar entre visualizar el objeto de esta manera con los ojos cerrados, y observarlo frente a usted mientras descansa su conciencia sobre él.

Continúe usando estas meditaciones, o explore cualquiera de las técnicas previamente mencionadas que sean de su interés. Cuando sienta que es el momento, incremente gradualmente su período de meditación hasta al menos veinte minutos. A medida que mejore su habilidad para concentrarse, estará más cómodo al meditar en sesiones más largas, y podrá sentarse a recibir en la tranquilidad de su propio ser. En cualquier tipo de meditación que use, esté abierto a recibir el alimento espiritual y la sabiduría disponibles a través de esta práctica.

Ahora que ha adquirido cierta experiencia en estabilizar la mente pensante, a través de este capítulo, podrá usar este nuevo nivel de conciencia en su proceso de profundizar en el cuerpo y las emociones, mostrado en la parte III.

Notas

1. Jonathan Goldman, *Healing Sounds: The Power of Harmonics*, segunda edición, revizado (Rockport, MA: Element Books, Ltd., 1996).

2. Deepak Chopra, M.D., *Quantum Healing: Exploring the Frontiers of Mind / Body Medicine* (New York: Bantam Books, 1989).

PARTE III

El cuerpo y las emociones

5

CONCIENCIA SOMÁTICA

Escuchar al Yo corporal

NUESTRO CUERPO ES UNA JOYA EXQUISITA usada por el alma para facilitar nuestra presencia aquí sobre la tierra, en un espacio y un tiempo tridimensionales. Por encima de cualquier concepto corporal o de limitaciones físicas reales ocasionadas por heridas, cirugías o incapacidades, nuestro cuerpo es perfecto a los ojos del alma. Cada célula en el cuerpo físico lleva impreso el sello del verdadero propósito del alma, en su código genético y esa información se puede descifrar escuchando los mensajes que constantemente transmite el cuerpo. Este capítulo aumentará la conciencia de su cuerpo físico y le ayudará a traducir sus mensajes, abriendo así un sendero de transformación para su verdadera naturaleza espiritual.

Puede sorprenderle que la conciencia del cuerpo sea algo que tenga que aprender, pues, después de todo, usted ha usado su cuerpo toda la vida. Sin embargo, el hecho es que con excepción de rigurosos intentos por cambiar nuestra forma física a través de dietas, ejercicio y visitas al salón de belleza o al cirujano plástico, muchas personas no se comunican con su yo corporal. Usualmente ponemos atención a esta importante parte de nosotros sólo cuando se desarrolla alguna enfermedad o síntoma físico. En esos momentos, la mayoría se impacientan y enojan porque sus horarios atiborrados se ven interrumpidos por estas molestias corporales. En esta cultura mecanizada y computarizada, es muy fácil ignorar el cuerpo físico, dando por sentado que funcionará continuamente.

Otra reacción a las enfermedades es frecuentemente el miedo y una sensación de impotencia, cuando el individuo siente que no puede controlar más lo que sucede en su cuerpo y en su vida. No obstante, hay cosas que podemos hacer para ayudar a restaurar el equilibrio del sistema cuerpo-mente. De hecho, puede ser una experiencia muy valiosa utilizar conscientemente las sensaciones, los síntomas y los mensajes del cuerpo a través de una comunicación con su propio cuerpo-mente. Si interactúa de esta manera con su yo corporal, podrá experimentar mayor salud, vitalidad y una sensación de bienestar emocional. Sin embargo, este tipo de comunicación requiere de un espacio propio, independiente de los afanes de la conciencia mentalmente dominada, tan familiar para nosotros en esta cultura. Para experimentar un proceso centrado en el cuerpo, debemos estar inmóviles y escuchar —"ser" en lugar de "hacer"—. Para las personalidades impacientes y rígidas de tipo A, esto puede ser un desafío.[1] Si suele confiar en sus procesos analíticos, interactuando conscientemente con su cuerpo, puede en principio parecer un proceso lento. Sin embargo, vale la pena el esfuerzo inicial.

Su cuerpo ha estado pacientemente esperando para ayudarlo en su proceso de curación y crecimiento; tiene una historia que contar. Esa historia puede contener dolor, porque el cuerpo tiende a retener físicamente lo que usted no trata en el plano emocional. Si no hay aclaración, resolución o terminación de un asunto a nivel emocional, pueden aparecer las enfermedades y otros síntomas fisiológicos. Sin embargo, hay una intención amorosa y curativa de estos mensajes del cuerpo. Sus dolores, trastornos y otros síntomas corporales le sirven de manera valiosa. Estos fenómenos señalan el camino de una transformación positiva tanto en la salud física como en lo espiritual. La comunicación con su cuerpo puede proveerle las respuestas que necesita para obtener todas estas cosas en su vida. También encontrará que mientras se cura y remueve los obstáculos, para expresar su verdadero ser, su conciencia se expandirá naturalmente hasta incluir una experiencia de su ser espiritual.

También creo que las técnicas de conciencia del cuerpo, presentadas aquí, son particularmente importantes en una cultura donde principalmente se nos enseña a pensar con nuestra mente analítica y no a intuir con nuestra percepción instintiva. En esta época, reclamar esta sabiduría instintiva es parte importante de nuestro proceso curativo individual y colectivo. Mientras aprendemos a respetar y escuchar a nuestra conciencia corporal, armonizamos más con nuestro cuerpo planetario, la madre tierra. Hemos mantenido el cuerpo físico separado del Yo espiritual durante mucho tiempo y nuestra relación con el planeta lo refleja. Si actualmente tiene problemas físicos tales como enfermedades o una condición crónica, esta sección le dará información que lo ayudará a ser más consciente de su experiencia corporal, permitiéndole participar más plenamente en su propio proceso de curación. Debido a que el cuerpo se puede utilizar para tener acceso a patrones limitantes presentes en la mente subconsciente, estas técnicas también proporcionan abundante material, que puede facilitarle enormemente el proceso de crecimiento personal.

Los siguientes procesos le ayudarán a obtener una presencia total en el momento y le darán la oportunidad de practicar los sentimientos, las sensaciones y las visiones conscientes que requiere la verdadera conciencia. También aprenderá formas para amplificar las sensaciones corporales con las que está trabajando y métodos de comunicación con su cuerpo para que profundice y se conecte con los sentimientos involucrados. Esto ayudará a despejar obstáculos emocionales de su cuerpo y de su mente subconsciente y a liberar cualquier energía remanente concerniente a tales asuntos. Luego podrá integrar nuevos patrones positivos basados en la verdadera esencia de su alma.

Los procesos presentados en este capítulo se pueden ejecutar sin la ayuda ni la presencia de nadie. Sin embargo, puede que quiera tener una persona presente para que le dé apoyo. A veces, puede ser reconfortante el solo hecho de hablar con alguien que ha experimentado sentimientos similares, o tratado la misma clase de asuntos que usted tiene. Por esta razón y debido a que los procesos centrados en el cuerpo pueden dar acceso a poderosos sentimientos, puede incluso beneficiarse de la asistencia de un grupo de apoyo o un terapeuta mientras realiza este trabajo. Especialmente, si tiene estados sentimentales fuertes o una historia de trauma físico, emocional o sexual.

En el caso de quienes tienen traumas puede que a veces surja ansiedad, si va muy rápido el proceso de reconexión con los sentimientos retenidos corporalmente. En tales situaciones es importante trabajar de una forma que permita la integración lenta y progresiva de la experiencia, para evitar la retraumatización. Si surgen estados de pánico, disociación o tensión emocional cuando realice cualquiera de los procesos de este capítulo, retorne a los recursos del capítulo 3 y busque la ayuda de un profesional experimentado en trabajar con traumas y abusos.

Mientras haga este trabajo, también será útil que escriba en el diario sus experiencias, de tal forma que pueda tener un registro escrito de su proceso. De este modo ganará más conocimientos, recibirá validación adicional para sus experiencias y podrá dirigirse a ellas posteriormente.

EL SÍMBOLO CORPORAL

El cuerpo realmente nos provee de muchos tipos de información simbólica. De hecho, lo más obvio son las enfermedades. La clase de enfermedad y el área que afecta, es un reflejo significativo de lo que el cuerpo-mente está tratando de comunicarle. Por ejemplo, como mencioné en el capítulo 1, las personas tienen a veces extrañas palpitaciones, las cuales conducen la atención hacia angustias de la infancia que deben ser atendidas. Cuando estos individuos son capaces de curar estos eventos emocionalmente dolorosos, cesan los extraños síntomas del corazón. Muchos libros sobre el cuerpo-mente y textos metafísicos, tienen listas de síntomas físicos específicos junto con su correspondiente "causa" mental/emocional. Aunque esta información puede ser útil, el significado particular de su enfermedad puede ser diferente al indicado. Por esta razón, la comunicación directa con su propio cuerpo será extremadamente beneficiosa en este proceso de autodescubrimiento.

Un segundo tipo de información corporal es el acorazamiento de carácter somático. Como se mencionó anteriormente, las estructuras miofasciales responden a estímulos físicos y emocionales, lo cual origina la formación de tensiones musculares fijas o "armaduras". De esta manera, el cuerpo refleja patrones de hábito y estilos de comportamiento físicos, emocionales y mentales. Esta es la respuesta fisiológica visible a la dinámica presente en otras dimensiones del sistema cuerpo-mente.

La musculatura contraída en el cuerpo puede contener la respuesta a procesos de pensamiento autolimitantes, emociones reprimidas, necesidades espirituales no realizadas y traumas físicos. Los hábitos y patrones que refleja el cuerpo son aprendidos de la cultura, la sociedad y de nuestro propio sistema familiar. Estas cosas pueden restringir nuestro funcionamiento instintivo y estar en oposición a la expresión arquetípica del alma, que está latente en el núcleo del ser. Así, encarnamos el reflejo de nuestros padres, la sociedad y otras personas, en lugar de nuestros seres esenciales. Al observar cómo estamos organizados somáticamente, podemos aprender mucho acerca de nosotros mismos y la forma en que bloqueamos el movimiento de la vida desde nuestro interior. Este capítulo le permitirá ver y procesar estos patrones corporales para que descubra el mensaje que contienen.

Un tercer tipo de información somática surge de los hábitos y el lenguaje corporal. Fritz Perls, fundador de la terapia gestáltica, expresó la importancia del lenguaje corporal de esta manera:

> Considere por un momento este hecho: todo lo que el paciente hace, obvia o disimula, es una expresión del ser. Su inclinación hacia adelante y atrás, sus patadas abortivas, inquietudes, sutilezas de pronunciación e indecisiones entre palabras, su escritura y uso de metáfora y lenguaje. . . todo está en la superficie, es obvio y significativo.[2]

Es sorprendente saber cuánta información y curación puede surgir del chasquido de un dedo índice.

El cuerpo también nos suministra información a través de los cinco sentidos. Esto incluye no sólo nuestras sensaciones externas, sino también lo que percibimos internamente. Por ejemplo, externamente usted puede sentir picazón en la superficie de su piel, mientras un sentimiento de frustración está presente interiormente. Externamente podría oler una colonia fuerte, mientras internamente recuerda el olor a alcohol de la respiración de su pareja. Exteriormente podría oír el soplo del viento en los árboles, internamente una voz intuitiva que le habla. Un estado de conciencia relajado y centrado en el presente, permite que tales sentimientos surjan y originen una mayor receptividad de las sensaciones e imágenes internas.

La experiencia somática en todas sus formas —enfermedad, patrón de acorazamiento, hábitos y sensaciones de los cinco sentidos— provee un canal de comunicación no sólo con el cuerpo sino también con las energías arquetípicas. Al escuchar los mensajes del cuerpo, puede ser realizado el propósito y el significado de una presencia arquetípica. Como parte de este proceso curativo, se puede encontrar que los síntomas corporales representan situaciones no resueltas del nacimiento, la infancia, e incluso vidas pasadas. Al liberar el cuerpo y la mente subconsciente de estas localizaciones de energía bloqueada, se puede restaurar la salud física y el camino se hace claro para una realización más plena de nuestro verdadero ser. Puede ser útil familiarizarnos con las etapas de desarrollo infantil y los efectos psicosomáticos del proceso de nacimiento, además de la dinámica de vidas pasadas.[3]

La experiencia del nacimiento biológico puede ser especialmente significativa, porque opera como un puente entre la conciencia de la persona, junto con las experiencias de esta vida que lo han formado y la esencia espiritual pura de la que somos parte antes de adquirir forma física. De este modo, el proceso en el útero y la experiencia del nacimiento pueden actuar como una puerta que conduce a una mayor conciencia de la verdadera esencia espiritual del individuo. El proceso del nacimiento es, por su misma naturaleza, una experiencia de vida y muerte, potencialmente peligrosa y a menudo traumática. La impresión de las sensaciones en el útero y el dolor del nacimiento en el sistema nervioso del niño, pueden determinar tanto la fisiología como la personalidad.[4]

Adicionalmente, el estado físico y emocional de la madre puede afectar el feto en desarrollo. El estrés, la depresión, el dolor y la ansiedad pueden transmitirse al feto. Luego el niño viene al mundo habiendo adquirido sentimientos tales como rechazo, miedo y muy baja autoestima, sin causa aparente.[5]

El mensaje general internalizado de una experiencia natal positiva, puede ser que la vida a veces involucra lucha y que con esfuerzo podemos tener éxito. Sin embargo, con frecuencia este no es el caso de muchas experiencias de nacimiento. Así, los fenómenos que surgen del sistema cuerpo-mente pueden relacionarse con diferentes aspectos del nacimiento biológico, que a su vez necesitan ser tratados para alcanzar la curación y el despertar espiritual. Puede ser útil y a menudo bastante iluminativo, conocer todos los detalles posibles acerca de los eventos que rodearon nuestro nacimiento; estos datos podemos conseguirlos de nuestra madre u otros parientes.

Más allá del paso que constituye el nacimiento físico a esta vida, subyace la experiencia de la vida pasada. A medida que el individuo se vuelve más sensible a las energías arquetípicas, en el proceso de encarnar más la esencia de su propia alma, puede tener recuerdos de vidas anteriores. Estas experiencias pueden ocurrir como vagas impresiones de vida en una época diferente, o pueden involucrar sentimientos intensos, sensaciones e imágenes que se reviven de manera muy real. Tales experiencias pueden traer a la luz diversos asuntos espirituales, mentales, emocionales y físicos, que son parte de la vida presente de un individuo. El tema arquetípico que emerge de estas vivencias, a menudo representa un don del alma que puede recuperarse después de que se cura la experiencia de la vida pasada y se aprende la lección del alma. Como lo muestra la sesión de vida pasada de Joan (presentada en el capítulo 2), los fenómenos corporales son frecuentemente la primera señal de surgimiento de estos patrones. Si los asuntos de vidas pasadas y/o del nacimiento emergen en usted mientras trabaja con el cuerpo, puede encontrar útil explorar diferentes métodos de regresión hacia ellos, tales como la hipnoterapia o el trabajo con la respiración.

CONOCER NUESTRO CUERPO

Los siguientes procesos de conciencia tienen doble propósito. Primero que todo, pueden ayudarlo a que sea más consciente de la dimensión física de su ser, para que esté más presente y conectado en su cuerpo. Segundo, son pasos que pueden desarrollarse en un proceso de diálogo y facilitar la expresión de emociones que son parte necesaria de su crecimiento y curación. Estos procesos pueden ser usados sólo para aumentar la conciencia somática, o la información corporal que surge de ellos puede ser ampliada, para que se conecte más plenamente con sentimientos desarrollados corporalmente. Puede que sienta más atracción por determinados métodos, o encontrar que algunos funcionan mejor para usted. Ensáyelos todos, o sólo haga los que considere apropiados. Para los propósitos de este capítulo, he puesto la conciencia somática, los métodos de amplificación y el diálogo en partes separadas. Sin embargo, en realidad suelen mezclarse y su proceso a veces se moverá atrás y adelante entre estas divisiones.

La conciencia somática implica estar conscientemente presentes con los sentimientos y las sensaciones corporales. Puede ser tan simple como observar un lugar en su cuerpo que esté atrayendo su atención —tal vez un lugar tenso, pesado, o donde de alguna forma el movimiento de respiración y energía parece bloqueado o congestionado. No obstante, algunas personas, especialmente quienes tienen un pasado familiar de abusos, no tienen sentimientos fuertes en sus cuerpos. En este tipo de familia es posible que no haya habido contacto físico sano y seguro. Estos individuos pueden haber aprendido a disociarse de sus cuerpos y sentimientos como medio de supervivencia.

Si usted siente que no es de esas personas, puede no estar inmediatamente consciente de las sensaciones corporales. Tal vez deba resensibilizarse y reaprender el lenguaje de los sentimientos, sensaciones e imágenes corporales. Conocer cómo es el cuerpo, dónde están localizados internamente el tejido conectivo, los huesos y los órganos, puede ser de gran ayuda. A menudo tengo personas que utilizan libros de anatomía y fisiología, para así familiarizarse con el cuerpo físico. *The Anatomy Coloring Book* es divertido y fácil y *The Human Body In Health And Disease* es también una buena referencia.[6] Luego hago masajes en los cuerpos de estos individuos para ayudarlos a que asocien la imagen que conocen con lo que sienten. Si usted se siente desconectado de su cuerpo, o ha notado que, al hacer los procesos de relajación de los capítulos anteriores, su conciencia de los sentimientos físicos es débil, el siguiente ejercicio puede ayudarle a ser más sensible a la hora de experimentar con su cuerpo.

Ejercicio: conciencia somática

Coloque sus manos sobre la parte inferior de sus costillas, sintiendo externamente cómo suben y bajan con su respiración. Sienta la expansión y contracción de las costillas y el diafragma mientras los pulmones se llenan de aire. Luego, ponga su mano sobre el abdomen y siéntalo moverse arriba y abajo, mientras respira en esta área. Al hacer esto, sienta el movimiento de los órganos internos de su abdomen (estómago, intestinos, etc.), después, ponga su mano sobre el pecho y sienta los latidos del corazón; imagine la sangre que bombea y circula por todo su cuerpo. ¿Puede sentir la sangre moverse a través de los vasos en partes de su cuerpo tales como el cuello? Como ayuda, toque la arteria carótida de su cuello con sus dedos y sienta el pulso en su muñeca.

Toque o masajee los músculos de los pies, las piernas, los brazos y la cara. Sienta el tejido muscular y la estructura ósea. Note cómo se siente el toque sobre sus músculos y huesos. Luego, visualice lo que está sintiendo con sus manos. Puede usar como ayuda una ilustración del sistema óseo y muscular disponible en libros de anatomía o fisiología. Después de observar huesos, músculos y sistemas de órganos, cierre los ojos y visualícelos mientras los toca.

Puede ser útil desarrollar este ejercicio antes de hacer alguno de los procesos mostrados en este capítulo. Sin embargo, cuando realice los otros procesos, también encontrará que esto fortalece su conexión con los sentimientos y sensaciones corporales. Además recomiendo que, a través del día, haga chequeos periódicamente para que observe cómo se siente en su cuerpo.

Si está hablando con alguien, realiza una actividad particular, o experimenta una situación específica, note cómo percibe la energía y cómo se siente en su cuerpo mientras lo hace. ¿De cuáles sentimientos, sensaciones o respuestas corporales es consciente? No juzgue ni trate de analizar lo que está recibiendo, sólo experiméntelo. Si percibe una sensación física durante el día —dolor de cabeza, náuseas, u otro malestar—, tenga en cuenta lo que estuvo sucediendo y lo que usted sintió o pensó justo antes de que esto ocurriera. ¿Hay alguna relación entre lo que sucedió y la sensación física? Registre en su diario las ideas que obtenga acerca de su cuerpo y su ser, con base en estas experiencias.

Ejercicio: dibujar el cuerpo

Hacer un dibujo del cuerpo es otro método que puede ayudarle a familiarizarse más con su yo corporal.

Consiga una hoja de papel grande y dibuje la forma básica de su cuerpo. Si está trabajando con alguien más, puede ser divertido hacer esto en tamaño real, con esta persona trazando el contorno de su cuerpo, mientras usted yace sobre una o más hojas de papel de envoltura u otro tipo de papel de rollos grandes. Si trabaja solo, dibuje su propio cuerpo a una escala con la que se sienta cómodo. No se preocupe, este dibujo del contorno de su cuerpo no tiene que ser preciso ni una obra de arte. Sin embargo, incluso el proceso de este dibujo básico puede ser afectado por sus propias percepciones, originando asuntos concernientes a su identidad y a la imagen de su cuerpo, lo cual suministra información acerca de ciertos sentimientos desarrollados somáticamente. Por ejemplo, puede haber áreas de su cuerpo con las que experimenta sentimientos incómodos al dibujar. Si este es un problema para usted, comience con una forma corporal generalizada que pueda trazar de una revista o un libro de anatomía.

Una vez que tenga el croquis de su cuerpo, use un marcador, un lapicero o un lápiz de color amarillo para sombrear las áreas donde se sienta vivo o presente en él y donde sienta la energía de manera plena. Puede notar estos sectores más relajados, cálidos y agradables; tal vez son lugares donde disfruta ser tocado.

Después, con el color azul, cubra las áreas con las que no se siente bien o por las que sienta algún tipo de rechazo; pueden ser sectores de tensión, dolor, estrés, enfermedad crónica, o donde falta circulación.

El proceso de trazado del cuerpo le permitirá reconocer más los lugares con energía bloqueada, o áreas donde posiblemente hay asuntos emocionales somatizados. También puede ser usado como un ejercicio útil para quienes han sufrido abusos, particularmente de carácter sexual, de tal forma que dichos individuos indiquen dónde desean o no ser tocados. Esto les ayuda a darse cuenta que tienen derecho a controlar sus propios cuerpos y pueden así establecer un sentido de límites físicos.

Ejercicio: examen del cuerpo

Examinar el cuerpo es mover la conciencia a través de él, en un estado de relajación y enfocado interiormente, para experimentar aquello de lo que somos conscientes en nuestro cuerpo y en el momento presente.

Puede armonizarlo con el estado fisiológico y emocional de su ser. Las cosas que suelen ser ignoradas en un estado de conciencia saturado por la vida diaria, pueden llamar más su atención. De la misma forma que usted puede observarse externamente en un espejo, de los pies a la cabeza, podría usar sus ojos y sentidos internos para observar interiormente el cuerpo. Si está orientado visualmente podrá observar imágenes internas. Si es una persona más sensible, puede ser consciente de ciertas sensaciones en su cuerpo. A veces estas sensaciones pueden ser muy tangibles físicamente, por ejemplo una área de tensión o dolor. En otros casos las sensaciones o imágenes pueden parecer vagas en principio y es posible que se pregunte si las está imaginando. Cualquiera que sea la base del fenómeno, viene de su interior y puede ser información valiosa en el proceso de concientización de su cuerpo.

Es importante que no juzgue ni trate de analizar su experiencia hasta este momento. Por ahora no se preocupe de si la experiencia es real o imaginada. Mientras continúe con este tipo de proceso, los sentimientos, las sensaciones o las imágenes que recibe tendrán más claridad y fuerza y las podrá validar con mayor facilidad.

El que se presenta aquí es un buen perfil general para examinar, pero puede usar un sistema que funcione mejor para usted. Siéntase libre de experimentar y sea creativo. El examen del cuerpo puede hacerlo sentado, acostado, o incluso parado — aunque acostado es probablemente la posición más relajante para el cuerpo. Con cualquier posición que adopte, asegúrese de estar lo más cómodo posible. Cerrar los ojos también le permitirá enfocarse interiormente.

Antes de empezar, respire profundamente unas cuantas veces. Deje que su respiración se expanda por completo a través de su abdomen y pelvis, mientras respira conscientemente hasta el fondo de su vientre. Después de realizar una respiración de limpieza de este modo, empiece a respirar naturalmente, de manera fácil y suave, para que sea consciente del movimiento de la respiración dentro y fuera de su cuerpo. Déjese ayudar, sienta con cada exhalación que se acomoda mejor en su silla, en su cuerpo. No necesita hacer ningún esfuerzo, sólo deje que suceda. Tómese un momento para que se dé cuenta cómo se siente dentro de su cuerpo justo en este momento.

Con sus ojos internos y la conciencia sienta la examinación a través de todo su cuerpo. Mientras hace esto, observe si alguna parte de su cuerpo necesita atención de alguna forma, o si parece surgir un sentimiento, una inquietud u otra sensación.

Observe las áreas de tensión o sensaciones crónicas que lo incomodan. Reconozca también las partes del cuerpo que están desconectadas del resto de su ser, o donde la respiración y la energía se estancan o hacen falta. Además, note los sectores en su cuerpo que ahora siente vivos y llenos de energía.

Puede ser útil para usted tener la sensación de estar en una corriente de luz líquida. Mientras esta corriente fluye sobre las diferentes partes de su cuerpo, desde la cabeza, observe cómo se sienten dichas áreas, si están relajadas o tensas.

Concientícese de la capa externa de su cuerpo y observe lo que siente sobre este nivel. Tenga en cuenta los músculos de la cara, la mandíbula, la garganta y los largos músculos del cuello, los hombros y los brazos. ¿Pueden estos músculos responder suavemente al ritmo de la luz líquida que fluye? Observe qué tan libremente se está moviendo todo el cuerpo —cabeza, cuello, pecho, abdomen y pelvis— en respuesta a su respiración. Sienta cómo fluye la luz hacia la mitad inferior de su cuerpo. Mientras hace esto, note las áreas donde el flujo es restringido.

Mientras continúa examinando su cuerpo, diríjase hacia su interior y experimente un nivel más profundo del ser, su núcleo. Puede ser útil que se visualice o imagine a sí mismo de tamaño minúsculo, caminando a través de una puerta en la capa exterior de su cuerpo y bajando por una escalera hasta el núcleo de su ser. Observe qué siente aquí, en el sector de sus órganos internos y los músculos profundos cercanos a las vértebras. Note las sensaciones, los sentimientos o las imágenes que se asocian con estas áreas.

Gaste todo el tiempo que necesite para hacer esto. Un examen rápido toma sólo un minuto, pero es un proceso que usualmente requiere entre tres y cinco minutos. Cuando esté listo, abra los ojos y espere hasta reorientarse en su ambiente externo. Registre en el diario su experiencia y la información corporal llevada a su conciencia. Si lo prefiere, haga un dibujo de lo que experimentó y la manera en que sintió u observó el proceso corporal.

Hay otro método que se utiliza para examinar el cuerpo en conjunto con los asuntos actuales del individuo. En este examen, tome un asunto o sentimiento que esté experimentando ahora, o un sentimiento predominante que haya estado experimentando, (enojo, tristeza, alegría, miedo) y observe dónde percibe esta emoción en su cuerpo, además de cómo la experimenta somáticamente. Por ejemplo, podría apretar el abdomen cuando se siente presionado, o levantar los hombros en momentos de ansiedad.

También puede usar la imagen de un sueño en particular, o un asunto inquietante que ha estado enfrentando y observar dónde experimenta esto en su cuerpo. Por ejemplo, el tener que hablar de nuevo con la maestra de su hijo, es un asunto que puede sentirlo en su cuerpo como un nudo en el estómago, una congestión en el pecho, o un dolor de cabeza. La figura de un león en el sueño puede ser sentida en la garganta como la necesidad de rugir.

La información que recibió examinando su cuerpo, ahora se puede explorar adicionalmente a través de métodos de amplificación de la experiencia somática y usando el proceso de "diálogo de encarnación". Sin embargo, después de que encuentre un lugar en su cuerpo que necesite algún tipo de atención, puede también respirar energía y luz en el área durante varios minutos, llenándola con bondad amorosa. Este ejercicio, a menudo y por sí mismo, le brindará un cambio y aliviará o disminuirá un malestar físico.

Ejercicio: lectura del cuerpo

La lectura del cuerpo es una forma de experimentar lo que está sucediendo en el sistema muscular-óseo, al observar cómo se almacena, se restringe o se expresa la energía a través del cuerpo. Puede darle un mejor entendimiento de sus patrones somáticos y de cómo se manifiesta físicamente su experiencia mental-emocional.

Tradicionalmente, la lectura del cuerpo ha sido usada por terapeutas masajistas y terapeutas bioenergéticos, para determinar qué clase de trabajo necesita el paciente.

Recomiendo cualquiera de los diversos tipos de trabajo corporal disponibles, como adiciones favorables a su programa de crecimiento personal y desarrollo espiritual. Los sistemas de manipulación de tejido conectivo profundo, tales como el masaje intenso, son particularmente útiles porque reorganizan capas fasciales, liberando la energía retenida en viejos patrones de acorazamiento. Esto no sólo hace que usted tenga más energía disponible en todos los niveles, también le facilita una experiencia más consciente de su cuerpo. Encuentro que los clientes involucrados en este tipo de trabajo corporal, generalmente experimentan un proceso de curación y crecimiento mucho más eficiente.

A menudo la lectura del cuerpo se usa junto con un sistema particular de tipología de carácter somático.[7] Estos sistemas de interpretación corporal pueden suministrar información útil, la cual conduce hacia una realización profunda del ser. No obstante, evite limitarse a tales interpretaciones sólo de manera cognoscitiva. Estas "respuestas" intelectuales pueden tener la tendencia a bloquear el surgimiento de material adicional importante del cuerpo y la mente subconsciente. Para que aumente su entendimiento, he presentado información básica concerniente a ciertas tendencias emocionales y energéticas, asociadas a diferentes patrones somáticos. Sin embargo, cuando esté realmente haciendo una lectura corporal, puede ser más beneficioso para usted liberarse de todas las ideas preconcebidas, limitándose simplemente a observar. Luego puede obtener conocimiento adicional amplificando los patrones somáticos, o a través de una comunicación directa con su cuerpo.

Para que observe sus patrones naturales, lo mejor es que otra persona le haga la lectura del cuerpo. No obstante, si esto no es posible, puede hacerlo por sí mismo observándose en un espejo de cuerpo entero. Los espejos de estudios de baile son ideales en este caso, pues la persona puede mirar su cuerpo mientras se mueve a través del piso. Si usted no tiene un compañero que lo ayude, su espalda puede ser observada más fácilmente usando dos espejos ubicados uno frente al otro, como los que a menudo encontramos en los vestiéres de los almacenes.

Otro inconveniente al hacer una autolectura corporal, es la dificultad que tiene la persona para ser objetiva con su propio cuerpo. Esto es especialmente cierto en individuos que han sido víctimas de abusos, que tienen problemas con la alimentación y que tienen una visión obsesivamente negativa respecto a sus cuerpos, o sienten vergüenza de ellos. He trabajado con personas a quienes el solo pensar en observarse en un espejo les causa inquietud. Si usted tiene alguna relación con uno de estos casos, puede sentirse mejor comenzando con ejercicios tales como el examen del cuerpo, o trabajar con el apoyo de un terapeuta o amigo, en lugar de intentarlo solo. Cuando escoja a quien lo va a ayudar en este proceso, asegúrese que sea alguien objetivo, amoroso y no crítico.

Evite observar su cuerpo en términos de bueno o malo. El juicio crítico de la mente cierra las sensaciones somáticas que usted busca reconocer. A veces tengo personas que realmente le hablan a su voz crítica interior, a menudo un padre crítico internalizado, antes de iniciar una lectura corporal. Diciéndole a esta subpersonalidad crítica que se "ausente" temporalmente, estos mensajes negativos pueden ser suspendidos, para que pueda estar presente un aspecto más compasivo.

Al hacer una lectura corporal, podrá ver o experimentar cosas que su cuerpo ha estado guardando. Sin embargo, recuerde que sin importar lo que vea, su cuerpo le ha servido bien a lo largo de su vida y es merecedor de su amor y apreciación. Mientras observa, escuche estos mensajes corporales con compasión, como escucharía la historia de un niño herido al que usted ayuda a sentirse mejor. Si tiene sentimientos negativos respecto a una parte de su cuerpo, tales como "mis caderas son demasiado anchas" o "mis pies son feos", use esta información para ayudar a enfocar su conciencia interior.

Por ejemplo, si no se siente bien con sus caderas, enfoque su atención en el interior de esta área. ¿Qué percibe o siente en este lugar interno del cuerpo? Si se siente mal con sus pies, enfoque por un momento su conciencia en un lugar profundo dentro de este sector. ¿Qué ve o siente aquí? Esto cambiará su atención de lo que piensa acerca de su cuerpo, a lo que realmente siente en el interior de éste. Si otra persona le hace la lectura corporal, también le ayudará a hacer un examen interno del cuerpo durante el proceso. Esto disminuirá la autoconciencia que tenga acerca de ser observado y también tendrá acceso a su propia información interna.

La forma más fácil de hacer la lectura corporal es al desnudo. Si se siente incómodo así, use ropa interior o un traje de baño. Lo ideal es que pueda ver la mayor parte posible de la superficie de su cuerpo. Sin embargo, la ropa puede suministrar información útil. Observe cómo cuelga la ropa sobre el cuerpo; los sectores con tensión corporal y energía bloqueada, a menudo se reflejan por la forma en que luce el traje sobre la persona.

La lectura corporal debe ser hecha de manera relajada y sin juicios, con una mirada fija pero no intensa. Párese frente al espejo; mientras observa externamente, puede también detenerse periódicamente para sentir lo que experimenta internamente. Si está leyendo el cuerpo de otra persona, reciba las impresiones de ésta ubicándose a una distancia apropiada para poder realizar bien el trabajo.

Algunas cosas que debe tener en cuenta mientras observa su cuerpo son las proporciones, la vitalidad general, el color y tono de la piel, el movimiento de la respiración y los sectores de tensión muscular-ósea. Las áreas tensionadas pueden aparecer duras o contraídas. El tono y color de la piel puede también darle mucha información. Las áreas con tensión pueden aparecer abigarradas o de color más oscuro, con un matiz amarillo, verde o morado. Los sectores débiles pueden carecer de tono, ser más pequeños, o tener una coloración similar.

Empiece la lectura de su cuerpo caminando alrededor de la habitación. Haga sus observaciones mientras se mueve. Tal vez haya una sensación o desequilibrio que llame su atención. Su movimiento puede ser torcido o gracioso, o puede dar la impresión de que se desliza o avanza pesadamente.

Después de observar su movimiento mientras camina, obtenga una impresión general de su relación con su propio cuerpo. ¿Se siente cómodo en el cuerpo? ¿Se siente presente en él? Note si hay una apariencia general de vitalidad y fortaleza, o si el cuerpo parece débil o contraído de alguna forma. Si una área luce apretada, los sentimientos relacionados con ella pueden estar desconectados de la conciencia.

Observe en qué sectores del cuerpo la respiración fluye libremente y en cuáles el flujo es restringido u obstaculizado. Donde hay respiración hay energía. De este modo, habrá más sentimiento y vitalidad en las áreas que se mueven en respuesta a su respiración.

Después de la impresión inicial, empiece a observar más específicamente. Sea consciente de su sentido de equilibrio; observe si algunas áreas del cuerpo están más arriba o abajo que otras, por ejemplo un hombro o una cadera, o si hay alguna torcedura en el cuerpo.

Cuando observe proporciones, tenga en cuenta las divisiones izquierda/derecha, frente/espalda y parte superior/parte inferior, además de otros grandes desplazamientos segmentados entre la cabeza y el cuerpo y, el torso y las extremidades. Por ejemplo, la parte superior del cuerpo puede ser grande y musculosa, mientras la parte inferior es delgada y débil; el frente puede ser abierto y relajado, mientras la espalda es tensa y contraída; o el torso podría ser fuerte y de tamaño normal, mientras los brazos parecen débiles y más pequeños. A veces, los lados izquierdo y derecho del cuerpo lucen como si pertenecieran a dos personas diferentes, debido a que uno de ellos está más levantado, contraído o proyectado hacia adelante. El lado izquierdo del cuerpo, asociado al cerebro derecho, se relaciona con la intuición, la percepción holística, la creatividad, los sentimientos y la receptividad. El lado derecho, relacionado con la parte izquierda del cerebro, tiene que ver con la mente racional, el pensamiento lógico y una cualidad asertiva. Las diferencias entre los dos lados del cuerpo a menudo implican conflictos entre estos dos aspectos de nuestra personalidad.

El frente del cuerpo representa nuestra persona, la parte de nosotros que dejamos que los demás vean. La espalda se relaciona con lo que está oculto. Las tensiones en la espalda pueden asociarse a sentimientos almacenados que no queremos afrontar o mostrar a los demás. Estas emociones, a menudo las no aceptables socialmente como la ira y el temor, luego se "almacenan" a lo largo de la columna vertebral. Si ve una desproporción entre frente/espalda, puede indicar un conflicto entre lo que usted quiere aparentar (frente) y lo que son sus verdaderos sentimientos (espalda), posiblemente negados.

La mitad inferior del cuerpo se relaciona con el apoyo, nuestra conexión con la tierra y un aspecto introspectivo o privado de nuestro ser. Por otro lado, la parte superior se asocia con la autoexpresión y el contacto social por medio de la comunicación y el tacto.

Similarmente, el torso representa nuestro núcleo central, las áreas más vulnerables del cuerpo, que usualmente protegemos. Las extremidades son el medio para interactuar con el mundo, realizan funciones y cumplen nuestras necesidades. He encontrado que segmentos desproporcionados de torso/extremidad, o parte superior/parte inferior, a menudo se relacionan de alguna forma con los aspectos de "ser" y "hacer" de nuestra naturaleza. Frecuentemente, las desproporciones entre cabeza/cuerpo desproporcionadas se asocian a conflictos existentes entre la mente pensante (cabeza) y los sentimientos (cuerpo). Debido a que las divisiones del cuerpo a menudo indican dos aspectos diferentes de nuestro ser, pueden suministrar excelente material para un proceso de diálogo.

Por ejemplo, al observar los patrones de organización somática de Sally en una lectura corporal, noté una significativa división de los lados izquierdo y derecho, el izquierdo parecía más tenso y contraído. Sally dijo tener varias lesiones y accidentes en esta parte. Luego toqué sus pies para sentir el flujo de energía en su cuerpo y me di cuenta que el lado izquierdo tenía una corriente energética débil.

Desarrollé esta habilidad para sentir la energía del cuerpo haciendo curación energética y trabajo corporal. Usted puede sentirla frotando sus manos vigorosamente durante veinte segundos y luego separándolas varias pulgadas. Probablemente percibirá algún tipo de sensación dentro de sus manos, tal vez emanación de calor, vibración, hormigueo, atracción o resistencia. Después haga que alguien más se frote las manos y coloque sus palmas una pulgada por encima de las de su compañero. Observe lo que experimenta ahora. Las habilidades conscientes presentadas en este libro también le ayudarán a armonizar más con esta energía, en usted mismo y en los demás.[8]

Enfoqué la conciencia de Sally hacia los lados izquierdo y derecho de su cuerpo. Ella tenía sentimientos vulnerables asociados con el lado izquierdo; el derecho produjo un sentimiento de competencia y parecía analítico. Al mismo tiempo, Sally me informó que hacía unos días había consultado a un psíquico quien notó dos aspectos diferentes y separados en su aura. Sally también experimentó cierta tensión en su nalga izquierda y me pregunté si podría haber una conexión entre esta área y la división de los lados. Con la mano presioné suavemente su nalga izquierda, con el fin de amplificar el patrón de sostén muscular. Mientras lo hacía, Sally espontáneamente comenzó a llorar; se dio cuenta que su lado izquierdo era como el niño herido y asustado dentro de ella. Sally se había conectado con su parte más vulnerable y sintió el amor que ésta tenía que expresar. Escuchando al niño interior, aprendió que este aspecto sentimental de su ser necesitaba más tiempo y atención. De esta manera, pudo lograr un equilibrio entre su aspecto competente/analítico y el vulnerable/sentimental.

Después de que observe sus proporciones y su alineación general, enfoque su atención en áreas específicas de su cuerpo. Mientras lo hace, tenga en cuenta los centros chakras y las áreas corporales específicas asociadas con cada uno. Observe las piernas y los pies. Vea cómo está colocado para recibir apoyo de la tierra y cómo es su contacto con la realidad. ¿Tiene la sensación de estar plantado firmemente sobre la tierra, o siente que se agarra desesperadamente con los arcos de los pies en lo alto y los dedos enterrándose?

Los pies también pueden estar dirigidos hacia dentro, hacia fuera, o tal vez en diferentes direcciones. Esto puede representar energía dirigida hacia el interior, el exterior o incompatible. Observe las articulaciones de la rodilla y si parecen flexibles y capaces de dar apoyo. Las rodillas, como todas las articulaciones, son intersecciones de energía que conectan dos partes diferentes del cuerpo. Las áreas de las articulaciones pueden entonces indicar de qué forma afrontamos el cambio, las transiciones y los diferentes aspectos de nuestro ser.

Al observar el torso, note la posición de la pelvis y si está inclinada hacia delante o hacia atrás (es más fácil captar esto con una visión lateral). La mayoría de personas tienen una mala alineación del área pélvica, sin duda un reflejo de los distorsionados mensajes sexuales con que la mayoría de nosotros hemos sido criados. Además, la pelvis provee un apoyo para otras partes del cuerpo, por consiguiente aquí se pueden expresar asuntos de apoyo emocional. También hay que tener en cuenta que, sin importar lo que veamos en las revistas de modas, no hay nada malo en un abdomen blando y redondeado; esto usualmente indica una cualidad de calor y sensualidad. Sin embargo, a veces hay líneas de tensión o decoloración alrededor del área del abdomen/plexo solar, a menudo acompañadas por el tipo de respiración superficial que bloquea la expresión de los sentimientos. Debido a que el plexo solar es también el lugar de conexión entre el corazón y los órganos sexuales, si los sentimientos sinceros son aislados de las emociones instintivas o la energía sexual, se puede originar una tensión en esta área.

Mientras enfoca su conciencia específicamente en la mitad superior de su cuerpo, examine las áreas del pecho y la espalda. El pecho, área del corazón, es a menudo protegido a través de diferentes posturas corporales que incluyen hombros arqueados, la parte superior del cuerpo sobreextendida, o el pecho hundido, como si soportara un peso que debe ser descargado. Peter, uno de mis clientes, quien en el momento del nacimiento tuvo a Venus cerca al ascendente, provee un ejemplo de esta segunda dinámica. La estructura de su cuerpo muestra un pecho inflado, que presenta una poderosa imagen diseñada para proteger su naturaleza sentimental y artística. De joven había abandonado las actividades artísticas porque no le parecían prácticas para mantener una familia. Dejó a un lado esta parte de su ser, mientras fortaleció la parte superior de su cuerpo a través de un régimen constante de ejercicios. Este patrón somático era acompañado por un mecanismo de control protector y una rapidez para el enojo. Con Marte cerca al punto nadir, a menudo expresaba su energía guerrera en esta forma distorsionada, desarrollando inconscientemente su ira. El pecho expandido, los asuntos de control y los poderosos estallidos de cólera, eran parte de una pretensión de fortaleza, una protección inconsciente destinada a cubrir los sentimientos que percibía como débiles y dolorosos. Esta particular estrategia psicológica a menudo se asocia con este tipo de patrón corporal.

Como se mencionó anteriormente, la espalda también puede decir mucho acerca de lo que está escondido en la vida de una persona. Esta área del cuerpo puede a veces aparecer con sectores tensos o contraídos, especialmente un lado de la columna vertebral. Además, observe los hombros. ¿Son anchos o angostos? ¿Están retraídos, levantados, aplanados por cargas ocultas, o parecen proteger el corazón y el pecho? Los brazos y las manos pueden parecer más débiles, incapaces de entregar o recibir, o pueden verse como vehículos superdesarrollados de actuar y hacer.

El segmento cervical del cuello y la garganta actúa como un puente, un intermediario entre el corazón y la cabeza, entre sentimientos y pensamientos. ¿Qué siente en esta área y qué observa en su cuello, cabeza y cara? Por ejemplo, el cuello puede verse encogido y semejante al de una tortuga, como si estuviera retrayéndose hacia el torso, o puede dar la impresión de inclinar la cabeza hacia adelante. La mandíbula es otra área donde se almacena la tensión. Bajo esta tensión yacen frecuentemente sentimientos de tristeza e ira, o el deseo de gritar. Muchas veces una mandíbula apretada indica la cantidad de control emocional necesario para ocultar o tragarse estos sentimientos. (Para que relaje la mandíbula, a menudo es útil que descanse conscientemente la lengua sobre el piso de su boca). Una mandíbula firme puede también reflejar nuestro sentido de voluntad y autodeterminación.

Después de observar segmentos específicos, determine si hay relación entre algunas cosas que vio o sintió. Tal vez observó el pecho cóncavo y los brazos débiles, que se relacionan con un sentido de necesidad general que usted tiene. También puede ver patrones somáticos, relacionados con los patrones energéticos que reconoció al hacer la meditación chakra del capítulo 1. Por ejemplo, el sentido de alineación y desconexión que percibió como un desequilibrio del chakra raíz, ahora se puede experimentar a través de la expresión física del desarrollo incompleto de las piernas y los arcos altos de los pies.

Antes de finalizar este proceso, conéctese con las áreas de fortaleza y vitalidad de su cuerpo. Luego, acérquese al espejo, mire sus ojos y el alma de quien realmente es usted y transmita una aceptación amorosa a su cuerpo y a todas las partes de su ser.

Registre en su diario las cosas que observó y todo el conocimiento que adquirió al hacer la lectura corporal. Probablemente este proceso ha llevado a su conciencia una gran cantidad de información corporal simbólica. Cualquiera de estos datos se puede explorar con más profundidad y amplificarse, para descubrir el mensaje esencial que estos patrones somáticos poseen para su proceso de curación y crecimiento.

AMPLIFICAR LA EXPERIENCIA SOMÁTICA

A veces, usando sólo las técnicas de conciencia ya mencionadas, experimentará una profundización que producirá una conexión inmediata con un asunto particular y los sentimientos involucrados con él. En otros casos, su experiencia del fenómeno del cuerpo puede aún ser vaga y amplificarla sería beneficioso. La amplificación, también conocida como magnificación, es un método gestáltico usado en terapias para exagerar una experiencia particular, de tal forma que los asuntos y sentimientos relacionados puedan ser explorados.[9] Permite que la energía conectada con una dinámica corporal sea magnificada, para que la experiencia sea más plena y concreta. Por ejemplo, en la sesión con Sally (pág. 159), usé el tacto para aumentar la sensación, de tal forma que ella pudiera tener una experiencia más intensa. Esto condujo a la liberación emocional y a una conexión con su subpersonalidad de niña. Sin embargo, el tacto es sólo una forma de amplificar los fenómenos del cuerpo. El siguiente material ilustra otros métodos para hacerlo y también le ofrece un claro entendimiento de cómo estas técnicas pueden ayudarlo a obtener más información acerca de la experiencia con su cuerpo. Después, se puede usar cualquiera de estos métodos de amplificación como parte del ejercicio de encarnación que se encuentra más adelante.

Explorar las sensaciones corporales amplificándolas, es ante todo un proceso somático-sentimental de obtener información, no un desarrollo cognoscitivo. Esto significa que las cosas son conocidas o experimentadas a través del cuerpo, los sentimientos y los sentidos. En cualquier forma que amplifique su experiencia, es importante que observe cómo se siente en su cuerpo. Tenga en cuenta los sentimientos que experimenta cuando lo haga y lo que origina para usted este proceso. Evite el análisis intelectual. En lugar de tratar de comprender la experiencia, deje que los sentimientos, las sensaciones y las imágenes emerjan de su cuerpo y su mente subconsciente.

Es posible que quiera preguntarse "¿por qué sucede este fenómeno en mi cuerpo?" Sin embargo, preguntarse por qué está teniendo una experiencia corporal lo conduce a tratar las causas y a involucrar las funciones cognoscitivas. Por consiguiente, los "porqués" no son tan útiles como el hecho de preguntarse "cuál" y "cómo", que se ocupan del proceso que tiende a introducirlo a un estado interno de conciencia. Por ejemplo, ¿"cuáles" son las características de su enfermedad física y "cómo" la siente mental, emocional y físicamente? Además, si está ayudando a otros en este trabajo, use lenguaje en tiempo presente, el cual ubica a las personas en el "aquí y ahora" y hace que profundicen más en sus cuerpos. Por ejemplo, diga "¿qué está observando ahora, en este lugar, aquí, en su hombro?".

Cuando amplifique la experiencia corporal, entre en un estado de relajación enfocado interiormente. Puede que ya esté en dicho estado a través del proceso de conciencia que conduce hasta este punto. Si no es así, cierre los ojos y haga unas cuantas respiraciones abdominales profundas. Empiece siguiendo el movimiento de la respiración adentro y afuera de su cuerpo. Sienta que cada exhalación le permite liberar los pensamientos de su mente, mientras se sumerge un poco más en su cuerpo, hacia un sitio más profundo y relajado dentro de usted. Una vez más, respirar hacia su abdomen de esta manera producirá un estado de relajación, que a su vez le ayudará a conectarse con sus sentidos y sentimientos. Por consiguiente, el proceso de amplificación será más efectivo desde este estado interno de conciencia. Además, mientras esté usando este proceso, avance lentamente y dé tiempo para que la información emerja de la mente subconsciente, en lugar de tratar de interpretar demasiado rápido lo que está experimentando.

Es posible que desee tener una persona al lado que le ayude a sentirse seguro y lo asista cuando se encuentre en un punto muerto. Si está ayudando a alguien, evite analizar el proceso de la persona, o interpretarlo por ella. Simplemente ayude a que la persona permanezca consciente de lo que está sucediendo, retroalimentándole lo que dice y tal vez escribiendo dicha información.

Amplificación a través de la respiración

La respiración es un aspecto importante de la amplificación de experiencias somáticas, pues puede canalizar energía hacia áreas donde hace falta, actuando de este modo sobre los patrones psicodinámicos de tensión muscular. Como se mencionó anteriormente, estos patrones de acorazamiento guardan el contenido de nuestra experiencia mental y emocional. Cuando la respiración es llevada al cuerpo y la energía se incrementa en estas áreas, los sentimientos y los asuntos que residen ahí son traídos a la conciencia. La mayoría de personas no respiran completamente. La respiración consciente y completa puede realmente ser sentida en todo el cuerpo. Cuando los patrones de acorazamiento son liberados, los músculos de la cabeza, el cuello, el pecho, el diafragma, el abdomen y la pelvis, se pueden sentir moviéndose como parte del proceso de respiración.

Debido a que la respiración es un proceso espontáneo y a la vez controlado conscientemente, actúa como una interfase entre el sistema nervioso central y el autonómico, entre la mente consciente y la subconsciente. Esto la convierte en un poderoso vehículo para tener acceso consciente a elementos de niveles más profundos del subconsciente.

La respiración se puede usar en forma exagerada para amplificar las dinámicas del cuerpo. Por ejemplo, si hay una área tensa, donde la respiración es tal vez superficial, lleve una respiración completa y profunda a ese sector, de este modo se expandirá con ella. Puede ser útil poner una mano sobre el área involucrada primero y tener la sensación que la respiración produce una fuerza contraria a la presión ejercida con la mano. Repita esto varias veces, mientras observa lo que experimenta o los sentimientos que se originan. Usando su respiración de esta manera podrá profundizar en su cuerpo más fácilmente y, al conducir energía, establecerá una conexión consciente con su experiencia. Usted puede incluso encontrar que tiene una expresión espontánea de emociones, mientras los patrones de tensión son liberados de su cuerpo a través de este tipo de respiración amplificada.[10]

Usé este método con Peter (pág. 161), para ayudarlo a explorar las dinámicas detrás de su pecho sobreexpandido. Hice que llevara varias respiraciones de manera intensa hacia la parte superior de su pecho, inflándolo para magnificar las sensaciones de su patrón de acorazamiento. Al hacer esto, inmediatamente separó los pies, adoptando una base de apoyo más amplia. Luego empezó a mover ligeramente su peso de pie a pie, como un jugador de tenis preparándose para servir, listo para precipitarse en la dirección necesaria en cualquier momento. Luego le pedí que me dijera lo que experimentó a través del proceso de amplificación. Dijo que había sentido una tensión en todo su cuerpo y que el proceso lo volvió más ansioso y autoconsciente. Emergieron sentimientos que no podía controlar y que lo convertían en una persona inquieta. Se dio cuenta que la respiración amplificada había magnificado una ansiedad que a menudo sentía dentro de él. En el pasado, había tratado de cubrir estos sentimientos y huía de ellos, ahora estaba listo para afrontarlos.

La tensión acorazada en el área pectoral de Peter, reforzaba su protección contra el dolor. La energía enfocada en la parte

superior del cuerpo y extraída del plexo solar y el segundo chakra, lo dejaba con mucha energía vital represada en el primer
chakra. Estaba aislado de la alimentación emocional del
segundo chakra y de la expresión equilibrada de emociones y
sentimientos instintivos a través del plexo solar. Peter rechazaba
sus verdaderos sentimientos, lo cual bloqueaba la real intimidad
emocional con los demás y luego estallaba en arrebatos de ira
reactiva. El amante (Venus) y el guerrero (Marte) estaban siempre en conflicto dentro de él y su subpersonalidad de protec-
tor/controlador aseguraba que nunca se acercara demasiado a
los sentimientos dolorosos de su interior. A través de nuestro
trabajo juntos, Peter pudo reconectarse con sus verdaderos sentimientos y emociones. Al resolver el dolor del pasado y permi-
tirse expresar más su lado artístico y amable, emocionalmente y
a través de su arte creativo, Peter pudo finalmente liberar la
guardia protectora de su corazón. De esta manera, empezó a
expresar el amor y la creatividad que Venus representa, mientras la habilidad del guerrero heroico actúa equilibradamente
sobre sus verdaderos sentimientos.

Amplificación con cualidades y características

Otro método muy efectivo para amplificar la información corporal, implica tener un sentido de las cualidades y características
de la sensación física o del asunto. Esto puede extraer aspectos
desconocidos de su experiencia. Por ejemplo, Sarah mencionó
que en una reciente sesión de trabajo corporal con su masaje
intensivo, había tenido vagas sensaciones en su área pélvica.
Algo parecía estar impidiendo que esta parte de ella participara
con el resto de su cuerpo. A través de nuestro trabajo juntas,
quiso explorar más estos sentimientos.

Hice que Sarah trasladara su conciencia a esta área, para que
se conectara con los sentimientos y las sensaciones que allí experimentaba. Luego sugerí que observara las cualidades y características de la experiencia corporal, cualquier forma, textura o

color que pareciera emerger para ella. Describió una negrura confusa, vagamente redonda, pero sin bordes ni límites firmes. El proceso continuó haciendo que Sarah respirara hacia el área pélvica y profundizara con sentimientos u otras sensaciones producidas por esta negrura confusa, sentimientos que estuvieran conectados con ella de alguna forma. Dijo que sentía una tensión que no deseaba liberar. Al explorar lo que sucedería si se liberaba, ella expresó que "no había fuerza ni control". Sin embargo, al mismo tiempo, Sarah sintió como si no necesitara más esta tensión, que estaba ligada a una antigua manera de estar en control. Esta vaga tensión ya no estaba afectándola y, después de preguntarle, averigüé que no había una parte interior de ella resistiendo su liberación.

Como resultado de la anterior terapia de Sarah, había sido eliminada su necesidad de tales controles internos. (Si este no hubiera sido el caso, para que ocurriera un cambio habría sido necesario hacer una negociación de subpersonalidad o una liberación emocional). Sin embargo, aunque había ocurrido esta curación emocional, aún permanecía un nivel más profundo de tensión muscular en el cuerpo físico denso; por consiguiente, aún existía la coraza energética. La sesión de masaje intensivo ayudó a que el cuerpo físico se alineara con la nueva intención de relajación y abertura en la pelvis y ahora también podía liberarse el antiguo patrón energético.

Hice que Sarah observara lo que había experimentado cuando transmitió luz a la energía confusa en su pelvis. Dijo que ahora veía sólo un destello brillante, una joya con una fuente de energía y luz sobre ella. Luego le pregunté cómo percibía la joya, cuáles eran sus cualidades. Respondió que sintió flujo, amor y alegría. Luego hice que Sarah disfrutara estas agradables sensaciones, permitiendo que los sentimientos de amor y alegría fluyeran a través de todo su cuerpo, dejando que se establecieran en cada parte de ella, de tal forma que pudiera profundizar con la expansión que originaba esta nueva energía.

Las siguientes preguntas le ayudarán a usar este método para amplificar la experiencia de su cuerpo. Recuerde avanzar lentamente y espere a que la información emerja mientras explora estas características y cualidades, desde un lugar de relajada conciencia interior. En lugar de pensar en una respuesta, observe lo que siente desde su interior y deje que el cuerpo y la mente subconsciente revelen su sabiduría en esta localización del ser.

1. ¿Cuál es la cualidad de la sensación que está experimentando? Por ejemplo, puede ser aguda, ardiente, vibrante, confusa, nerviosa, agitada, punzante, o radiante.

2. ¿Qué otras características tiene el dolor, la sensación o la experiencia? ¿Tiene forma, textura o color? Por ejemplo, la experiencia puede ser algo frío, caliente, grande, pequeño, grueso, plano, largo, redondo, cuadrado, áspero, suave, hueco, denso, bultoso, pegajoso, brillante, oscuro, rojo, negro, verde, o gris. Tal vez la sensación o síntoma tenga incluso un sonido asociado. Por ejemplo, puede haber un golpe seco, un tono alto, estática eléctrica, un grito, un gemido, un estrépito, o un zumbido.

3. Si la experiencia de su cuerpo tuvo forma, ¿Cómo era? Pueden emerger cosas tales como una cuerda anudada, un hoyo profundo, una caja, una pared, o un ave. Observe qué sentimientos origina esta imagen o cualquiera de las otras características mencionadas. Conéctese lo más profundo posible con estos sentimientos mientras lleva a la conciencia su experiencia. Note si hay sensaciones, sonidos, sentimientos o imágenes que le son familiares, o si le recuerdan un asunto, un patrón o una persona en su vida.

Si usted tiende a ser orientado visualmente, puede tener acceso más fácilmente a una forma o imagen. Si es cinestésico, puede ser más fácil que se conecte con una sensación física tal como un dolor punzante. Las personas que por naturaleza son más auditivas, probablemente oirán sonidos o palabras. Si usted tiende a ser del tipo sentimental, fácilmente se pueden presentar emociones. Aunque puede estar orientado predominantemente a uno de estos aspectos, todos representan posibles caminos de información a los que puede tener acceso como parte de su proceso. Permanezca abierto a cualquiera de ellos.

Amplificación de patrones somáticos

El acorazamiento somático y los patrones de tensión específicos también se pueden amplificar a través de la exageración. Por ejemplo, los hombros arqueados se pueden exagerar haciendo que el pecho se contraiga más. Un pecho levantado se podría inflar aun más moviendo los hombros hacia atrás. Las caderas mal alineadas pueden amplificarse levantando adicionalmente la cadera que está más alta. Esta técnica también se puede usar con hábitos y otras experiencias corporales. Digamos que usted se conecta con un sentimiento de insuficiencia y mientras experimenta esto en su cuerpo, deja caer su cabeza. Para amplificarlo, debería dejar caer aun más su cabeza, hasta adoptar una posición que tenga más impacto que la de la cabeza ligeramente inclinada.

Mientras amplifica la postura, observe lo que sucede dentro de usted, lo que siente. ¿Se acuerda de algo? Podría notar que ha sentido esto antes. Por ejemplo, la postura que acabamos de mencionar puede sentirse comprimida. Podría recordarle lo restringido que usted se siente en el trabajo y lo enojado que está con los comentarios despectivos de su jefe. Amplificar la postura del cuerpo le permitirá entrar en contacto con la ira que ha sentido por su jefe, quien le originó sentimientos de insuficiencia. Podría entonces expresar apropiadamente estos sentimientos a través de un diálogo con el diario, o por medio de otros métodos de liberación emocional. (Vea lo referente a liberación emocional posteriormente en este capítulo).

Un cliente, al que llamaré Bill, ofrece un excelente ejemplo de este tipo de proceso de amplificación. Mientras estuvo hablando de la relación con su esposa, observé que algo sucedía con su respiración, sonaba como si él estuviera tratando de suspenderla. Cuando logré que se diera cuenta de esto, no estaba consciente de lo que estaba haciendo. Sin embargo, comentó que a partir de los cuatro años tuvo alergias con problemas respiratorios. En ese tiempo, su respiración era muy superficial y no podía hacerla a través de su nariz. Como resultado, tenía muy poca energía. También se hizo remover quirúrgicamente las amígdalas, pero esto no alivió sus síntomas. Hasta ahora ha tenido problemas en las fosas nasales, lo cual afecta su respiración.

Mientras hablaba acerca de esta enfermedad de su infancia, sus hombros empezaron a aflojarse, con su cuerpo inclinado hacia adelante. Hice que Bill se enfocara interiormente y observara cómo sentía esta postura corporal. Dijo que esta era la posición que adoptaba en su niñez, pues no podía respirar muy bien y siempre estaba cansado. Hice que Bill exagerara este patrón somático hundiendo aun más la parte superior de su cuerpo, para que luego me dijera lo que experimentaba. Bill dijo que esto le traía sentimientos de inutilidad, de estar derrotado y decepcionado. Dijo que así se sentía cuando su esposa lo fastidiaba y que experimentó lo mismo cuando su padre lo regañaba en su infancia. En lugar de entender sus dificultades respiratorias, su padre lo gritaba para que se parara derecho, amenazándolo con hacerlo usar un corrector corporal si no lo hacía.

Amplificar esta postura ayudó a que Bill se conectara con los sentimientos que estaban afectando la relación con su esposa, además de generarle problemas respiratorios. Luego pudo resolver los sentimientos relacionados a la experiencia con su padre y su enfermedad en la niñez.

Amplificación a través del movimiento y la expresión artística

El movimiento y la expresión artística son otros dos métodos que puede usar para amplificar su experiencia somática. Deje que su cuerpo se mueva libremente, o de una forma que se sienta bien. ¿Los brazos quieren extenderse? ¿Su mano desea hacer un puño? ¿Las piernas desean dar patadas o levantarse y bailar? ¿Las manos quieren cubrir o proteger otra parte de su cuerpo tal como el estómago, el corazón o la cara? Al amplificar de esta forma, puede ser útil repetir el movimiento y, mientras se mueve, observe lo que ocurre y cómo lo siente en su cuerpo. ¿Qué sentimientos, imágenes o creencias emergen ante usted? ¿De algún modo le parecen familiares estas cosas?

El baile y el movimiento pueden ser procesos muy poderosos. Una vez tuve una cliente con problemas de espalda, quien respondía a su dolor a través del movimiento. Cuando sentía el malestar, empezaba a realizar un baile africano. Por medio del baile podía conectarse con su naturaleza instintiva femenina, sintiendo el poder y apoyo que le daba. Al final de su danza, se paraba erguida y luego caminaba en dicha posición, como nunca antes lo había hecho.

Con este proceso de amplificación, puede que a veces necesite avanzar muy lentamente, haciendo movimientos cortos, mientras se mueve con la conciencia. Una sesión de movimiento que hice en solitario ilustra este proceso. En una época en que trabajaba mucho, sin tiempo para recrearme, empecé a sentir una falta de alegría y vitalidad en mi vida. Cuando observé dónde sentía esto en mi cuerpo, parecía estar centrado en la pelvis y las caderas. Conduciendo completamente mi conciencia a este lugar, me enfoqué en cualquier movimiento que pudiera llevar a esta área la sensación de alegría y expansión. Espontáneamente, empecé a hacer pequeños movimientos, rotando ligeramente la pelvis hacia adelante y hacia atrás. Esto condujo a movimientos cada vez mayores, que finalmente involucraron las piernas y la parte superior del cuerpo. Pronto, estaba respondiendo a un movimiento rítmico a través de todo mi cuerpo. Inmediatamente, sentí un flujo de energía a lo largo de la columna vertebral, desde el chakra raíz hasta la corona, acompañado por sentimientos de éxtasis y amor propio. Estas sensaciones duraban varios minutos y la expansión que proveían duraba días. A través de este proceso de movimiento, me había conectado con la fuerza creativa y esencia de todo amor, trayendo de nuevo alegría a mi cuerpo y a mi vida.

El arte es también un método maravilloso para amplificar condiciones corporales. Dibuje o coloree una imagen de su sensación corporal, síntoma o experiencia. Puede haber material inconsciente relacionado con el cuerpo, que se puede concientizar de esta manera a través de ciertos elementos simbólicos que se revelan en el trabajo artístico. Por ejemplo, si usted hiciera un dibujo de un océano con una roca, el océano puede representar cierto flujo o elementos más maleables de su personalidad y la roca elementos más sólidos o rígidos. Esto puede ser particularmente útil para personas orientadas artística o visualmente. Pueden tener una mayor realización del fenómeno corporal al poder verlo de esta manera. Experimente con cualquier medio artístico que le atraiga.

Una mujer, Jane, usaba este método en casa cuando tenía problemas estomacales hasta tarde en la noche. Para amplificar la sensación, decidió hacer un dibujo de cómo se sentía. El dibujo parecía hecho por un niño —era una figura femenina con un corazón lloroso y un gran círculo para la parte inferior del torso—. Había un punto en el centro de la parte redonda, con círculos frenéticos alrededor de él y líneas en todas las direcciones. Había una flecha que señalaba a esta área con las palabras, "aquí es donde todo se atasca".

Jane preguntó acerca del problema estomacal en un diálogo con el diario. Dio una voz a la figura y recibió la respuesta a su pregunta: "está reventándose porque usted trata de introducirle todo, más de lo que necesita para sobrevivir". Jane a menudo se daba cuenta que comía compulsivamente, especialmente cuando estaba cansada o estresada. Ahora esta voz le decía que estaba comiendo para otra necesidad, la supervivencia emocional. Eso era lo que le había causado la hinchazón del estómago. Jane se dio cuenta que intentaba llenar con alimentos un vacío dentro de ella.

A veces trabajar con un proceso de amplificación conduce a usar uno diferente, como lo ilustra mi sesión con Bárbara. Esta es una mujer de sesenta años que se había separado de su marido después de cuarenta años de matrimonio. Su cuerpo parece denso, compacto y algo rígido. Su espalda luce tensionada. Hice que Bárbara se enfocara en su interior y observara cómo se estaba sintiendo en su cuerpo. Dijo que era consciente de su tensión en la espalda. Luego hice que respirara completamente hasta esta área, sintiéndola expandirse y abrirse con su respiración. Luego le pregunté qué sintió mientras hacía esto. Dijo que había tenido una sensación dolorosa a lo largo de su brazo derecho. Después le pregunté qué tipo de movimiento desearía hacer el brazo en respuesta a la sensación. Bárbara dijo que deseaba desprenderse y que ella a veces se desesperaba pero lo retenía. Ésta había sido últimamente una situación recurrente en relación con sus parientes y amigos, quienes esperaban explicaciones y respuestas precisas acerca de su separación. Ellos no apoyaban su decisión y ella quería estar sola. La motivé a que dejara que su brazo expresara la frustración que ella estaba sintiendo. Luego Bárbara vio una imagen interior de un hombre parado sobre una montaña mirando hacia el mar. Dijo que sintió como si estuviera esperando la "llegada del barco". Sin embargo, ahora sabía que tenía que mirar a su interior y no a su esposo o sus amigos, para encontrar el apoyo que necesitaba.

El patrón del cuerpo tensionado era un símbolo de la falta de apoyo externo de Bárbara y de su necesidad de desarrollar un apoyo interno positivo, lo cual se expresaba en forma somática a través de la tensión a lo largo de las vértebras de su espalda, suministrando un apoyo para su cuerpo. El hombre que apareció en la visión interior de Bárbara se convirtió en un guía para ella. Bárbara estaba rompiendo un patrón que se inició incluso antes de su matrimonio, durante su infancia con un padre estoico. El guía arquetípico vino a ayudarla en su viaje de autodescubrimiento, a hacer que desarrollara un aspecto masculino que pudiera darle estructura a su vida.

Es interesante observar que, aunque esta mujer no conocía la simbología del tarot, la visión que relató describe la carta del tres de bastos. Esta carta muestra la capacidad de visualizar nuevas posibilidades, mirando la situación desde una nueva perspectiva. Significa el desarrollo de fortaleza y voluntad, aunque a menudo se requiere que el individuo se enfoque de manera interna, mientras espera que las cosas se revelen exteriormente. Puede involucrar la prueba del tiempo y la distancia en una relación. En todo caso, parece describir la situación de Bárbara, quien necesitaba una distancia emocional de su familia para desarrollar una conexión con la fortaleza de su aspecto masculino interior. Trabajando con este aspecto, luego tendría la habilidad para hacer realidad las cosas visualizadas.

DIÁLOGO DE ENCARNACIÓN

Después de darse cuenta de una experiencia somática y de obtener un mayor sentido de ella a través del proceso de amplificación, usted puede realizar un diálogo. El diálogo es un método en el que conscientemente se invitan a hablar elementos de la psique. Es una parte básica de la terapia gestáltica y también se utiliza en el proceso junguiano de imaginación activa.[11] El proceso de diálogo puede usarse con síntomas corporales, símbolos de sueños, energías arquetípicas, subpersonalidades y también para la comunicación interna con personas con las que tenemos asuntos sin resolver. En la meditación guiada, al final del capítulo 2, usted realmente tuvo un corto diálogo con la esencia arquetípica de su alma, cuando preguntó si había a su disposición alguna guía. De este modo, la energía arquetípica recibió una voz para entregarle a usted su mensaje.

En un diálogo con su cuerpo, averiguará lo que está tratando de comunicarle con sólo preguntarle al síntoma o a la sensación corporal, o experimentando lo que significa para usted el propósito de ese mensaje. Por ejemplo, si su cuerpo tuviera una voz, o se expresara en palabras y no en sensaciones y enfermedades, ¿qué diría? Su dolor de cabeza podría estar informándole que está molesto por algo; un dolor en la espalda tal vez le dice que necesita apoyo, que no debe hacer las cosas solo; un resfriado puede estar diciéndole que no se afane y que tome un descanso.

Una vez desarrollé una hinchazón cervical. Estaba muy preocupada y sabía que podía ser algo serio. Cuando visité al médico, fui remitida a un cirujano. Al dialogar con mi hinchazón, me enteré que me estaba estresando demasiado. Necesitaba celebrar, tener más alegría en mi vida y tomar unas vacaciones. Al día siguiente ya tenía mi tiquete de viaje, para decirle a mi cuerpo que estaba tomando seriamente lo que me dijo. Cuando visité al cirujano, al final de la semana, la hinchazón había desaparecido casi totalmente; días después ya no existía. Esto muestra que definitivamente vale la pena hablar con el cuerpo y escuchar lo que nos dice.

No todos los diálogos con su cuerpo tendrán resultados tan milagrosos, ni tampoco debe esperar curas instantáneas. Sin embargo, si tiene dificultades físicas, esta comunicación le ayudará a estar conectado con las necesidades de su cuerpo, para que tenga un papel más activo en el cuidado de su salud. Por ejemplo, además de ayudar con los componentes emocionales de su enfermedad física, usted podría recibir información sobre una modalidad curativa que lo beneficie, acerca de alimentos, vitaminas o minerales, o sobre la programación de un procedimiento médico.

El diálogo es como una especie de juego donde trasladamos la conciencia para hablar como el cuerpo u otro carácter. Sin embargo, dejamos una parte de la conciencia presente en el fondo, como un observador o testigo objetivo del proceso. Por ejemplo, si se convierte en su dolor de espalda y lo deja hablar a través de usted, podrá descubrir su significado. Mantenga un estado de receptividad contemplativa mientras que dialoga y deje que su imaginación fluya con el proceso. Teniendo en cuenta que el diálogo es más efectivo si lo hace en un estado meditativo y relajado, antes de empezar es útil que tome unas cuantas respiraciones, de tal forma que pueda aquietar la mente pensante y entrar en un estado de conciencia interior. Con la mente pensante quieta, las fuerzas inteligentes de la mente subconsciente y la imaginación creativa pueden fluir, mientras permanece activamente receptivo.

Es importante dejar que la experiencia del diálogo se desarrolle en este estado creativo, sin juicio, análisis o control mental de lo que sucede. Usar la conciencia somática y amplificar los procesos que preceden un diálogo, le ayudará a centrarse en su cuerpo y sus sentimientos y a evitar el análisis mental.

Si realiza este tipo de diálogo sin antes crear una conciencia interna o hacer un proceso de amplificación, asegúrese de relajarse y centrarse interiormente. Medite o haga algún ejercicio de respiración relajada. Mientras respira, sienta que cada exhalación le permite sumergirse cada vez más en un lugar tranquilo dentro de usted. Empiece el diálogo desde este lugar de conciencia interior.

Cuando use el proceso de diálogo al trabajar independientemente en su cuerpo, registre en su diario ambas partes de la comunicación mientras avanza. Escriba sus sentimientos, comentarios y preguntas mientras los expresa verbalmente, luego traslade su conciencia para hablar como el síntoma corporal o la experiencia somática y registre las respuestas que recibe. Esto le ayudará a estar enfocado y mantenerse al tanto de las cosas mientras suceden internamente.

Después de familiarizarse con este tipo de diálogo, algunos individuos se sienten mejor dejando que el proceso se desenvuelva internamente, sin la interrupción de escribir la conversación y prefieren registrar la experiencia en los diarios cuando el diálogo ha finalizado. Esto requiere una conciencia más disciplinada y la habilidad para separar claramente diferentes elementos intrasíquicos. Cuando sienta confianza con el proceso de diálogo, podrá experimentar este método. El ejercicio de encarnación, al final de este capítulo, también le ayudará a hacer este tipo de diálogo en forma de un proceso interior guiado.

Es importante que esté dispuesto a escuchar la información que recibe en un diálogo. Mi hinchazón cervical es un buen ejemplo de esto. A menudo, si ha ignorado su cuerpo, o ha reprimido un síntoma por mucho tiempo, su yo corporal puede en principio no querer hablar. En tal caso, usted puede necesitar expresar sentimientos como "sé que no le he puesto atención en el pasado; sin embargo, quiero escuchar lo que tiene para decir ahora". Las respuestas pueden surgir en forma de imágenes, sentimientos, u otras sensaciones corporales —no sólo en palabras—. Es importante que interactúe con los sentimientos y las imágenes mientras emergen. Averigüe cuál es el síntoma del cuerpo, cómo se siente, cuál es su propósito para usted. Pregúntele qué está tratando de decir, qué necesita o qué quiere de usted, indague lo que desea saber. Responda a la información que recibe diciendo cómo se siente, además de sus necesidades con respecto a lo que le está diciendo.

El siguiente trabajo con Chris ilustra cómo el proceso de amplificar sensaciones puede ayudarnos a conectar con sentimientos que se desarrollan naturalmente en un diálogo. Chris llegó a una sesión de grupo sintiéndose agitada e inquieta. Había tenido ataques de pánico todo el día. Varias semanas antes había pedido el divorcio de su esposo, Chet. Chris dijo que había tenido altibajos, pero nada que explicara la intensidad de esta ansiedad. Ella trabajaba en el campo de la medicina tradicional y era muy escéptica acerca de este tipo de proceso centrado en el cuerpo. Incluso pensaba que no podría relajarse lo suficiente para hacerlo. Hice que tomara unas cuantas respiraciones lentas para ayudarle a relajarse y luego continuamos.

Pam: Chris, cierre los ojos y tómese un momento para que observe cómo experimenta esta agitación y el pánico en su cuerpo.

Chris: Mi corazón está latiendo rápido, y me siento muy tensa, hay una presión en mi pecho.

Pam: Lleve la respiración al área del pecho, y observe cuál es la característica de esa presión, si tiene alguna forma en particular.

Chris: Se siente como una goma apretada alrededor de mi corazón. También tengo dolor de cabeza.

Pam: Describa qué sensación es este dolor de cabeza.

Chris: Siento como si me apretaran ruedas dentadas, cada vez más fuerte. Hoy me sentí así. No pude siquiera calmarme lo suficiente para pensar. No puedo dar palabras o lenguaje a los sentimientos. Es una confusión y no puedo solucionarla.

Pam: Ahora observe si hay una conexión entre la presión de la cabeza y la goma apretada alrededor del corazón.

Chris: Sí *(comienza a llorar)*. Me casé con Chet porque lo amaba. Aún lo amo. Noté todos sus defectos antes de casarnos. Estaba temerosa e insegura, y tuve toda clase de problemas, entre ellos colitis y fatiga. Tampoco podía dormir. Pero me casé con él porque creía en el amor y el matrimonio. Ahora tengo miedo de cometer otro error. Esa es la ansiedad que siento. Tengo miedo de cometer un terrible error.

Pam: Como el que cometió antes de casarse con Chet a pesar de sus dudas y respuestas corporales.

Chris: Sí. ¿Está bien divorciarme de él si aún siento amor? ¿Está bien terminar el matrimonio?

Pam: Tal vez su cuerpo y su corazón tienen un mensaje para usted respecto a esto.

Chris: *(Relatando el mensaje de su corazón y su cuerpo).* Lo amo, pero él me ha maltratado y herido. Necesito terminar este matrimonio. No me escuché a mí misma, ni puse atención a lo que me decían los instintos la última vez. Aún puedo tener amor en mi vida. Es bueno creer en eso, no tengo por qué renunciar.

Después de recibir este mensaje de su corazón, desapareció la presión en su pecho. La sensación de ansiedad terminó y se sintió calmada y relajada. Chris tuvo confianza en sí misma en su decisión de acabar con su matrimonio. Estaba asombrada y regocijada porque sus síntomas se habían aliviado a través de este proceso.

Chris pudo llevar a cabo tres cosas importantes como resultado de este trabajo. Primero, fue capaz de resolver el conflicto interior entre el corazón y la cabeza y confirmar que la terminación de su matrimonio era el camino correcto para ella. Segundo, aclarar los sentimientos que rodeaban su experiencia decepcionante en el amor y la decisión original de casarse. El cuerpo-mente estaba ayudándola otra vez a trabajar a través de este dilema para lograr la respectiva solución. Es muy posible que si este tipo de trabajo hubiera sido hecho con anterioridad, no hubiera decidido casarse con este hombre. Finalmente, ella estableció el nuevo patrón de escuchar sus instintos y sentimientos corporales, además de la intuición y la guía de su corazón. El diálogo corporal que usted haga le dará información y además le proporcionará alternativas para la solución, como en el caso de Chris. Otras veces le suministrará partes de información que necesitarán un trabajo continuado.

Para ilustrar cómo se puede utilizar el diálogo de encarnación cuando el individuo trabaja en solitario con sus asuntos corporales, presentaré un diálogo que hice durante un período menstrual, cuando experimentaba algunos calambres particularmente dolorosos. Estos días del mes son excelentes para que las mujeres hagan trabajo interno de esta naturaleza. Hay un movimiento natural interior que provee el medio apto para que la mujer se conecte con el cuerpo, la intuición y la mente subconsciente.

Empecé por enfocarme, relajarme y llevar mi conciencia al útero. Mientras respiraba hacia esta área, pronto tuve el recuerdo de cuando nació mi hija, dos meses antes de la fecha esperada. Después del nacimiento, la placenta no fue liberada por el cuerpo y tenía que ser raspada de las paredes del útero. Esto tomó mucho tiempo y el frustrado doctor estaba siendo tosco conmigo. Decidí dialogar con el área uterina y la placenta para averiguar más.

Pam: Fue tan doloroso, ¿Qué estuvo mal? ¿Por qué no saliste *(placenta)*?

Placenta: Tengo que permanecer aquí. Tengo trabajo por hacer. Suministro protección y alimentación a esta niña; aún no es tiempo de salir. *(Tuve una espontánea liberación de emociones y empecé a llorar. Fue un sollozo que se originó en un lugar profundo dentro de mí. Sentí cómo lloraba mi yo corporal).* No quería que naciera aún, pero tenía que responder a su espíritu, y había mucho sin sanar. *(Esto se refería a los asuntos no curados de mi infancia).*

Pam: Sí, también quería un nacimiento normal. Te agradezco por ser una buena protección para mi bebé, y entiendo que su espíritu deseara esta experiencia por alguna razón. Tenías que responder a su espíritu y a mis emociones no curadas. Esta experiencia sucedió para ayudar a sanar también mis asuntos. Te amo, cuerpo. *(Luego sentí que esta situación aún no estaba resuelta. No estaba escuchando palabras sino impresiones sentimentales del cuerpo y la psique. Después supe que experimentaba los dolorosos calambres porque estaba físicamente atascada, tratando de liberar la placenta. Deseaba finalizar esto por mí misma, y sabía que necesitaba la ayuda de mi cuerpo)*. . . Te pregunto, cuerpo, si hay otra forma para que liberes la energía de esta secundina, ahora que mi bebé ha nacido bien y tu trabajo ha terminado?

Cuerpo: Sí, dile al doctor que deje de raspar. *(Luego tuve una imagen de mí misma hablándole al doctor)*.

Pam: *(al doctor)*: Deje de ser tan tosco. ¿No se da cuenta de lo que he pasado? He estado aquí veinticuatro horas. Mi bebé ha nacido adelantado dos meses y no sé si sobrevivirá, y todo lo que quiere hacer es complicar más las cosas. Necesito que sea amable; no quiero que me dé tranquilizantes, quiero subir a ver a mi bebé en cuidados intensivos. Usted está ahí presente y observa. Si habla con el cuerpo y trabaja con él, efectivamente le responderá; eso es lo que voy a hacer.

Luego pedí la presencia de mi guía-curador arquetípico, Minoa y puse las manos sobre mi abdomen. Mientras afirmaba mi intención para curar esta situación, experimenté un sentimiento muy reconfortante en mi útero y vi una imagen de luz reluciente rodeando la placenta y la pared uterina.

Después, en el ojo de mi mente, observé las secundinas remanentes separarse de la pared uterina y liberarse de mi cuerpo. Luego tuve la sensación de estar con mi niña, algo que no había podido hacer en la situación original. Me visualicé con ella en la forma que deseaba estar. Me sentí guiada por mi cuerpo y mi ser superior durante todo este proceso. La experiencia me permitió resolver esta antigua situación, además de liberar la energía que mi cuerpo había retenido por esa misma razón. Al día siguiente, mientras el tejido salía por mi vagina, sentí una confirmación real del trabajo que había hecho el día anterior. Finalmente mi cuerpo había liberado la energía de la vieja placenta y los sentimientos adjuntos. Como resultado de este trabajo, los dolorosos calambres que experimentaba con mis períodos se disminuyeron y luego desaparecieron.

Este diálogo es un buen ejemplo de cómo la comunicación con el cuerpo puede convertirse en un diálogo de carácter externo —en este caso el doctor—. Era importante para mí expresar el enojo que sentía por el insensible doctor que estaba lastimándome. Estas experiencias de diálogo son un ligero equilibrio entre responder a los elementos subconscientes de la psique y generar lo que sentimos adecuado para nosotros. Este es nuestro mundo interior y hay cosas que podemos hacer aquí para nuestra propia curación y de este modo resolver asuntos del pasado. Otros aspectos del subconsciente personal, tales como mamá y papá, a menudo surgirán y deberán ser tratados. Creo que es mejor solucionar estar cosas en nuestro mundo interior y no expresarlas en el mundo exterior. Este tipo de trabajo interno hace menos probable que el inconsciente actúe externamente. Por ejemplo, mi relación con los doctores mejoró enormemente después de este proceso.

Cuando el trabajo se realiza en solitario, los sentimientos que involucran a una persona externa, tal como mi doctor, se pueden escribir en el diario, como en una comunicación con el individuo en cuestión. Este hecho puede también incluir un proceso de diálogo en el cual usted escuche a la otra persona y le dé una voz en la conversación imaginando o sintiendo intuitivamente lo que diría. Con bastante frecuencia, esta situación puede facilitar la liberación del pasado. Puede ser un proceso muy difícil cuando involucra la separación de sentimientos con mucha carga emocional.

Cuando trabaje independientemente, también habrá ocasiones en que realmente trasladará su conciencia para hablar como otra persona, en un diálogo que podría ser inapropiado, por ejemplo, con un individuo que ha sido violento o abusivo de algún modo. En tal caso, necesitará la ayuda de un terapeuta que pueda facilitarle el trabajo, además de ayudarle a sentirse seguro y apoyado. Si está trabajando con elementos corporales independientemente y comienza a sentirse asustado o disociado, ponga atención a estos sentimientos; le están diciendo que consiga ayuda para hacer más seguro el proceso antes de continuar.

En este diálogo con mi cuerpo, estuve tratando con mi madre arquetípica. Hasta esta sesión, me sentía culpable de no ser una buena madre por no haber llevado a mi hija hasta la terminación del proceso. Este diálogo me dio un nuevo entendimiento, en el cual no tenía parte la culpabilidad. La retención de la placenta era realmente un aspecto de la maternidad, los instintos de mi cuerpo tratando aún de proteger a mi hija. Sentí una amable presencia maternal que surgió de mí, mientras veía la luz llenando mi útero.

Usted puede invocar conscientemente este tipo de energía arquetípica y pedirla cuando la necesite. Si necesita una energía curativa, visualice y sienta somáticamente un curador a su lado. Hice esto cuando acudí a Minoa. Un guerrero puede proveer protección y seguridad y un gobernante sabio puede ayudar a decidir las consecuencias para los malhechores. La presencia de una madre suministra alimentación y bienestar. De esta forma creativa, use la visualización en el proceso de diálogo.

Como lo muestra esta sesión, a menudo los sentimientos vulnerables emergen en el trabajo realizado. Por esta razón, es importante que tenga un lugar seguro donde pueda sentirse libre y expresar todo lo que necesita para su propia curación, sin interrupción alguna. Desconecte el teléfono y ponga sobre la puerta una señal de "no interrumpir", si es necesario para crear este espacio sagrado. La visualización de una suave luz curativa alrededor del cuerpo, también ayuda a crear una sensación de seguridad. Pida la presencia de su ser superior, para que lo guíe de tal manera que se origine el mayor bienestar posible. Así, prepara la mente subconsciente para el trabajo y además proporciona protección y dirección a su proceso.

CUERPO EMOCIONAL Y LIBERACIÓN PROFUNDA

A menudo, la expresión emocional sucede espontáneamente cuando profundizamos en el cuerpo y los sentimientos, conectándonos con los asuntos que residen ahí. Otras veces, expresar las emociones puede ser difícil debido a que recibimos muchos mensajes de nuestra sociedad. Por esta razón, es posible que en un comienzo se sienta un poco incómodo. Debido a que se nos ha enseñado que demostrar el enojo no es "bueno", que debemos ser "corteses" y "amables", la parte vulnerable del individuo que internaliza tales mensajes puede que necesite escuchar que no hay nada malo en llorar o sentir ira en ocasiones. Estas son emociones humanas y sentirlas y expresarlas es algo natural. Al rechazarlas, puede aislarse de una parte de su ser, su ser sentimental. Retener estos sentimientos, esta energía vital, puede ser agotador —se requiere de mucha energía para evitar el movimiento de esta fuerza poderosa—. No quiero decir que deba desahogar las emociones irresponsablemente. Las personas coléricas hacen esto constantemente. La verdadera curación y transformación se logra conectándonos profundamente con nuestros sentimientos de manera consciente. Esto permite un proceso curativo profundo, en el cual la energía retenida puede ser liberada del cuerpo y de la mente subconsciente.

A veces, al hacer el diálogo, es posible que tenga la impresión de experimentar sentimientos con los que no puede conectarse plenamente. Cuando esto ocurra, deténgase y observe si hay un lugar en su cuerpo donde experimente la energía del asunto, el evento o la persona/figura con quien está dialogando. ¿Hay un lugar donde este asunto parece residir físicamente dentro de usted, o una área específica de su cuerpo interactuando con él de algún modo? Observe qué percibe desde este sitio en su cuerpo y qué sensaciones o sentimientos emergen.

También puede haber ocasiones en que experimentará un entumecimiento o una niebla de confusión y pensará que no sabe lo que está sintiendo. Cuando esto suceda, siéntese y tranquilícese. Respire completamente hacia su vientre durante más o menos un minuto y tenga la sensación de introducirse en su cuerpo y en lo que experimenta, incluso si aún no tiene un nombre para esto. Tener la imagen visual de caer bajo la niebla, puede ayudarle. Después de que respire y se sumerja en su cuerpo tal como dice aquí, lo más probable es que pueda identificar un sentimiento tal como tristeza, enojo, temor o emoción. Es bueno si usted no sabe el porqué. La psicología ha puesto mucho énfasis en analizar las cosas para encontrar los "porqués". Sin embargo, a veces los sentimientos aparecen sin una conexión inmediata con su contenido. A menudo, sólo puede obtenerse un mayor entendimiento dejando que los sentimientos fluyan y se expresen. Algunos terapeutas también cometen el error de sobreenfatizar la liberación emocional, convirtiéndola en el objetivo final de la terapia. Una conexión profunda con los sentimientos no siempre involucra una catarsis gigante. A veces un cambio más sutil, aunque igualmente poderoso, puede llegar a suceder en la caída de una lágrima.

Usted puede experimentar naturalmente la liberación emocional durante un diálogo o mientras amplifica su proceso somático. Cuando emerja la energía emocional, puede empezar a llorar o sentirse tan enojado que podría gritar. En este momento, permanezca con estos sentimientos y llore, chille en una almohada, o deje que su cuerpo responda con algún movimiento. Esta liberación puede por sí misma proveer un cambio, además de despejar contenido emocional retenido en su cuerpo. Otras veces, especialmente con asuntos muy serios, puede necesitar la ayuda de un terapeuta o una persona idónea en la que usted confíe. Hacer esto le dará seguridad y le permitirá profundizar más en los sentimientos, de tal forma que los asuntos importantes no sean ignorados. La seguridad es una parte importante de la liberación emocional profunda. Los individuos que han vivido en hogares abusivos, pueden haber sido castigados por expresar sus sentimientos y, con frecuencia, la violencia es el resultado de expresar cualquier tipo de enojo o desacuerdo. Incluso en familias más sanas emocionalmente, expresar enojo se ha considerado un mal comportamiento. Un ambiente de confianza es esencial para que la persona se sienta cómoda con la expresión emocional. Los grupos de apoyo son ideales para esto.

También es importante tener un ambiente físicamente seguro. Dele a su cuerpo suficiente espacio para moverse durante un proceso emocional. Puede encontrar que desea dar patadas, balancear los brazos, o adoptar diferentes posturas corporales. También está bien si no lo hace. Asegúrese que no haya nada duro, puntiagudo o rompible cerca a su cuerpo mientras está haciendo esto. También puede ser útil que haga una lista del tiempo de las cosas que puede hacer, para que libere apropiadamente las emociones cuando se esté sintiendo perturbado. Además es bueno que registre los sentimientos en su diario frecuentemente. También puede tener grandes almohadas en las que pueda llorar o dar puñetazos. Si ha sido una persona reservada durante gran parte de su vida, el sonido de su voz llorando puede serle impactante. Por esta razón, tal vez prefiera hacerlo en una almohada para que el ruido se disminuya. Otras formas de liberar la emoción incluyen golpear una toalla contra la cama o dar patadas sobre almohadas.

También puede ser útil darse cuenta si hay un movimiento o sonido que a su cuerpo le gustaría hacer para ayudar a liberar la energía emocional. El sonido es una forma de mover energía, creando un canal o puente a través del cual ésta fluye. Puede ser útil que recuerde esta imagen cuando use el sonido para este propósito. La respiración es también parte importante del proceso sonoro; a través de ella recibimos en el cuerpo la energía vital del oxígeno. Recuerde que la respiración puede llevar energía a áreas restringidas o estancadas energéticamente, liberando así el patrón contenido ahí. Respirar hacia una área del cuerpo donde reside un sentimiento particular, le ayudará a formar un sonido para liberar estos patrones emocionales somatizados.

Para mover energía emocional usando sonido, lleve su respiración hacia el sector involucrado. Sienta que la respiración presiona la energía retenida produciendo un sonido. Es posible que no sepa el tipo de sonido que hará hasta que se origine y éste puede surgir con palabras. Deje fluir el sonido todo lo posible, sin restringirlo o retenerlo. Si le resulta difícil, puede usar creativamente energías arquetípicas en el proceso de liberación emocional. Para liberar la ira puede ser útil que imagine un guerrero o una diosa poderosa junto a usted, sintiendo la energía de esa presencia.

En el proceso de liberación emocional se pueden experimentar ciertas sensaciones corporales mientras ocurren cambios en su sistema. Puede haber movimientos nerviosos, sacudidas o espasmos mientras el cuerpo libera la energía retenida. También puede experimentar calor, frío, hormigueo o las sensaciones vibrantes de energía fluyendo a través de su cuerpo. Las sensaciones radiantes se pueden sentir emanando de las localizaciones específicas de los chakras, tales como el corazón o el área del plexo solar. Los patrones de respiración pueden volverse poco usuales. Es importante que permanezca consciente de su respiración, manteniéndola plena. Evite retenerla o respirar superficialmente mientras continúa, para así facilitar el proceso de una liberación emocional total a través del cuerpo.

Cuando la energía contenida se libera de su cuerpo, pídale al espíritu que la transmute, que sea visualizada disuelta en luz o consumida por el fuego, o pida que sea retornada a su lugar correcto. La energía negativa descargada puede ser despejada de su habitación abriendo las ventanas y quemando incienso.

A veces, después de la liberación emocional profunda, resulta de gran ayuda tomar un baño de sal marina y bicarbonato de sodio para ayudar a despejar la energía fuera del campo áurico. En su libro, *Light Emerging*, Barbara Brennan da una buena receta para este tipo de baño; sugiere disolver en agua tibia dos tazas de sal marina y la misma cantidad de bicarbonato de sodio, luego remojar el cuerpo durante veinte minutos. Después del baño, enjuáguese con agua fresca y descanse.

Debido a sus efectos desintoxicantes, al comienzo, este baño puede drenar su energía. Por esta razón, tenga cuidado de que el agua no esté demasiado caliente, especialmente si tiene problemas con la presión sanguínea. Mientras se acostumbra a sus efectos, puede también disminuir el tiempo del baño, particularmente si se siente débil, o reducir la cantidad de sal marina y bicarbonato de sodio, hasta una taza de cada ingrediente si la cantidad mayor parece muy fuerte.

Este baño también es un excelente remedio si usted acumula energía sentimental negativa en su campo áurico. Como sustituto para la sal marina, se puede usar la sal de Epsom, si es todo lo que tiene disponible. La esencia floral de manzano silvestre puede también adicionarse al agua para efectos de limpieza y purificación.[12]

La luz solar moderada también puede emplearse para revitalizar el sistema energético después de la liberación emocional. Este proceso puede reforzarse si respira conscientemente la luz y el calor del sol hacia su campo de energía, en los chakras y en su cuerpo, con la intención de absorber su vitalidad curativa.

REORGANIZACIÓN

Después de la liberación emocional es importante que llene todo su cuerpo con bondad amorosa, respirando luz y amor en cada parte de su ser. Este proceso curativo suministra bienestar, rearmoniza su sistema de energía y ayuda a su cuerpo físico a reorganizarse con el nuevo patrón que se está creando.

El diálogo y la liberación emocional ayudan a remover obstáculos emocionales de su cuerpo y a resolver asuntos del pasado. Optimamente, a través de estos procesos, ha de ocurrir un cambio en el cual se transforma un antiguo patrón. La reorganización es el proceso de traer energía positiva para reemplazar el viejo patrón. En un estado de conciencia relajado y enfocado interiormente, usted puede sentir la nueva experiencia mental, emocional y/o física, penetrando en los tejidos y en las células de su cuerpo. Esto puede involucrar la introducción de una cualidad tal como el auto-empoderamiento, disfrutar una nueva sensación de relajación en el cuerpo, o saborear un estado sentimental expansivo.

Visualizar luz y sentir amor como parte de este proceso, permite que su cuerpo físico y su campo áurico se carguen con energía. La mente subconsciente y las células de su cuerpo físico se sumergen luego en esta matriz de luz y reciben el patrón de la nueva intención consciente. Esta es una transformación que profundiza el cambio de conciencia en el sistema cuerpo-mente de un modo muy poderoso. Asegúrese de sacar tiempo para este proceso al final de su trabajo y permita que la luz y el amor fluyan en cada parte de usted.

Después de este tipo de reorganización curativa, es posible que sienta que su sistema muscular-óseo cambia y se relaja. Las áreas corporales pueden sentirse más grandes, livianas o espaciosas. Puede observar un cambio real en su apariencia, por ejemplo ojos más claros y brillantes o un cuerpo más blando y relajado. El trabajo de reorganización puede a veces conducirlo a estados de relajación profunda o a un tipo de trance ligero. Sea paciente consigo mismo y asegúrese de darse el tiempo necesario para regresar a la conciencia externa.

INTEGRACIÓN DE
LA MENTE Y EL CUERPO

Para ayudar a la reorganización que está ocurriendo en el sistema cuerpo-mente, es importante crear un puente de entendimiento entre la entre consciente y la dinámica subconsciente del proceso. Esto se realiza a través de la escritura en un diario, las afirmaciones y otros métodos de integración. Por medio de este proceso de integración, la transformación que ha ocurrido en su cuerpo y su mente subconsciente puede ser llevada a la experiencia real de su vida diaria, lo cual sirve como ayuda para que establezca conscientemente nuevos patrones.

La escritura del diario es parte importante de este tipo de integración. Registrar las cosas que han sucedido ayuda a que el desarrollo sea más concreto y real. Tal vez ya ha descubierto que esta práctica lo ayuda a que las dinámicas procesadas en su interior se dirijan más conscientemente hacia su experiencia externa. Después de que registre los sentimientos y el conocimiento que ha adquirido como resultado de la experiencia en su proceso, observe los cambios que se producirán en su vida. Puede ser útil explorar las siguientes preguntas.

1. ¿Cuáles son los viejos patrones, los comportamientos y sistemas de creencias que están cambiando?

2. Cuáles son los nuevos patrones que está estableciendo y cómo quiere que sean las cosas en su vida ahora? Sería útil que identificara algo específico que pueda hacer para establecer este nuevo patrón en su vida y aplicar todo el entendimiento que ha ganado. Por ejemplo, una mujer tenía el patrón de sentirse frustrada en la vida. En una sesión que tuvo conmigo, pudo conectarse con una forma de ser nueva y asertiva, la cual le permitió luchar por lo que deseaba. Luego decidió que quería volver a estudiar; solicitó y recibió una beca. Al establecer sus objetivos y

solicitar ayuda financiera, dio los pasos prácticos para cambiar su antiguo comportamiento e integró este nuevo patrón asertivo en su vida.

3. Si en su proceso ha obtenido información que necesita trabajo adicional, sienta cómo sería si la situación fuera resuelta. ¿Qué podría suceder para que esto se realice? Visualícese de seis meses a un año en el futuro, viendo el síntoma corporal curado u otro asunto arreglado. Observe las características de este nuevo estado. ¿Cómo se sentiría y movería en su cuerpo? ¿Cómo lo verían los demás? Mientras que lo imagina y experimenta sensaciones y sentimientos nuevos, mire hacia atrás desde este lugar futuro y observe cuáles fueron los pasos específicos que llevó a cabo para realizar estas modificaciones en su vida.

El recuerdo simbólico es algo que también he encontrado útil en el proceso de integración. Encuentre algo que sea simbólico o represente la transformación que acaba de ocurrir dentro de usted. Puede ser un cuadro, una gema, o algo de la naturaleza. Llévelo con usted y esté sintiéndolo ocasionalmente, o póngalo en un lugar donde lo vea y recuerde el nuevo patrón o atributo que está integrando. Frecuentemente, en caminatas y paseos encuentro pequeños regalos de la naturaleza, que simbolizan de algún modo mi experiencia. Una vez, durante un período de curación profunda, encontré un bastón en el camino. Después, durante una meditación, me di cuenta que era un símbolo de mi propia curación y que estaba destinado a ser una vara de poder. Mientras mi proceso curativo continuaba, lo esculpí y lijé y lo decoré con plumas, conchas y otros objetos significativos. Justo cuando el bastón fue transformado en una vara de poder, me curé y transformé, tomando la verdadera fuerza del ser.

Hacer un dibujo de sus experiencias puede también ayudarlo a integrar aspectos de su proceso. El dibujo se puede colocar después en algún lugar visible y continuará recordándole la esencia de su trabajo. También recuerde tener en cuenta sueños y otros eventos sincrónicos que se relacionen con su experiencia en el proceso de transformación.

Las afirmaciones también pueden ayudar muchísimo para la integración, lo ayudan a establecer nuevos patrones positivos en la mente subconsciente, de tal forma que puedan manifestarse externamente. Se pueden utilizar para reemplazar mensajes negativos internalizados por mensajes de amor y apoyo. Por ejemplo, una afirmación excelente para la mujer mencionada anteriormente podría ser "doy gracias porque cada día experimento más confianza, valor y dirección en mi vida".

EJERCICIO DE ENCARNACIÓN

El ejercicio de encarnación es un proceso orientado para su trabajo de conciencia corporal, incluyendo métodos de amplificación y diálogo. Lea el ejercicio completamente antes de empezar a familiarizarse con él. También puede grabarlo o tener una persona que lo lea mientras usted avanza.

Una meditación guiada: ejercicio de encarnación

Siéntese cómodamente en una silla grande o acuéstese sobre un cojín o una estera. Reserve al menos treinta minutos para el ejercicio completo, el tiempo del proceso puede variar. A través de esta exploración podrá conectarse con sentimientos, obtener conocimiento sin comunicación adicional, o tener un diálogo sin expresión emocional. Su experiencia puede variar cada vez que la haga. Este ejercicio está destinado a ser una guía. Siga su propio proceso y sea flexible con él.

Empiece formulando la intención para su proceso, que puede involucrar un asunto específico o ser de naturaleza general, como una intención para escuchar su cuerpo y curar. Luego puede llamar al espíritu o pedir la presencia de su propio ser superior. Visualícese rodeado de una suave luz curativa y pida que esta experiencia sea para su mayor bien y curación.

Cierre los ojos y respire completamente hasta el fondo de su vientre. Siga el movimiento de su respiración dentro y fuera de su cuerpo, dejando que cada exhalación lo introduzca más en su interior. Relájese y establézcase en su cuerpo, mientras siente el movimiento de su abdomen con la respiración. Cualquier pensamiento o preocupación del día puede salir de su mente con cada exhalación, mientras se introduce más profundo en su yo corporal.

Imagine que, al igual que un árbol, está extendiendo raíces en la tierra. Visualice o sienta estas raíces energéticas saliendo de sus pies (si está sentado), o una raíz que surge de su cóccix, como una cola (si está acostado). Mientras siente cómo estas raíces avanzan en la tierra, sumérjase más profundamente en su propio cuerpo.

Cuando esté listo, examine su cuerpo y encuentre el área que parece llamar su atención, tal vez un lugar en el que se sienta tenso o donde la respiración y la energía no se mueven tan libremente. Si está trabajando con un asunto o sentimiento particular, observe dónde lo experimenta, que parte de su cuerpo interactúa con él, o dónde parece residir físicamente la energía del asunto. Lleve su conciencia a este lugar, enfocándola completamente.

Lleve varias respiraciones completas y amplificadas hasta esta área de su cuerpo. (*También puede experimentar la amplificación de la experiencia por medio de masajes en el área, o exagerar un patrón somático*). Observe lo que siente y experimenta mientras lo hace. Simplemente sea receptivo y deje que se presente cualquier sensación, imagen o sentimiento. Enfóquese en la cualidad de las sensaciones.

Esta experiencia corporal puede tener color, forma, temperatura o textura. Si tuviera forma, ¿cómo sería? Observe cómo se siente en su cuerpo y qué sentimientos son evocados mientras surgen estas cosas. Tal vez es un sentimiento conocido o le recuerda algo.

Puede encontrar que hoy su cuerpo tiene un mensaje para usted, concerniente al propósito de esta experiencia corporal, algo que debe conocer. Deje que tenga voz la forma que previamente ha emergido. Si, en lugar de expresarse a través de sensaciones y dolor, esta experiencia corporal pudiera hablar, ¿qué le diría? Puede que usted tenga algo que decir, una respuesta o pregunta. Mientras se comunica con su cuerpo, observe qué sentimientos origina esta experiencia. ¿Son familiares estos sentimientos o le recuerdan otro asunto de la vida?

Mientras le da expresión plena a los sentimientos que emergen, se libera la energía emocional que ha sido retenida en su cuerpo. Sienta que esta energía puede salir de usted, fluyendo a la tierra a través de las raíces que visualizó anteriormente. También puede haber un sonido o movimiento que usted o su cuerpo desearía hacer en respuesta a estos sentimientos. Si es así, exprese el sonido y deje que su cuerpo se mueva en la forma que se sienta bien. Use almohadas o lo que necesite para apoyar su cuerpo.

Cuando considere que ha finalizado, visualice o sienta un suave resplandor, una curación, una luz amorosa, envolviéndolo y llenando todo su cuerpo. Tal vez tenga color. Deje que su cuerpo, todo su ser, absorba esta luz amorosa. Respire el amor y deje que llene cada estructura, órgano o tejido del cuerpo, particularmente las áreas específicas con las que ha estado trabajando. Sienta cada célula bañada, suavizada y alimentada por esta luz curativa. Sumérjase en la nueva energía y los patrones de vida que emergen para usted. Saboree estos nuevos sentimientos, sensaciones o cualidades, mientras se profundizan en su ser, respirándolos directamente hacia sus células.

Luego, observe cómo la naturaleza de la energía en su cuerpo puede haber cambiado. Puede experimentar que el área específica que le atrajo inicialmente ahora es un poco más suave, liviana o más abierta.

Después que finalice esta exploración, retorne a la conciencia exterior, como lo haría al terminar una meditación. Registre su experiencia en el diario, además de lo que ha aprendido de su cuerpo. ¿Cómo se relaciona esta experiencia con otros eventos y asuntos en su vida? ¿Qué nuevos patrones desearía que aparecieran en su vida? Componga dos afirmaciones que lo ayuden a aplicar el conocimiento que ha ganado a través de este proceso y escríbalas en su diario. Declare sus afirmaciones a lo largo del día, durante la siguiente semana, usando las pautas presentadas en el capítulo 3.

Notas

1. Kenneth R. Pelletier, *Mind As Healer, Mind As Slayer: A Holistic Approach to Preventing Stress Disorders* (New York: Dell Publishing Co., 1977).

2. Fritz Perls, M.D., Ph.D., *The Gestalt Approach and Eye Witness to Therapy* (Palo Alto, CA: Science and Behavior Books, Inc., 1973), p. 75.

3. Para las etapas de desarrollo infantil, vea John Bradshaw, *Homecoming: Reclaiming and Championing Your Inner Child* (New York: Bantam Books, 1990); y Jack Rosenberg, Marjorie Rand, y Diane Asay, *Body, Self, and Soul: Sustaining Integration* (Atlanta, GA: Humanics, Ltd., 1985). Para las dinámicas del nacimiento, vea Arthur Janov, *Imprints: The Lifelong Effects of the Birth Experience* (New York: Coward-McCann, Inc., 1983); y Stanislav Grof, M.D., *The Adventure of Self-Discovery: Dimensions of Consciousness and New Perspectives in Psychotherapy and Inner Exploration* (Albany, NY: State University of New York Press, 1988). Para experiencias con las vidas pasadas, vea Roger J. Woolger, *Other Lives, Other Selves: A Jungian Psychotherapist Discovers Past Lives* (New York: Bantam Books, 1988).

4. Después de sólo unas cuantas semanas en la matriz, el feto puede reaccionar neurológicamente y almacenar la entrada de sensaciones. Sin embargo, en el momento del nacimiento, las funciones del cerebro superior no están desarrolladas. Esto sig-

nifica que el feto puede sentir dolor, pero no puede procesarlo e integrarlo cognoscitivamente. Las endorfinas eliminadoras de dolor también reprimen la memoria consciente del trauma. No obstante, el conocimiento del dolor es almacenado en la memoria de la mente subconsciente, y en la memoria celular del cuerpo, a través del sistema nervioso autonómico. Arthur Janov, *Imprints: The Lifelong Effects of the Birth Experience* (New York: Coward-McCann, Inc., 1983).

5. Cada emoción contiene un componente físico a través de las sustancias químicas producidas en el cerebro, las terminaciones nerviosas y en otros lugares del cuerpo, además de las hormonas liberadas por las glándulas endocrinas. Cuando estas sustancias cruzan la placenta hasta la corriente sanguínea del feto y desarrollan el sistema nervioso, el niño recibe la manifestación física de los sentimientos subjetivos de la madre. Arthur Janov, *Imprints: The Lifelong Effects of the Birth Experience* (New York: Coward-McCann, Inc., 1983).

6. Wynn Kapit y Lawrence M. Elson, *The Anatomy Coloring Book* segunda edición, revisada. (New York: Harper Collins Publishers, Inc., 1993). Gary A. Thibodeau, Ph.D. y Kevin T. Patton Ph.D., *The Human Body in Health and Disease*, segunda edición (St. Louis: Mosby-Year Book, Inc., 1997).

7. Alexander Lowen, *Bioenergetics* (New York: Penguin Books, 1975). Ron Kurtz, *Body-Centered Psychotherapy: The Hakomi Method* (Mendocino, CA: LifeRhythm, 1990). Barbara Brennan, *Hands of Light* (New York: Bantam Books, 1988). Barbara Brennan, *Light Emerging* (New York: Bantam Books, 1993).

8. Para obtener más información específica acerca de la manera de sentir el campo de energía del cuerpo, vea Barbara Brennan, *Hands of Light* (New York: Bantam Books, 1988).

9. Erving y Miriam Polster, *Gestalt Therapy Integrated: Contours of Theory and Practice* (New York: Random House Inc., 1982); Gay Hendricks, Ph.D. y Kathlyn Hendricks, Ph.D., *At the Speed of Life: A New Approach to Personal Change Through Body-Centered Therapy* (New York: Bantam Books, Inc., 1994); Arnold Mindell, *Dreambody: The Body's Role in Revealing the Self* (Portland, OR: Lao Tse Press, 1997).

10. También existen métodos de respiración cíclica amplificada tales como el trabajo respiratorio holotrópico y el renacimiento. Ver Stanislav Grof, M.D., *The Adventure of Self-Discovery: Dimensions of Consciousness and New Perspectives in Psychotherapy and Inner Exploration* (Albany, NY: State University of New York Press, 1988); y también Leonard Orr y Sondra Ray, *Rebirthing in the New Age* (Berkeley, CA: Celestial Arts, 1983); y Leonard Orr, *The Healing Power of Birth and Rebirth* (Stanton, CA: Inspiration University, 1994).

A través de este tipo de respiración amplificada sostenida, podemos experimentar secuencias del nacimiento biológico y eventos de la infancia, patrones de vidas pasadas y fenómenos transpersonales, junto con imágenes arquetípicas adjuntas. Sin embargo, se debe usar el discernimiento, pues la psique contiene fuerzas poderosas que podemos abrir a través de este tipo de trabajo respiratorio, el cual se mantiene por períodos extendidos. A menudo, el material psicológico profundo es accesible y necesita trabajo adicional para procesar e integrar la experiencia. Idealmente, este ejercicio de respiración debería hacerse junto con consejería o fisioterapia. Si está considerando trabajar este tipo de respiración amplificada sostenida, asegúrese de que el practicante que escoja tenga una buena base en procesos psicoespirituales, además de entrenamiento adecuado y certificación.

11. Erving y Miriam Polster, *Gestalt Therapy Integrated: Contours of Theory and Practice* (New York: Random House, 1982). Hal Stone y Sidra Winkelman, *Embracing Ourselves: The Voice Dialogue Manual* (Novato, CA: Nataraj Publishing, 1993). Robert A. Johnson, *Inner Work: Using Dreams and Active Imagination For Personal Growth* (San Francisco: Harper San Francisco, 1986).

12. Mechthild Scheffer, *Bach Flower Therapy in Theory and Practice* (Rochester, VT: Healing Arts Press, 1988).

6

FRAGMENTACIÓN
DE LA CURACIÓN

Crear la unidad

Si esta trabajando con asuntos del cuerpo que involucran un complejo somático, puede encontrar que en el proceso
surge alguna forma de subpersonalidad o energía arquetípica. A
menudo, se paran como guardias en la entrada de su curación y
transformación. El proceso de diálogo de encarnación, presentado en el capítulo 5, también puede ser usado para comunicarse con estas subpersonalidades y energías arquetípicas.

TRABAJAR CON
SUBPERSONALIDADES

Usted puede experimentar subpersonalidades a través de ciertos
sentimientos, oír afirmaciones asociadas a ellas cuando trabaje con
el cuerpo, o visualizarlas internamente encarnadas. Dialogar con

estas personalidades internas es a menudo "el proceso de un trato creativo o comercio de caballo", como lo llama Robert Johnson.[1] Este tipo de negociación interior resuelve conflictos y produce acuerdos cooperativos, de tal forma que todas las partes suyas puedan trabajar juntas como un sólo yo. A través de un proceso de diálogo de este tipo, puede recuperar sus partes perdidas o desconocidas de usted mismo y transformar el material sombrío.

En el libro *Embracing Ourselves*, Hal Stone y Sidra Winkleman discuten su proceso de diálogo sonoro. Este es un excelente libro guía para trabajar con subpersonalidades; bastante recomendado. Los autores ilustran que, a través del diálogo, podemos reconocer nuestras subpersonalidades, y darles una expresión apropiada bajo la guía de un ego consciente. He encontrado que este tipo de diálogo es muy efectivo cuando se combina con los procesos corporales presentados aquí. Tal estado de relajación y meditación receptiva le será útil para que tenga acceso a los elementos creativos de la mente subconsciente.

Imagine cómo se sentiría si fuera encerrado durante mucho tiempo. Después de estar reprimido, los aspectos oscuros y las subpersonalidades se encuentran a menudo en un estado desagradable. Sin embargo, aunque las subpersonalidades pueden inicialmente parecer odiosas y testarudas, hay una intención positiva detrás de su comportamiento. A menudo hay un trauma doloroso que ha creado el comportamiento sombrío. Esta actitud negativa de una subpersonalidad es un patrón defensivo que opera como mecanismo protector, evitando un dolor futuro. La clave es encontrar la intención positiva de la subpersonalidad, y curar el asunto involucrado. De este modo, amando estas partes suyas, y buscando entenderlas, se puede llevar a cabo la curación e integración. Luego podrá emerger la verdadera esencia arquetípica. Este tipo de diálogo le ayudará a resolver conflictos dentro de su personalidad y le permitirá curar aspectos emocionales pasados, y permitirle dar expresión a un aspecto esencial de su propia alma.

Para entender una subpersonalidad, es necesario entender cuál es su función, su mecanismo protector, o su intención positiva. ¿Esto le ayuda de algún modo? ¿Cuánto tiempo ha estado operando en su vida esta dinámica de subpersonalidad? ¿Hay alguna forma en que sus características negativas puedan ser expresadas positivamente, o usadas de manera más equilibrada? Por ejemplo, su subpersonalidad perfeccionista puede estar protegiéndolo para no cometer errores, porque en algún momento fue muy herido, avergonzado, o incluso castigado por equivocarse. Ahora que no se encuentra en esa situación, dicha subpersonalidad perfeccionista puede apoyarlo mejor, ayudándolo a que se enfoque en una tarea que necesite su atención consciente, o motivándolo amorosamente para que alcance objetivos prácticos en su vida.

Para determinar la expresión positiva de su subpersonalidad, puede dirigirse al capítulo 2 y observar las cualidades esenciales del arquetipo con el cual está asociada. Examine primero los arquetipos masculino, femenino y del niño, y luego siga con otros que podría aplicar. Las subpersonalidades del crítico, el juez, o el escéptico, pueden ayudarlo a evaluar las cosas gracias a su habilidad discriminante —una característica positiva del arquetipo masculino. Por ejemplo, pueden ayudarlo a determinar si el auto que piensa comprar tiene todas las especificaciones deseadas a un precio justo, o si la oferta que le hace el vendedor es tan buena como suena. La fortaleza del cuidador como criador femenino para otros puede ser usada para encontrar actividades que sean autoenriquecedoras y que alimente el alma. Su subpersonalidad seductor/seductora puede alinearse con la habilidad del amante para encontrar placer en una variedad de actividades, ayudándolo a que exprese su sensualidad, saboreando las fragancias de la naturaleza, o a través de la apreciación de la belleza artística.

Cuando el individuo trabaja solo puede comunicarse fácilmente con sus subpersonalidades, siempre y cuando registre en su diario ambas partes del diálogo mientras procede. De hecho, estas personalidades internas a menudo se revelan durante este tipo de diálogo con el cuerpo. Algunas personas incluso, encuentran útil sentarse en dos sillas diferentes mientras dialogan con la subpersonalidad, para poder separar los dos aspectos distintos de su personalidad. Sin embargo, hay veces que es difícil para un individuo separar estos elementos internos de la psique, por lo cual sería necesaria la ayuda de un facilitador para el proceso de diálogo. Si se siente estancado de algún modo durante un diálogo, o encuentra que tiene problemas para distinguir quién es quién, busque el apoyo de un terapeuta o una persona de confianza.

Cuando dialogue con una subpersonalidad, sea consciente de las cualidades y características de ésta, además de su respuesta a las dinámicas involucradas, especialmente en un nivel sentimental sensato. Como en cualquier conversación, puede haber preguntas, sugerencias y desacuerdos dentro del diálogo. Cuando traslade su conciencia para hablar como la subpersonalidad, también obtendrá información de su experiencia en el cuerpo. Si tiene dudas acerca de lo que escucha en un diálogo, examine lo que siente respecto a lo que se está diciendo. Las respuestas a estas preguntas le sirven para saber si la información que está siendo comunicada es verdadera y correcta para usted, o al menos le ayudan a determinar qué sentimientos necesitan ser tratados antes que esa verdad sea revelada.

Es importante que permanezca conectado con sus sentimientos de esta manera, pues superficialmente las cosas pueden a menudo ser engañosas. Una figura interior fea y desagradable puede ser una parte herida de su ser, un aspecto que necesita ser oído. Por otro lado, un carácter dulce y angelical puede tener información engañosa, basada en creencias que ya no son útiles. Use el discernimiento y ponga atención a sus sentimientos auténticos. Cuando surjan estos sentimientos, vea si puede reconocer a qué se relacionan. Llévelos a un diálogo, y exprese las inquietudes o necesidades que pueda tener en la situación, de tal forma que se logre una solución. Los conflictos que emergen en el diálogo pueden usualmente ser resueltos a través de la interacción de los diferentes puntos de vista.

También es importante que sus partes más vulnerables, tales como el niño interior, se sientan seguras y protegidas cuando trabaje con los aspectos internos más fuertes y dominantes como el del crítico o el protector/controlador. En tal caso, usted puede crear un sentimiento de seguridad a través de la visualización creativa. Por ejemplo, si se siente abatido durante un diálogo con una subpersonalidad intensa, puede imaginar que está en una burbuja impenetrable u otra protección o pedir la presencia de un aliado arquetípico.

Cuando haga el procesamiento somático, puede conscientemente llamar la presencia simbólica de un determinado fenómeno corporal, e invocar estas subpersonalidades o energías arquetípicas para un diálogo, pidiendo hablar con la que influencia su enfermedad o sensación.

El siguiente diálogo que hice con una paciente, Jackie, ilustra cómo puede funcionar. Durante una sesión en la que Jackie hablaba de lo enojada que estaba con su hermana, comenzó a tener un fuerte dolor de cabeza. Hice que cerrara los ojos, se centrara en su cuerpo, y llevara su conciencia al área de su cabeza.

Pam: Jackie, respire hacia el área de su cabeza y dígame qué clase de dolor siente, cuál es su característica.

Jackie: El dolor está en la base del cráneo, en el lado del occipucio.

Pam: ¿Tiene alguna sensación de cómo es o cómo aparece?

Jackie: Parece una bola en el occipucio, una gran roca bloqueando un agujero ahí.

Pam: Quiero que pida la presencia de quien está a cargo de esta roca y el dolor de cabeza, y observe si hay alguien asociado a esto.

Jackie: Sí, hay una especie de gnomo o enano.

Pam: ¿Qué está haciendo el gnomo/enano?

Jackie: Está diciendo, "estoy refrenando la ira"

Pam: Me pregunto si el gnomo le dice por qué importante hacer eso

Jackie: Tuve el recuerdo de una ocasión en que realmente me enojé con mi hermana, y la empujé a través de una puerta de vidrio.

Pam: Jackie, me gustaría que tuviera el sentido para trasladar su conciencia sobre el gnomo, que hable como el gnomo. . . *(Y luego hacia el gnomo).* Suena como si estuviera protegiéndola, gnomo.

Gnomo: Así es, no quiero que ella se lastime.

Pam: ¿Está protegiéndola para que no se hiera o lastime a alguien más?

Gnomo: Sí.

Pam: Bien, parece que ahora está siendo herida, le duele mucho su cabeza.

Gnomo: Hmmm.

Pam: Me pregunto, gnomo, si desearía protegerla ahora. Quiero saber si le permitiría expresar algo de su enojo ahora, de tal forma que con su protección esto sea hecho de forma segura y apropiada, sin que Jackie o alguien más salga herido.

Gnomo: Sí, lo haré.

Jackie: El gnomo está moviendo la roca. Puedo ver que algo negro está saliendo; se dirige hacia mi hermana. Ahora no hay tanta presión acumulada detrás de la roca.

Mientras la sesión continuaba, se estableció un diálogo entre Jackie y su hermana. Jackie pudo expresar la ira que había sentido por su traición. Después de la sesión desapareció el dolor de cabeza. Diálogos como este puede remover la carga emocional relacionada con una situación, y resolverla internamente, de tal forma que los conflictos emocionales no se manifiesten sobre otra persona. De hecho, días después, Jackie pudo tener una comunicación muy exitosa con su hermana con relación a estos asuntos del pasado.

El gnomo fue inicialmente percibido por Jackie como feo y desagradable. Luego, mientras continuaba la sesión, le pareció más bien un elfo de cuentos de hadas en su visión interna, y se hizo evidente su intención positiva y curativa. El gnomo representaba un mecanismo de defensa inconsciente, que originalmente suministraba protección pero ahora obstruía la curación de Jackie. Operaba como una subpersonalidad de protector/controlador, impidiendo que Jackie expresara el aspecto agresivo de su esencia guerrera. Con el Sol y Marte juntos sobre el cielo medio en el momento del nacimiento, era importante para Jackie dar expresión a esta energía autoagresiva.

Este diálogo permitió que ella averiguará el propósito positivo del gnomo, y cuál era la razón del dolor de cabeza. De este modo el gnomo resultó ser un aliado en su proceso más que un adversario.

DIÁLOGO CON ENERGÍAS ARQUETÍPICAS

Un proceso de diálogo es especialmente importante con las energías arquetípicas pues, cuando inicialmente aparecen para ayudar a que usted se cure y desarrolle, son frecuentemente contaminadas con complejos, y vistas a través de los filtros de sus propios asuntos emocionales. Además de representar aspectos de la esencia de su alma, las energías arquetípicas pueden reflejar dinámicas de subpersonalidad, y poseer elementos psíquicos colectivos que no son parte directa de usted como individuo. A veces se presentan de manera intensa o poderosa. Por esta razón, es absolutamente imperativo que participe conscientemente con estas energías. Además, cada energía arquetípica representa sólo un aspecto de todo su ser. Este ser total es el mecanismo guía que debe percibir la información interna y externa que recibimos, y determinar qué es auténtico para nosotros. No sería correcto dejar que un sólo arquetipo tenga control total, ni tampoco ignorarlo por completo. El proceso de diálogo de encarnación, puede ayudarlo a que participe equilibradamente con todas las partes de usted mismo, y de este modo determinar lo que es o no útil para usted.

Mientras interactúe con las energías arquetípicas, use su diario para que registre ambos lados de la comunicación. Asegúrese de preguntarle a la presencia arquetípica quién o qué es, cuál es su mensaje, y dele a conocer sus inquietudes, necesidades y sentimientos acerca del asunto en cuestión. Una vez más, use el discernimiento. Si tiene preguntas o dudas acerca de lo que escucha, observe cómo experimenta la comunicación en su cuerpo, y traslade su conciencia a los sentimientos involucrados, luego expréselos en el diálogo.

Las decisiones conscientes que tome respecto a la información que recibe en un diálogo, deben ser afirmaciones vitales y para su beneficio. Si oye algo que lo hace sentir incómodo o temeroso, puede ser útil que tenga la ayuda de un terapeuta al trabajar con el proceso de diálogo. También puede pedir la presencia de su yo superior, que lo ayudará a reconocer lo que es mejor para su beneficio.

La siguiente sesión ilustra cómo emerge una comunicación con las energías arquetípicas cuando trabajamos con asuntos corporales. En este caso se trata de la preocupación de Karen, una de mis clientes, acerca de su aumento de peso. Su cuerpo era delgado, angular y firme, y ahora luce mucho más blando, y las áreas de la cadera y los senos se ven más rellenas y redondeadas. El primer arquetipo que surgió en su sesión fue la imagen de la virgen María, una expresión de la madre arquetípica. Luego apareció una serpiente como parte del proceso de Karen. Esta es una pareja interesante, y no tan improbable, considerando que a menudo la virgen María es representada con la serpiente vencida en el suelo.

Karen había tocado fuerzas arquetípicas poderosas, los aspectos sagrado y sexual de lo femenino, que a menudo son polarizados en nuestra cultura. Como verá, en principio ella simplemente hablaba y escuchaba al arquetipo, pero luego se convirtió en la serpiente del diálogo. Después de discutir las preocupaciones respecto a su cuerpo, le pedí a Karen que por un momento siguiera el movimiento de su respiración, para que se relajara y centrara interiormente, y luego continuamos.

Pam: Karen, quiero que sea consciente de lo que está experimentado en su cuerpo ahora, deje que se presenten sensaciones, sentimientos o imágenes.

Karen: Veo una imagen de la virgen María al revés.

Pam: Ahora observe en qué parte de su cuerpo siente esta imagen.

Karen: En el área del plexo solar.

Pam: ¿La virgen María le está comunicando algo en este lugar?

Karen: Es acerca de lo cansada que estoy de la energía maternal, que está siendo mezclada dentro de mí y en nuestra cultura. . . Sólo tuve un recuerdo de sentarme ahí indefensa, mientras mi madre era abusada físicamente por mi padre. . . Ahora veo una serpiente, sólo una serpiente. *(En un fugaz momento Karen tiene el recuerdo del abuso que sufrió cuando era niña. Como a veces es el caso, las cosas están cambiando rápidamente).*

Pam: Me pregunto si la serpiente tiene un mensaje.

Karen: Ha venido a mostrarme algo que no es de mi mente,
          pero está conectado de alguna forma con mi cuerpo.
          La serpiente es como un guía que me ayuda a reco-
          nocer mi cuerpo y mi identidad como mujer. El
          aumento de peso es de algún modo parte de esto.

Pam: ¿Y qué hay del recuerdo que surgió justo antes que
          apareciera la serpiente, es tal vez una parte de usted
          que también reclama su naturaleza femenina?

Karen: Sí, el peso y la serpiente conducen mi atención a él.

Mientras continuaba la sesión, Karen fue guiada hacia su parte
infantil e inofensiva, para curar esta experiencia dolorosa en la
infancia. Removiendo su niño interior de esta situación traumática, Karen fue capaz de consolar y amar esta parte vulnerable de
su ser, y también pudo evocar dentro de sí misma las cualidades
maternales para cambiar el anterior patrón "invertido".

La serpiente apareció denuevo en otra sesión en la cual Karen
trabajaba sobre asuntos de la infancia relacionados con sus padres.

Karen: Puedo oír que mi mamá dice que soy mala. . . La ser-
          piente está aquí. Me gusta la serpiente, pero tengo
          miedo porque todos me dicen que es mala. Quiero
          sentirla. (*En este momento, Karen empezó a sentir la ener-
          gía de la serpiente. Hubo un cambio inmediato en su cuerpo,
          mientras amplificaba la experiencia a través de movimien-
          tos de serpiente. Esto no fue un concepto intelectual, sino la
          experiencia somática de ser este animal*). De alguna forma
          la energía de la serpiente se siente muy natural. . . Este
          sentimiento era como un compañero de juego progra-
          mable y tranquilo, y no se separaba de mí, lo recuerdo
          así en mi infancia. Quiero compartir esto con mamá y
          papá, para traerlos a este lugar, de este modo entende-
          rán. Mi mamá tiene miedo. . .

Pam: ¿Qué hay de su mamá? ¿Qué tiene para decirle?

Karen: No quiero ser como usted, incapaz de cambiar por
          temor.

Pam: Me pregunto si la serpiente desea ayudarla a que
          reconozca su verdadera identidad como mujer, a
          reemplazar el legado de miedo de su madre.

Karen: Sí, puedo conectarme con el sentimiento natural y
          pacífico de la serpiente.

La experiencia de Karen con la serpiente es un claro ejemplo
de cómo estos arquetipos están con nosotros en la infancia. La
serpiente representaba la fuerza vital y la energía sexual de
Karen. Cuando era niña estaba naturalmente en contacto con su
cuerpo, sus instintos y su sensualidad. Su madre tenía miedo de
estas cosas en sí misma, y proyectaba este temor a Karen, vién-
dola como una amenaza y un mal. Karen, como se mencionó
antes, también fue abusada sexualmente por su padre y, en tales
casos, la madre suele sentir celos o verse amenazada por su hija,
culpándola y castigándola por lo que está sucediendo. La madre
de Karen sentía temor de la energía sexual y la fuerza vital de su
hija. Su padre abusaba de ella para satisfacer sus necesidades.
Para sobrevivir, esta parte esencial de Karen, representada en la
serpiente, había sido reprimida y negada. La disociación y separación del cuerpo y los sentimientos, que experimentó Karen, es
común en personas abusadas sexualmente. Para reclamar completamente su yo sexual y femenino, esta herida de incesto tenía
que ser curada.

En estas sesiones, la presencia de la serpiente retornó a
Karen, para actuar como un guía en este proceso. Surgió para
conducir la conciencia de Karen hacia su cuerpo, enfocándola
sobre los dolorosos asuntos contenidos en él, concernientes a su
feminidad y sexualidad. Al mismo tiempo, trajo la maravillosa y
tranquila sensación natural que Karen había conocido en la

infancia, antes de ser abusada; ella pudo reconectarse con una parte de su ser que había perdido hace mucho tiempo. La serpiente le recordaba esta parte oculta, suministrando de nuevo la unión con su cuerpo, fuerza vital y energía sexual. La serpiente representa estas cosas como el kundalini y el aspecto transformativo del arquetipo nacimiento/muerte, relacionado con Plutón, que también es un planeta natal dominante para Karen.

LA CUEVA CURATIVA

La cueva curativa es un ejercicio que provee un método para amplificar la experiencia corporal, y también facilita un proceso de diálogo con subpersonalidades o energías arquetípicas relacionadas con los asuntos del cuerpo. Este ejercicio se basa en una técnica de visualización interior, que involucra la exploración de un síntoma corporal por medio de un viaje a través de una cueva. Para hacer este proceso, simplemente imagine que su cuerpo es una cueva que está explorando. Jane, la mujer mencionada en el capítulo 5, usó este método para explorar a fondo sus problemas estomacales. Experimentó su tenso abdomen como una enorme caverna que lucía abultada externamente, como el lomo de un sapo. Había una entrada secreta, que tenía bisagras y una vela apenas evidentes, que a su vez guiaban al espacio cavernoso interior.

Una de las primeras cosas que Jane observó cuando entraba a la cueva, fue una botella de medicina azul y dorada, con un gotero y una etiqueta de prescripción. Estaba arriba sobre una repisa, y después de sentirla, Jane se dio cuenta que en este momento no era para ella. La describió como "algo que mis padres dijeron que tomara".

Cuando Jane buscó a su alrededor el verdadero objeto medicinal, vio un corazón rojo sobre una brillante caja dorada, emanando mucha energía positiva. Al dialogar con el corazón simbólico, éste le dijo a ella "te daré energía curativa; ya no tienes por que usar más la energía de la ira; te ayudaré a llenar el agujero. Úsala cuando la necesites, es muy poderosa".

En ocasiones, cuando Jane sentía el vacío dentro de ella, podía utilizar esta energía para llenarlo. Lo describía de esta manera, "recogía el corazón y lo ponía en el mío lentamente. . . Me sentía más alta, viva y fuerte. Puedo recordar usarlo cuando lo necesitaba. . . Siento que está cambiando la energía en mi cuerpo. La energía está siendo lleva a mi corazón y no a mi estómago".

Jane fue abusada y rechazada cuando era niña. Externamente, soportó esto en forma pasiva, mientras en su interior era una niña con mucho enojo. Cuando tenía cuatro años se dio cuenta que estaba sola y tendría que cuidarse a sí misma. Luchando por su existencia, decidió que a pesar de todo iba a soportar su situación. Estaba motivada por su ira. En esencia, mantuvo su fuerza vital vibrando lo suficiente para sobrevivir. Sin embargo, siendo adulta, ya no le funcionaba. Estaba agotada y desahogaba su ira sobre los demás. La impresión de la ira era parte de su cuerpo; su sistema nervioso fluía sobre ella. Astrológicamente, Jane tenía a Marte opuesto a Júpiter, con Saturno en conjunción con Venus cerca al ascendente. Marte y Júpiter formaban un desafiante cuadrado para Quirón en el nadir. Para Jane, un camino importante en su crecimiento y conexión con el maestro interior, consistía en la curación de los elementos sombríos de su guerrero arquetípico, la ira (Marte) justificada (Júpiter).

La energía del corazón que emergió como parte del trabajo de Jane fue la solución. Portaba la presencia del amor (Venus). Esta energía curativa del corazón se extendió por su sistema nervioso y revitalizó todo su cuerpo. Después de la sesión, Jane dijo que su sistema nervioso se sentía energizado de una forma más suave y calmada. Experimentó más su campo energético, sintiendo el cuerpo más grande. Dijo, "se siente mejor que cualquier cosa". Este es el tipo de expansión y crecimiento caracterizado por Júpiter.

El cambio que Jane experimentó cuando la energía fue conducida a su corazón, y no a su estómago, era la energía del corazón que entraba a equilibrar los chakras inferiores. El corazón trajo energía curativa que ella podía sentir, en lugar de llenarse de comida. Esta energía suministraría el amor y el alimento emocional que Jane necesitaba, el cuidado alimenticio que sus padres nunca le dieron. Después de esta sesión, sus antojos alimenticios disminuyeron dramáticamente. Continuó sintiendo esta suave energía, incluso en medio del caos.

La botella azul que Jane observó en la cueva, representaba los antiguos patrones de su infancia, además del abuso que había recibido de sus padres. Finalmente Jane tuvo que tratar esta situación liberando la energía acumulada —la ira y otros sentimientos asociados a sus vivencias—, para así curar el dolor de su infancia. Sin embargo, en esta sesión, fue importante para ella tener sus propios límites, y simplemente decir no a todo lo que sus padres le habían implantado. Esto provee un punto relevante: fue importante para Jane escuchar su mente subconsciente y a la vez interactuar con ella. La botella azul apareció como un mensaje del inconsciente; representaba algo que debía ser tratado. Al mismo tiempo, los sentimientos le dieron a Jane más información acerca de lo que representaba la botella medicinal, ayudándola de este modo a decidir cómo y cuándo desearía utilizarla.

Este trabajo frecuentemente se hace por etapas. Esto significa que puede terminar realizando las piezas del trabajo, una a la vez, durante un determinado período de tiempo. Asegúrese de respetar su proceso de desdoblamiento integrando cada parte de su trabajo de esta manera. Si está trabajando con un facilitador, es importante que dicho individuo sea también sensible al proceso de revelación. Recuerde, no tiene que hacer nada que no sienta apropiado para usted, así sea algo que un personaje interno le diga, o proveniente de un terapeuta externo. Tal vez no sienta bien en un diálogo mensajes negativos internalizados —tal vez de su madre, su padre, u otro aspecto sombrío—. Si siente resistencia a lo que está experimentando, céntrese en su cuerpo y observe qué sentimientos están conectados. Los sentimientos que surgen pueden ser importantes en su proceso de diálogo. También puede encontrar que necesita más apoyo o determinados recursos para sentirse seguro. Luego, los recursos que estableció en el capítulo 3 pueden ser muy útiles.

Para que el proceso de la cueva curativa sea más fácil para usted, he incluido la siguiente meditación guiada. Primero, escoja un asunto físico o una experiencia somática para trabajarla. Luego, lea el ejercicio completamente y familiarícese con él, de tal forma que avance cada paso del proceso relajadamente. También puede grabar esta meditación en cinta magnetofónica. Tenga su diario a la mano para que registre diálogos u otras experiencias.

Una meditación guiada: la cueva curativa

Adopte una posición cómoda y relajada, permitiendo que la respiración lo conduzca a lo profundo de su interior. Sienta que con cada exhalación puede sumergirse más dentro del cuerpo. Cierre los ojos y vea, sienta o imagine una suave luz curativa a su alrededor. Puede ser blanca y radiante, o tener un color particular tal como el rosado, el azul o el dorado. Formule su intención. Esta podría curar, explorar una sensación corporal, o averiguar qué está creando su enfermedad física.

Cuando esté listo imagínese caminando por un sendero en la naturaleza. Observe el lugar al que ha llegado en el ojo de su mente. Puede ser un bosque, un jardín, una playa, o un entorno montañoso. Lleve su conciencia hacia los posibles colores, sonidos u olores de la naturaleza que lo rodea en este lugar. Sienta el calor del sol sobre su piel. Disfrute el distante sonido de las aves y el tranquilo cielo azul. Sienta la brisa suave que delicadamente toca su mejilla.

Mientras avanza por este camino, puede entrar a una cueva, la cual representa la experiencia corporal o la enfermedad que usted ha escogido. Cuando entre, sea consciente de lo que experimenta y de cómo se ve la cueva en su interior. Si necesita más luz para observar en el interior de la cueva, encontrará una antorcha o linterna en la entrada. También pueden haber aberturas en ciertos puntos del techo, las cuales permiten la entrada de más luz.

Observe cómo se siente aquí, y cómo puede relacionarse la cualidad de esta cueva con su sensación o síntoma corporal. Mientras avanza, podrá encontrar ciertos objetos que llaman su atención. Note si alguno tiene significado para usted.

Tal vez haya una persona o un animal presente en la cueva, alguien que tenga información para usted. *(A menudo, aparecerán en la cueva los guías arquetípicos o la presencia simbólica de un síntoma corporal)*. Podría darse cuenta que esta persona o cosa tiene un mensaje, o información que tal vez le dará un mayor entendimiento acerca de su condición. Observe qué se siente al estar con esta figura, y cuál es su respuesta a lo que se está diciendo o haciendo. También puede tener preguntas para esta figura, relacionadas con lo que está experimentando ahora, o acerca de su asunto corporal. (Si lo desea, esta comunicación puede ser hecha como un diálogo de diario).

Continúe explorando la cueva. Algún lugar en ella es un símbolo de su proceso curativo, un objeto medicinal para su proceso de curación y transformación. Si está presente un guía arquetípico u otra figura, puede tener información que tal vez le suministre conocimiento acerca del significado de dicho objeto, y de cómo usarlo para su curación.

Cuando su proceso haya terminado, salga de la cueva y finalice su viaje. Regrese a su conciencia externa y luego, cuando esté listo, abra los ojos.

Registre sus experiencias en el diario, junto con el conocimiento que recibió respecto al asunto que eligió. ¿Cómo se relaciona lo que experimentó con su asunto corporal, y cómo usará ahora este nuevo entendimiento, en su vida diaria, para ayudar a desarrollar su proceso curativo?

RECUPERACIÓN DE ENERGÍA FRAGMENTADA

Cuando usted trabaja con subpersonalidades y energías arquetípicas, está recuperando energéticamente partes perdidas y desconocidas de usted mismo, para una vez más lograr la plenitud. En el proceso, como en el caso de Karen con la serpiente, los recuerdos y sentimientos de la experiencia de fragmentación original pueden aparecer de nuevo. Estos sentimientos son el camino curativo para que descubra su verdadera naturaleza espiritual.

En tradiciones shamánicas, se cree que este tipo de fragmentación se origina de una pérdida del alma. El alma, o parte de ella, deja a la persona y vive una existencia paralela en otra dimensión. Entonces luego debe ser recuperada por el shamán, desde lugares en estas dimensiones, conocidos como los mundos superior, medio e inferior.[2] En su libro, *Soul Retrieval*, Sandra Ingerman describe su experiencia de estos mundos. El mundo superior es a menudo etéreo, con luz brillante y a veces estructuras cristalinas. El mundo inferior es alcanzado a través de un túnel en la tierra; tiene paisajes más terrenales, tales como cavernas, selvas densas y océanos. En el mundo medio, el shamán puede retroceder a través de la historia, hacia tiempos pasados donde pueden estar residiendo las almas.

Estas dimensiones corresponden a las cualidades asociadas con los planos de energía. Por ejemplo, a través de los planos superiores de energía experimentamos los mundos de luz espirituales. El mundo inferior se relaciona con la tierra física de nuestros cuerpos y el primer plano etérico. Los planos de energía representan estados de conciencia, e indican las diferentes dimensiones de nuestro ser, a las cuales debemos retornar para recuperar estas partes perdidas.

Así como los shamanes ven otros mundos, y se introducen en ellos para recuperar almas perdidas, a menudo veo psíquicamente las partes perdidas o desconocidas de una persona, presentes en un nivel del sistema energético de su cuerpo. A veces, cuando veo estas partes negadas de los individuos, es como el marco congelado de una película. En lugar de ver las personas como aparecen normalmente, las veo como un aspecto particular de ellas mismas. Esto puede incluir una cualidad arquetípica esencial. Por ejemplo, podría ver una anciana sabia, un sabio tibetano, un antiguo guerrero, o una reina. Otras veces veo aspectos oscuros o subpersonalidades tales como el narciso arrogante, el niño, o un comportamiento adictivo. Incluso he recibido este tipo de impresión psíquica con fotografías.

De acuerdo a la creencia shamánica, las almas pueden también ser usurpadas psíquicamente por otras personas.[3] Pienso que sólo somos vulnerables a esto cuando nos rechazamos a nosotros mismos y a nuestras necesidades en favor de otro. En tal caso, damos nuestro poder a alguien y nos autotraicionamos. Lo que comúnmente sucede es que, en un proceso inconsciente, partes del individuo son retenidas por el campo energético de otra persona. Por ejemplo, usted puede haber sentido que su alma ha sido robada después de terminar una relación íntima. Esto sucede frecuentemente porque hay una mezcla de los campos energéticos de la pareja. Hay conexiones energéticas que se forman entre los chakras de dos personas. Cuando finaliza la relación, los lazos aún existen, y parte de la energía de una persona puede seguir inmersa en el campo de la otra. Si de algún modo las cosas son dejadas incompletas o sin resolver, esta energía puede continuar siendo retenida por la otra persona.

Esto es especialmente cierto si la atracción emocional original involucró una necesidad inconsciente de recuperar una parte perdida de usted, que ve reflejada en la otra persona. Por ejemplo, durante una meditación, ocho años después de mi divorcio, me di cuenta que tenía una parte del alma de mi exmarido. Él proyectaba sobre mí gran parte de la cualidad femenina de su alma, y cuando nos separamos, esa parte suya siguió conmigo. A través de un diálogo interno pude retornarle esta esencia que le pertenecía.

Esto ilustra que no sólo podemos tener partes de nosotros divididas, también es posible que poseamos energías de otras personas.

Algunos psíquicos recomiendan cortar los vínculos energéticos que pueden seguir latentes después que finaliza una relación. Sin embargo, he encontrado que esta técnica es usualmente muy traumática para las personas involucradas. Es mucho más benigno, e igual de efectivo, disolver suavemente los vínculos con luz, después de liberar la energía de la otra persona, y atrayendo de nuevo la energía que le pertenece.

Mara pudo usar este proceso después de terminar una relación con un hombre muy importante para ella. Se dio cuenta que, aunque la relación no podía continuar porque había una tercera persona involucrada en la vida de este hombre, él la había tratado con respeto, diciéndole que fue alguien muy especial. A causa de esto, ella sentía que merecía ese respeto de un hombre, y no quiso perderlo. Mara también le había dado mucho amor, pero él no pudo recibirlo completamente debido a su temor a la intimidad. Ahora Mara tuvo que seguir adelante, trayendo de nuevo ese amor. Debía liberarse para lograr una conexión amorosa con otra persona.

Después de que se rodeó por una orbe de luz protectora, hice que Mara retornara la energía de este hombre, con su intención, su respiración y sus palabras. Esta energía liberada estaba compuesta del temor de este individuo, que había impedido una mayor intimidad entre los dos. Posteriormente Mara hizo retornar la parte de ella que sabía que era digna de respeto, y que aún se encontraba en el campo energético de su exprometido, para internalizarla y hacer que no se proyectara más sobre él. Continuó visualizando y sintiendo los vínculos energéticos disueltos en una brillante luz blanca. Después, Mara no se sintió más atada a este hombre, y pudo seguir adelante en su vida.

En cualquier tipo de relación, los individuos que tienen pobres límites personales, sin la fortaleza del ego para distinguir sus propios sentimientos de las necesidades de los demás, son vulnerables a esta clase de contaminación energética. También son muy susceptibles los individuos empáticamente sensibles, que a menudo actúan como esponjas psíquicas para la energía de otras personas.

Los niños son vulnerables a la energía de los demás, debido a que sus campos áuricos son muy abiertos y receptivos, no tienen las barreras protectoras de los adultos. Por ejemplo, en los más encubiertos tipos de abuso sexual, donde no ocurre un contacto, el niño abusado está en el campo energético del perpetrador. La energía negativa de éste contamina la del niño, y puede continuar latente mucho tiempo después de finalizado el abuso. Una de mis clientes dijo que experimentó la vergüenza de su incesto en el cuerpo como un veneno, con tentáculos extendidos por todo su cuerpo, alcanzando incluso las células. Esto muestra qué tan penetrante puede ser esta energía contaminante. Obviamente, la posibilidad de fragmentación es grandiosa para niños sensibles expuestos a dinámicas familiares turbulentas o a cualquier clase de abuso. El diálogo y la liberación emocional, seguidos por la limpieza del cuerpo y el sistema de energía, utilizando luz curativa, pueden ayudar a liberar del cuerpo-mente este tipo de energía tóxica.

He encontrado que lo que un shamán llama pérdida del alma, realmente involucra cuatro formas principales relacionadas con los chakras y aspectos de nuestro propio ser. Esto puede incluir la pérdida del espíritu, el corazón, voluntad o la vitalidad física. El trauma y la fragmentación puede ser de una o varias de estas partes. Los efectos resultantes son similares a la disfunción en los chakras correspondientes.

Con una pérdida de esencia espiritual, usted pierde hasta cierto grado el sentido de lo que es. Puede no ser consciente de su naturaleza espiritual, y sentirse desconectado de una fuente divina o conciencia superior. La pérdida del corazón puede originar una falta de sentimiento, compasión o entendimiento, en usted mismo o los demás. Puede tener la tendencia a no amarse a sí mismo, a no querer intimidad con otras personas, o a sentir que hay un gran agujero de necesidad en su ser que no puede ser llenado.

La pérdida de la voluntad puede volverlo pasivo, con falta de poder personal, o sin un sentido de sus necesidades y deseos. También es posible que abdique su voluntad y poder a los demás. Puede originarse una depresión y verse afectado el deseo de vivir.

La pérdida de vitalidad física puede ocurrir a través de cirugías, accidentes, tensiones, o enfermedades crónicas; además es afectado frecuentemente el sistema inmunológico. En el proceso de la cirugía a menudo se pierde realmente una parte del cuerpo físico, un órgano es cortado y removido. Sin importar lo necesario de la cirugía, se disminuye y pierde una parte del cuerpo físico. La vitalidad física también es afectada enormemente por la pérdida de espíritu, corazón y voluntad. Con todos estos tipos de pérdida, usted puede experimentar una falta de energía, o sentirse disociado, como si una parte de usted estuviera en otro lugar.

Es importante que escuche y responda a todas las partes de su ser —espíritu, corazón, voluntad y cuerpo—. La comunicación entre estos aspectos es esencial, y como ayuda puede ser usado el proceso de diálogo. Mi sesión con Chris, que fue discutida en el anterior capítulo (página 179), es un buen ejemplo de esto. Estas diferentes partes del ser pueden tener sus propias inquietudes, sugerencias y opiniones. Escuchando estos puntos de vista con la conciencia, podemos descubrir nuevas opciones, y los problemas pueden ser resueltos. Con esto es posible desarrollar un estado de conciencia más unificado. Como parte de dicho proceso, tal vez es necesario que tome lugar una liberación emocional más profunda en ciertos asuntos.

La siguiente sesión, de nuevo con Jane, ilustra cómo los procesos corporales pueden ser usados en la curación de pérdida de espíritu, corazón, voluntad o cuerpo. Cuando se realizó este trabajo, Jane empezaba a darse cuenta que el núcleo de su ira se relacionaba con el abuso físico y emocional de sus padres. Estaba lista para enfrentar las cosas simbolizadas por la botella medicinal azul en su proceso en la cueva curativa. Inició hablando del cambio en su vida respecto a los sentimientos de tristeza e ira, ahora le eran familiares y casi cómodos. Hice que cerrara los ojos, se relajara, y se centrara interiormente permitiendo que su respiración la llevara hacia lo profundo del ser de su cuerpo. La sesión continuó con el siguiente diálogo.

Jane: Siento esta energía girando a mi alrededor.

Pam: ¿Esta energía tiene color?

Jane: Sí, es roja y amarilla; es un sentimiento muy agitado.

Pam: Observe en qué parte de su cuerpo siente esta energía.

Jane: En la sección media, desde los hombros bajando hasta las caderas.

Pam: ¿Qué palabras o sonidos desearía emitir esta energía roja/amarilla en su sección media?

Jane: Fuera de aquí. Fuera.

Pam: ¿A quién desea sacar, Jane?

Jane: A mi padre.

Pam: ¿Tiene la sensación de tener a su padre con usted?

Jane: Sí.

Pam: Dígale cómo se siente.

Jane: Get out and leave me alone. Get your energy out of me. I can't carry it anymore. *(Jane comienza a llorar profundamente)*. Usted me causó mucho daño con todo lo que hizo. Di todo de mí y nunca fue suficiente. Siento un vacío profundo.

Pam: Dígale las cosas que él ha hecho.

Jane: Todo esto. *(Jane comenzó a llorar otra vez. Creo que por ahora dijo todo lo que podía acerca del pasado)*.

Pam: Sí, usted lo necesitaba, pero él le hizo mucho daño. ¿Está lista para recuperar la energía de su corazón?

Jane: Sí.

Pam: Dígaselo a su padre.

Jane: Usted no puede poseer más mi corazón; no le hará ningún bien, y yo lo necesito ahora. Debe ser responsable de su propio corazón. . . Es como si le diera un platón de plata con todo mi ser sobre él. . . ¿Cómo podría hacer eso? ¿Cómo podría esperar que yo lo haga? ¿Cómo podría tomar mi corazón?

Pam: ¿Cuál es la respuesta de su padre?

Jane: No responde; sólo siente pena por sí mismo.

Pam: Llame de nuevo la energía de su corazón que dio a su padre. Respírela hasta el área del corazón en su cuerpo. Dele la bienvenida a su corazón. La ayudaré mientras lo hace. (*Puse mi mano sobre su cuerpo, sobre el área en cuestión. En cierto punto, hubo una vibrante oleada de energía que agitó todo mi brazo. Sentí que la energía del corazón de Jane había retornado a ella, y esto fue confirmado por mi ser superior. Luego lo corroboré con Jane*).

Pam: ¿Qué está sucediendo ahora?

Jane: Siento como si estuviera en mi cuerpo de nuevo. Me siento diferente. (*Jane comienza a llorar y luego cruza sus manos sobre el área del corazón*). Ahora tengo que protegerlo.

Pam: Me pregunto si le gustaría tener algo para proteger esta nueva energía, por ejemplo como un santuario.

Jane: Sí. Una esfera de luz dorada alrededor de mi corazón.

Pam: La esfera protege el corazón, sin embargo la energía puede aún brillar a través de él. Ahora solamente la cantidad apropiada de esta energía puede penetrar el resto de su cuerpo, únicamente la cantidad adecuada para usted en este momento.

Jane: Siento que mi cuerpo pierde sincronización, como piezas inconexas. Necesito recuperar más de mí, otras partes, cuando esté lista.

Pam: Sí, partes suyas que han sido fragmentadas. Quiero que observe si hay lugares en su cuerpo donde la energía de su padre aún parece residir.

Jane: Sí, en el abdomen, las yemas de los dedos y el pie izquierdo.

Pam: Sienta que atrae de nuevo esta energía, observando si tiene una forma o cualidad particular.

Jane: Es pesada como el plomo.

Pam: Dígale a su padre qué pasará ahora, mientras la energía regresa.

Jane: Necesito respeto, para que diga la verdad y deje de criticarme, o no estaré con usted.

Pam: Entonces, para poder relacionarse con usted, deberá respetarla y dejar de criticarla, además de ser honesto.

Jane: Sí. Papá, no puedo cuidarlo más. Necesito mi energía para mi propia curación. Quiero todo lo mío de regreso cuando esté lista.

Pam: Jane, deje que todo su cuerpo, especialmente las áreas donde pudo haber estado sintiendo la energía de su padre, se llenen con una suave luz curativa. . . observando ahora si ha cambiado ese sentimiento inconexo.

Jane: Sí. Ahora está alineado, sincronizado. . . Este es el momento en que mi padre debe irse. . . Se está marchando. Quiero volver en otra ocasión para recuperar el resto de mí.

Pam: Sí, puede seguir experimentando la energía de su corazón, y recuperar todas sus partes perdidas.

Esta sesión ofrece más información de cómo las energías arquetípicas de Jane, relacionadas con las configuraciones planetarias en el nacimiento, trabajaron juntas en la evolución de su alma. El crítico padre de Jane (Saturno) eclipsó su compasión (Venus), obstruyendo la autoridad y sabiduría (Saturno) de su propio corazón (Venus), además del valor (Marte) para responder con su maestro interior (Júpiter). Ahora podía recuperar el valor, la sabiduría y el amor de su ser esencial.

Como sucede a veces en este tipo de curación del corazón, emergieron los dolorosos recuerdos de la infancia. Anteriormente Jane tenía dificultad para conectarse emocionalmente con su niña interior. Sin embargo, eso cambió después de esta sesión. La recuperación de su corazón creó un cambio que abrió la puerta hacia la niña de Jane, y al ser esencial que representa.

En la semana siguiente a este trabajo, Jane dijo que tenía un mayor sentido de sí misma como persona, en su propia energía, sin ser fácilmente influenciada por la energía de otros. Como se discutió anteriormente, este tipo de experiencia de individuación es un atributo del chakra del corazón. La energía del corazón devolvió a Jane un sentido de sí, que a su vez la fortaleció para enfrentar asuntos emocionales más fuertes. En el caso de Jane, esta curación debió ocurrir antes de que pudiera ser hecha una liberación emocional más profunda, concerniente a situaciones de la infancia.

Cuando la energía del corazón penetró el resto de su cuerpo, Jane empezó a sentirlo como piezas inconexas. Mientras la vibración superior de esta energía avanzaba a través de su cuerpo, inició la liberación de la energía que no armonizaba con él. Las áreas de su cuerpo que retenían la energía del abuso de su padre, se encontraban en desequilibrio. Cuando esta energía retenida fue liberada, desapareció el sentimiento inconexo. Para liberar completamente toda esta energía retenida somáticamente, Jane trató eventos traumáticos específicos de su infancia.

Lo mejor es que este tipo de trabajo sea realizado por un curador capacitado, pues a menudo surgen sentimientos intensos. La meditación chakra, presentada al final del capítulo 1, también se puede usar para facilitar la curación de tales asuntos. Terminado este capítulo, puede ahora retornar a la meditación chakra, con una nueva conciencia de sus partes específicas que necesita recuperar, consiguiendo mejores resultados con el proceso.

Notas

1. Robert Johnson, *Inner Work: Using Dreams and Active Imagination For Personal Growth* (San Francisco: Harper San Francisco, 1986).

2. Sandra Ingerman, *Soul Retrieval: Mending the Fragmented Self* (San Francisco: Harper San Francisco, 1991).

3. Ibíd.

7

SUEÑOS

Puente hacia el alma

LOS SUEÑOS SON UNA FUENTE INVALUABLE de dirección y sabiduría que puede ayudarlo a conectarse con sus sentimientos subconscientes más profundos. Esto se debe a que actúan como un puente entre la mente consciente y los elementos subconscientes de la psique, revelando lo que su mente racional aún no puede reconocer. Ya que los sueños a menudo reflejan los mensajes simbólicos que recibimos del cuerpo, trabajar conscientemente con ellos también mejorará cualquier trabajo de conciencia somática que hagamos, abriendo otra puerta a nuestro yo sentimental y a nuestra verdadera naturaleza espiritual.

Los sueños nos hablan en lenguaje de símbolos. Un símbolo es un objeto, una imagen, un fenómeno físico, o un evento representativo de algo. Opera como la señal visible de una realidad interior y oculta, y comunica un determinado mensaje a nuestra mente consciente, desde niveles subconscientes más profundos. De este modo el símbolo actúa como un catalizador que produce una respuesta o descubrimiento. Ya sea que los símbolos aparezcan como contenido del sueño, como eventos sincrónicos, o como imágenes significativas en nuestras vidas, son poderosos portadores de energía psíquica que puede impactarnos a nivel del alma.

Probablemente todos hemos tenido la experiencia de ser tocados por una imagen que nos ha dejado un impacto emocional o espiritual. Cuando resonamos con una imagen simbólica, ésta activa un elemento oculto dentro de nosotros e ilumina nuestra conciencia, mientras se revela un reconocimiento más profundo de su significado esencial. Esta dinámica se ve en las formas e imágenes simbólicas que son parte de las ceremonias religiosas. Tales símbolos despiertan niveles más profundos de nuestra conciencia, pues activan los recuerdos subconscientes que porta el alma. Cuando experimentamos una imagen simbólica también emergen sentimientos profundos. El alma reconoce el símbolo, y puede transmitir su energía y verdad a la mente consciente. Esto es como seleccionar un icono (el símbolo reconocido) en la pantalla del computador, el cual trae un programa desde el disco duro (nivel subconsciente del alma) y comienza a correr el software de tal forma que podamos usarlo (nivel consciente).

El símbolo también se enfoca en nuestra mente consciente para que nos detengamos, escuchemos y experimentemos el mensaje que quiere comunicar nuestro yo esencial. De este modo, los sueños y otros fenómenos simbólicos pueden ser una forma poderosa de conexión con el espíritu, pues nos estimulan en nuestro proceso de crecimiento y revelación espiritual.

Un día tuve un suceso simbólico muy importante para mí. Estaba caminando en una colina cerca a mi casa, cuando repentinamente pasó frente a mí un halcón con una serpiente en su pico. En ese momento retumbó un trueno; me quedé quieta mientras todos mis sentidos se alteraban y mi mente consciente intentaba absorber la experiencia. Cuando seguí caminado, observé una piel de serpiente sobre el suelo. Estos eventos fueron increíbles por el hecho de que sucedieron en un normal vecindario suburbano, no en un territorio remoto lejos de la civilización.

En la filosofía yóguica, la transformación final de la materia en espíritu, relacionada con el séptimo chakra, es simbolizada por una serpiente (el kundalini, la sexualidad y el cuerpo) cargada por una águila. Supe que esto era un poderoso mensaje de transformación para mí. De hecho, sucedió justo antes de una extática experiencia kundalini, y durante una relación en la cual pude unir por primera vez para mí la energía sexual y la espiritual. Durante este período, se liberó de mí toda una forma de ser, una antigua capa protectora, al igual que la piel que fue mudada por la serpiente. Este evento sincrónico, junto con el tronido tipo Cecil B. De Mille, desde luego me llamó la atención. También hizo que fuera más consciente de la transformación que estaba experimentando. Decidí llevar la piel de serpiente a casa, y la coloqué sobre mi altar, para continuar atenta a mi proceso de liberación.

CATEGORÍAS DE SUEÑOS

Encuentro útil observar los sueños en diferentes categorías, aunque muchos tienen significado relevante en más de un nivel. La mayoría de los sueños son reflejos del material inconcluso de nuestra mente subconsciente personal. Si tiene frustraciones en su trabajo, puede experimentar un sueño en el que estrangula furiosamente a su jefe. Tales sueños a menudo involucran sentimientos reprimidos o elementos sombríos. El sueño nos permite canalizar los sentimientos que pueden ser inapropiados en nuestro mundo externo. Sin embargo, también da a conocer sentimientos de los que no hemos sido conscientes, de tal forma que podamos tomar medidas para resolver el conflicto interior. Una de mis clientes soñó que yo había llegado tarde a su cita, que estuve distraída, y fui muy severa con ella durante nuestro tiempo juntas. Trabajando con el sueño durante su sesión de terapia, descubrió que se relacionaba con la indisponibilidad de su madre y el temor a la intimidad que tenía como resultado de este abandono emocional. Antes de esta sesión el sueño había dominado su conciencia. Realmente la molestaba, pues sentía que tenía una buena relación terapéutica conmigo. No obstante, debido a que el sueño tuvo este tipo de efecto, los sentimientos subconscientes de abandono, que estaban reprimidos, podían ahora ser identificados y curados.

Otros sueños involucran asuntos mayores con material psíquico del inconsciente colectivo, el enorme almacén de información de toda la humanidad. Así, este tipo de experiencia es a menudo relacionada con asuntos arquetípicos que afectan la humanidad entera. Por ejemplo, las personas a veces tienen acceso a eventos pasados que han ocurrido en el planeta, o sueñan con la tierra siendo afectada por un desastre natural que cambia dramáticamente al mundo que conocemos ahora.

Los sueños a nivel colectivo pueden también ser aquellos que contienen antiguas imágenes arquetípicas que no son parte de nuestra cultura diaria. Por ejemplo, Mara, una de mis clientes, soñó con un gran gusano, semejante a una serpiente, que estaba justo debajo de la superficie de su piel. El gusano estaba enroscado comiéndose su cola, como el simbólico ouroboro. La serpiente ouroboro comiéndose su cola, y a menudo mostrada rodeando la tierra, es un antiguo símbolo religioso encontrado en la mitología de muchas culturas. Significa, entre otras cosas, la totalidad del universo y la unidad de toda la creación. Mara no tenía conocimiento consciente de este símbolo y su significado, sin embargo apareció en su sueño y fue significativo en su proceso de individuación. Así como el gusano emergía de su piel, Mara emergió como un ser humano psicológicamente separado, fuera de la entrampada unidad colectiva que había conocido. En este momento, había asuntos emocionales sin resolver que surgieron para Mara como parte de este proceso. Ella pudo también reconocer sus sentimientos y aceptar su yo físico por primera vez en su vida. Esto se reflejó en el hecho de que, en el sueño, el gusano estaba realmente adherido a su cuerpo debajo de la piel.

Aunque los sueños colectivos tratan elementos fuera de la esfera puramente personal, es importante derivar un significado individual de ellos, y aplicar el conocimiento aprendido a la vida. Para Mara habría sido poco útil el solo conocimiento del principal significado de su sueño —la unidad mística de toda la creación—, y no aplicarlo directamente a su propio proceso de crecimiento personal.

A muchos sueños los llamo sagrados o de nivel superior. Estos contienen una guía directa de naturaleza expansiva o espiritual. Podemos reconocer un sueño sagrado porque tiene un gran impacto sobre nosotros a un nivel muy profundo. Estos sueños son poderosos y transformativos aunque la persona no tenga idea de lo que significan. A menudo aparecen cuando estamos en un punto de transición en la vida y necesitamos dirección; sin embargo es posible que no seamos conscientes de este hecho hasta antes de tenerlo.

Tuve este tipo de sueño una vez en mi vida, cuando era parte de un grupo espiritual centrado alrededor de una maestra desequilibrada emocionalmente. Necesitaba dejar el grupo —cada vez me sentía peor a causa de la disfunción de la maestra y mi propia dependencia de ella—. Soñé que el grupo se reunía en un campamento. Mientras avanzaba por el camino, fui guiada lejos del lugar donde se encontraban todos. Cuando me paré en la bifurcación del camino y miré hacia el suelo, encontré que una dirección estaba cubierta con centelleantes puntos dorados. Tuve la sensación de que este era el camino que debía seguir. Una persona pasaba por el lugar, y le pregunté si sabía qué había más adelante, pero no pudo decirme nada.

Aunque no respondí inmediatamente a lo que el sueño me indicaba que hiciera, me dio la confirmación cuando finalmente corté mi vínculo con la organización. También reflejó mis sentimientos de incertidumbre, teniendo que tomar un camino a lo desconocido. Muchas veces me remití a este sueño para fortalecer mi fe y recordar que debo confiar en la fuerza espiritual que me guió. Los sueños sagrados pueden definitivamente proveer este tipo de estimulación para fortalecer nuestra conexión con el espíritu durante tiempos difíciles.

Nuestro ser superior a menudo toma la forma de una figura arquetípica en un sueño sagrado. La esencia arquetípica del alma a la que usted fue guiado en el capítulo 2, podría también aparecer fácilmente en su mundo de sueños. Una cliente, Susan, tuvo un sueño acerca de dos nativos americanos, un hombre y una mujer. En el sueño, el hombre le habló a Susan del "gran misterio" de la creación. Luego le indicó a la mujer nativa que bailara y cantara, diciendo "hay algo en este movimiento que trae vitalidad espiritual". También aparecieron en el sueño un lobo, un oso y un león. Estos animales fueron muy significativos para Susan, representaban aspectos de su naturaleza espiritual. El guía arquetípico nativo americano estaba indicándole a ella que no sólo trajera más alegría a su vida, sino también movimiento, ejercicio y juego, cosas que había estado desatendiendo. Este componente físico le suministró el equilibrio necesario para un mayor crecimiento espiritual.

Esta guía del yo superior puede también tomar la forma de personas que realmente conocemos, especialmente aquellas que tienen un significado espiritual para nosotros. Una vez tuve un sueño en el cual uno de mis antiguos maestros espirituales apareció y me dijo que yo necesitaba un remedio homeopático específico. Sólo le comenté el sueño a mi homeópata después que prescribió el remedio exacto que mi maestro había mencionado en el sueño.

Ocasionalmente, los sueños no son lo que llamaríamos sueños, sino una comunicación en sutiles niveles astrales. Es posible que usted haya tenido durante el sueño una conversación aparentemente real, como si realmente estuviera con el interlocutor. Esta probablemente fue una comunicación a nivel astral.

Fue real, ocurrió en un plano energético diferente al físico. Las personas a menudo describen tal experiencia después de la muerte de un ser querido. La comunicación les permite expresar su pena y resolver otros asuntos como parte del adiós. En esta interrelación, el difunto puede también asegurar que se encuentra tranquilo y feliz.

Ya que los sueños contienen elementos de la mente subconsciente, los recuerdos reprimidos a menudo emergen de esta forma. En nuestro mundo cotidiano, la mente consciente frecuentemente trabaja para mantener a raya recuerdos y otros temores. Sin embargo, en la noche, el inconsciente gobierna, y de este modo pueden surgir estos sentimientos. A través de mi trabajo con individuos que han sido abusados sexualmente, he encontrado que a menudo reviven aspectos del abuso en sus sueños. Esto podría involucrar cosas tales como ver una figura simbólica en el pie de la cama, una escena del sueño en la habitación donde ocurrió el abuso, o sentir un peso asfixiante durante el sueño. Este tipo de experiencia puede ser aterradora, y es similar a los sueños de otros individuos con trastornos postraumáticos, quienes de esta manera continúan reviviendo eventos dolorosos de la vida hasta que resuelven el problema.

En estos casos los sueños pueden ser tomados literalmente. Se trata de eventos reales que ya han sucedido, y están siendo rechazados o aún no se han resuelto. De este modo la mente subconsciente continúa repitiéndolos. Una advertencia aquí: si tiene un sueño incestuoso, no necesariamente significa que ha sido abusado sexualmente. Este tipo de sueño puede simbolizar otras cosas. La cualidad sentimental del sueño le ayudará a determinar su verdadero significado. Si tiene esta clase de sueño, el cual origina una sensación de temor, vergüenza, o sentimientos inquietantes, busque la ayuda de un terapeuta profesional para determinar cuál puede ser el significado para usted.

Es necesario tener siempre precaución al tomarlos literalmente, pues ellos nos hablan a menudo en un ilógico lenguaje simbólico de la mente subconsciente. El hecho de que usted sueñe con una aventura amorosa, no significa que debe salir directamente a vivirlo porque el sueño lo dijo. Es cierto que los sueños nos guían y dan instrucciones; sin embargo, una de las formas en que lo hacen es revelando los contenidos, a menudo distorsionados, de nuestra mente subconsciente personal. Lo que sucede en el mundo de los sueños no siempre se ajusta al mundo externo. Es mejor explorar su significado interiormente, y no expresarlo inconscientemente en el mundo exterior.

Otra inquietud respecto al contenido del sueño sexual involucra la expresión de la intimidad con alguien del mismo género, si la persona es heterosexual, o del sexo opuesto si la persona es gay o lesbiana. Si tiene un sueño de esta naturaleza, no necesariamente significa que usted ha reprimido sentimientos sexuales. Muchas veces, estos sugieren la búsqueda de la unión con un aspecto masculino o femenino del ser. En cualquier caso, no haga interpretaciones precipitadas acerca de sus sueños sexuales. El verdadero significado con frecuencia es bastante diferente de lo que piensa la mente consciente. Esto se debe a que cuando se hace un análisis mental, no necesariamente revela su significado completo.

El último tipo de sueño con que he trabajado es el precognitivo físicamente —el cual revela un posible evento futuro—. Muchos individuos que no se consideran psíquicos tienen este tipo de experiencia. Uno de estos casos involucra a una mujer que, durante un período de varios años, tuvo un sueño repetido acerca del estrello de un avión. Finalmente, un día se vio realmente involucrada en un desastre aéreo durante un vuelo a Hawai. Ella atribuyó su supervivencia a que insistió en ubicarse en el asiento que había tenido en todos sus sueños.

Las personas encuentran a menudo desconcertantes los sueños precognitivos, pues no saben a ciencia cierta si la información se debe tomar literal o simbólicamente. Incluso si el individuo tiene una fuerte sensación de que el sueño es cierto, no siempre ha de saber qué hacer con la información recibida. Una vez tuve un poderoso y perturbador sueño acerca de una gran explosión nuclear. Lo sentí como si tuviera un mayor impacto que un sueño personal, y recuerdo que me pregunté si en algún lugar iba a ocurrir una erupción volcánica, ya que era mínima la posibilidad de una bomba atómica. Varios días después sucedió el desastre nuclear de Chernobyl. Este fue uno de esos casos en que desearía haberlo explorado más a fondo, para entender mejor su significado. Este sueño también tuvo un significado personal, relacionado con el caótico trastorno de mi vida en ese tiempo, y obviamente tuvo relevancia a nivel colectivo, ya que involucraba un acontecimiento que afectó el mundo.

A veces me pregunto si algunos sueños son sólo una acción mental nocturna, y no el significado de algo. Pienso que es muy posible que, por ejemplo, en el caso de películas impactantes o programas de televisión, puedan aparecer luego como pesadillas. Estos sueños pueden ser simplemente una forma en que la mente subconsciente se deshace de la "basura" que ha tenido que ingerir. Recuerde, en la noche sólo descansa la mente consciente, los elementos subconscientes de la psique permanecen activos, procesando los eventos del día. Sin embargo, esto no significa que usted debe ignorar ciertos sueños, y etiquetarlos como una cinta de video. Cada uno de ellos contiene información útil, y se puede usar como una entrada a la transformación.

Una nota acerca de las pesadillas. El lenguaje de la mente subconsciente es frecuentemente violento y perturbador. A veces estos sueños violentos están destinados a afectarnos de tal forma que llamen nuestra atención. Comunicando información en esta poderosa forma, la mente subconsciente puede transmitir su mensaje. Este tipo de sueño indica la transmisión de información psíquica altamente cargada, concerniente a un determinado asunto; significa que la situación que representa la violenta energía del sueño, probablemente necesita enfrentarse para resolverla. También he encontrado que cuando una persona empieza a recuperarse de la adicción a drogas o alcohol, a menudo tiene sueños intensos y pesadillas. Esto sucede debido a que las adicciones tienen el efecto de anestesiar la psique, reprimiendo sentimientos, y a menudo también sueños. Durante el proceso de recuperación, estos elementos del subconsciente pueden surgir con gran intensidad, como un animal salvaje que ha sido enjaulado.

CÓMO TRABAJAR CON LOS SUEÑOS

Usted puede estar preguntándose cómo saber lo que significan los sueños, si no sabe interpretar los símbolos en ellos. En realidad, no tiene que interpretar los símbolos intelectualmente, todo lo que debe hacer es sentirlos.

En su libro, *The Jungian-Senoi Dreamwork Manual,* Strephon Kaplan Williams habla acerca de un término que quiero mencionar aquí. En lugar de motivar la interpretación del sueño, habla de su realización. Esto significa que en lugar de analizarlo mentalmente, lo reexperimentamos, revelando su significado naturalmente a nivel sentimental. De este modo, usted puede recibir la guía que le tiene reservada, y manifestar el máximo potencial para su propio desarrollo. Los métodos mostrados aquí —meditación sobre símbolos, diálogo con símbolos, y remodelamiento del sueño— involucran este tipo de proceso, y se pueden usar con imágenes del sueño y eventos sincrónicos. Esto no significa que no sea útil usar diferentes formas de interpretación simbólica y mítica. De hecho, es bueno emplear dicho material para amplificar la experiencia; sin embargo, nunca se debe utilizar como un sustituto intelectual de la experiencia directa del sueño mismo.

Al trabajar con un sueño, es importante lograr una conexión con las dinámicas internas de su contenido, y reconocer cómo están funcionando en nuestra vida los elementos específicos manifestados en él. Una forma de hacer esto es observar si los sentimientos o asuntos allí planteados son un tema conocido en nuestra vida. También es útil que identifique el símbolo de un sueño, o una parte de él, con un aspecto de su ser. Para hacerlo, pregúntese a sí mismo si hay una parte de usted que en cualquier momento se siente o comporta como lo hace el de su sueño. Comparadas con las acciones exageradas que ocurren en el amplio mundo de los sueños, estas similitudes pueden a veces parecer bastante sutiles. Tal vez la figura negativa se relaciona con un aspecto crítico suyo, un carácter indefenso representa una parte más vulnerable de su ser, o una cualidad curativa es un aspecto de su yo superior. También es posible que la figura represente una parte que usted rechaza, o comportamientos y sentimientos que trata de evitar.

En adición a estas dinámicas internas, las figuras de los sueños pueden simbolizar otras personas en su mundo externo. Sin embargo, tales relaciones exteriores con los demás a menudo actúan como un espejo que refleja sus propios aspectos negados, tanto positivos como negativos. Tenga cuidado de las interpretaciones de sueños que juzgan o culpan a otras personas sin dirigirse a sus dinámicas interiores.

Si trabaja con un diario, tenga en cuenta temas, símbolos o entornos que se repiten en los sueños. Relacione las conexiones entre estos temas, eventos externos en su vida, y sentimientos internos. Observe si estos patrones parecen cambiar en ciertos puntos. Por ejemplo, usted puede tener el deseo interior de necesitar cambios en su vida. Sueña varias veces que se ha mudado a una nueva casa, pero cada vez es una situación horrible, peor que su anterior ambiente de vida. Esto podría indicar un temor a dichos cambios necesarios. Si luego tuviera un sueño en el cual se muda a una casa agradable, podría indicar que ha ocurrido un cambio interior concerniente a este asunto, o que al menos está motivado a abrirse hacia una experiencia diferente.

Ya que una parte central de la curación y el crecimiento espiritual incluye la recuperación del niño creativo interior, el símbolo del niño es un tema que suele repetirse en los sueños. Por ejemplo, un sueño puede inicialmente contener la imagen de un niño débil y abandonado, o de un niño en peligro. Luego, al ocurrir una curación emocional, el símbolo del niño puede reaparecer de manera más feliz y saludable. Igualmente, los individuos con una historia de abuso sexual a menudo sueñan que son asediados, amenazados o inmolados por un perseguidor agobiante tal como una figura sombrosa, un gigante o un pistolero. Mientras estos individuos avanzan a través de su proceso de recuperación, estas imágenes cambian y enfrentan la fuerza amenazadora, o buscan ayuda para derrotarla. El ser consciente de patrones de este tipo puede ayudarlo a seguirle la pista a su proceso, y a que se dé cuenta del estimulante apoyo que le está llegando a través de los sueños.

La forma en que usted aparezca en su sueño es importante. Si está perdido, huye, o es llevado por otras fuerzas, puede sugerir una dinámica similar operando en su vida. Por ejemplo, puede representar un asunto en el que tiene confusión o teme enfrentar. A veces podrá notar que usted aparece como más que un observador objetivo en un sueño. Puede ver y sentir lo que está sucediendo con una presencia libre, sin ser abrumado por los elementos inconscientes. Esto con frecuencia significa que, al menos con este asunto particular, usted tiene la habilidad de observar su proceso personal sin ser sumergido en elementos subconscientes. De este modo, el papel de observador omnisciente en un sueño puede representar la habilidad de ser un observador objetivo en la vida; es decir, ser capaz de ver conscientemente las diferentes polaridades y los roles en que estamos involucrados, sin sobreidentificarnos con algunos de ellos.

A veces notará un movimiento secuencial en un sueño, formando un comienzo, una parte media y una conclusión. Estas secuencias a menudo se trasladan de aspectos superficiales a un nivel más profundo, que puede ser más significativo. Trabajar con estos sueños puede compararse con pelar una cebolla, descubrimos nuevas capas y niveles de significado. Sea receptivo al conocimiento adicional respecto al significado de sus sueños. Se puede seguir trabajando un sueño importante durante un período de tiempo, de este modo fluirá información incluso años después.

Recordar los sueños

Si desea empezar a trabajar con sus sueños, pero se le dificulta recordarlos, las siguientes ideas pueden ayudarle a remediar dicho problema.

1. Antes de acostarse, declare verbalmente su intención de tener un sueño y poder recordarlo cuando despierte. Hágalo todas las noches. Esto sembrará una semilla en su mente subconsciente para que pueda manifestarse. Si lo desea, puede pedirle a su yo superior que a través de un sueño le suministre información de un asunto determinado.

2. Mantenga cerca a su cama un diario, un lapicero y una lámpara. Si se despierta de un sueño a medianoche, regístrelo inmediatamente en su diario, con su memoria fresca, en lugar de esperar hasta la mañana. Algunas personas consideran más apropiado tener lista una grabadora, ya que sólo necesitan prenderla y hablar para registrar el sueño.

3. Registre su sueño a primera hora en la mañana, tan pronto se despierte. La información estará más disponible en su conciencia en ese momento, y además libre de actividades y pensamientos del día. Sin embargo, también puede encontrar información adicional respecto a su sueño que surge durante el día, cuando no está pensando en él. Registre los sueños todas las mañanas, incluso si todo lo que recuerda es un sentimiento, una imagen, o solo fragmentos. Si no recuerda nada, entonces escriba sus primeras impresiones al despertar. Mientras hace esto y establece un patrón, preparará su mente subconsciente y podrá recordar conscientemente sus sueños. Además, reconociendo la información que el yo superior y su propia mente subconsciente tenga para usted, se demuestra su receptividad y deseo de saber más. Esta intención abre un camino para que llegue a usted más información y ayuda a través del sueño.

Descubrir el significado del sueño

Para que descubra el significado de su sueño, trabaje con las siguientes técnicas.

1. Capte el sentimiento general en el sueño. ¿Usted o las figuras muestran tristeza, confusión, enojo, frustración, ansiedad, felicidad o miedo?

2. Para que trabaje más fácil con su sueño, descompóngalo en partes. Haga una lista de escena (o escenas), símbolos y personajes. Escriba primero la escena o el entorno. Por ejemplo, su sueño puede desarrollarse en un desierto, una casa, o en la atestada calle de una ciudad. Luego, liste los personajes, que lo incluyen a usted y a otras personas o figuras. También podría presentarse una interrelación entre estos personajes. Algunas figuras pueden ser adversarios, mientras otras operan como aliados o guías. Dos figuras opuestas a menudo indican fuerzas polarizadas en guerra dentro de su psique, con relación a un determinado asunto. Después liste los símbolos significativos del sueño, es decir, cualquier otro objeto que aparezca en él.

3. Después de identificar la escena, los personajes y los símbolos, observe la acción principal en el sueño, y qué situación se está enfrentando o dejando sin resolver. A veces, en lugar de acción o enfrentamiento, hay algo que es notablemente evadido. Esto podría ser información importante respecto a un asunto en su vida que no está tratando. Identifique también cualquier herida —emocional o física— que suceda como parte de la acción del sueño.

4. Finalmente, liste los factores curativos presentes, o cualquier orientación dada. Si se siente ansioso e incómodo en determinado momento, al trabajar situaciones negativas, recuerde recurrir a estos elementos curativos como recursos internos positivos.

Organizar el sueño de esta manera le hará más fácil entenderlo y trabajarlo. Como ilustración, tomemos el siguiente sueño de una mujer de cincuenta años y dividámoslo en sus partes componentes. En él, la mujer camina a través de un laberinto de grandes habitaciones blancas hacia unas alcobas en la parte superior. En la primera alcoba se encuentra su hijo mayor; la cama está muy bien tendida, pero no hay ventanas. En otra cavernosa habitación está una de sus hijas; hay una pequeña mesa, y una ventana al lado de la cama, con vista hacia un exuberante invernáculo. En una tercera habitación se encuentra su otra hija en el piso. Esta alcoba se ve desordenada, ordinaria, y la ventana tiene una vista hacia una concurrida calle con personas dirigiéndose al trabajo.

En la siguiente escena la mujer está frente a la puerta grande y oscura de un garaje. Las personas están esperando que la puerta se abra. También hay una figura oscura de un hombre de mantenimiento, y una mujer negra en la puerta que piensa que la soñadora es una intrusa, y por lo tanto no quiere abrir la puerta. El hombre de mantenimiento dice "recuerdo cuando aquí había un sistema de seguridad". Luego aparecen un perro negro, con apariencia de enfermo, y un perro dorado; además hay escarabajos con un duro caparazón. Depronto aparece el exmarido de la soñadora como un extinguidor, pero ella no quiere que él rocíe el veneno contra insectos. Sin embargo, él termina pintando de rosado las gafas de la soñadora.

Sentimientos: Frustración por la habitación desordenada de su hija, la puerta del garaje sin control y el extinguidor.

Escenas del sueño: Laberinto con habitaciones blancas, alcobas de los tres hijos, área de la puerta del garaje.

Figuras del sueño: La soñadora, el hijo, las hijas, el hombre de mantenimiento, la mujer negra, el exmarido/ extinguidor, el perro negro y el perro dorado.

Otros símbolos: las dos ventanas con vista, puerta del garaje, los escarabajos, las gafas, la pintura rosada.

Acción o conflicto: Viaje a través de la casa, problema con
una mujer negra sobre la puerta del garaje, y discrepan-
cia con el exterminador respecto a la rociada de veneno.

Factor curativo: El exuberante invernáculo, fuera de la alcoba
de la primera hija, se siente agradable; la energía del perro
traedor dorado es confortante.

Los sueños a veces son cortos y específicos, pero a menudo,
como lo muestra el que acabamos de ver, se presenta como una
obra de tres actos. Esto puede parecer bastante confuso si usted
apenas empieza a trabajar con ellos. Si es así, trabaje sólo con un
símbolo o segmento del sueño. Al decidir cuál parte va a escoger, tenga en cuenta una sección que evoque sentimientos y que
de algún modo le cause un impacto emocional, o elija un símbolo por el que siente curiosidad.

Meditación sobre símbolos del sueño

Una simple pero efectiva forma de trabajar con un símbolo, es
meditarlo como si estuviera usando un objeto o mantra. Entre a
un estado meditativo y relajado, y enfóquese claramente en el
objeto simbólico. Observe sus características, su color y forma.
Deje su mente estática, aunque receptiva a las impresiones.
Identifique la conexión de sus sentimientos con el símbolo,
especialmente los que se relacionan con él en el sueño. Muchas
personas confunden los sentimientos que experimentan en un
sueño, con los pensamientos que tienen acerca de él después
que ha terminado. Aunque ambos pueden ser significativos,
realmente son dos cosas diferentes. He encontrado que los sentimientos del estado de sueño contienen la energía psíquica que
finalmente revela el significado de la experiencia. Lo que sentimos dentro del sueño puede ser más importante que lo que sentimos o pensamos conscientemente después de despertar acerca
de su contenido.

Mientras medita sobre el símbolo, podrá verlo cambiar de algún modo. Esto puede representar cómo está destinada su energía para transformarse y desarrollarse, y puede sugerir un aspecto en su interior que busca transformación. Por ejemplo, durante un proceso de meditación, la puerta del garaje del anterior sueño podría empezar a abrirse, representando una liberación interna que necesita ocurrir. Fluya con los sentimientos, las imágenes y las sensaciones que emergen para usted mientras medita sobre el símbolo. A través de este tipo de proceso puede aprender más acerca del propósito del símbolo y su relación con él.

La mujer que tuvo el sueño que analizamos, decidió hacer el proceso meditativo con la imagen simbólica de los dos perros. Descubrió que el perro dorado se sentía cálido, amoroso, y era un elemento protector dentro de ella. El perro negro enfermo era la parte de su ser que tenía temor de lo desconocido y de los cambios que ella necesitaba hacer en su vida. Este temor había originado que tuviera un duro caparazón de protección, como los escarabajos y la puerta del garaje. Luego se dio cuenta de que la protección no era necesaria de esa forma, podía ser amorosa como el perro traedor. Este tipo de protección podía ser usado como un recurso positivo para resguardar sus aspectos más vulnerables.

Diálogo con los símbolos del sueño

Para obtener más claridad y entendimiento acerca de las figuras y los símbolos específicos del sueño, puede usar el proceso del diálogo. Un diálogo de este tipo puede ser una extensión muy natural para la meditación sobre símbolos. De hecho, este estado de interioridad y relajación es excelente para el diálogo, pues aquieta la mente pensante, y de este modo pueden emerger los sentimientos y los elementos subconscientes de la psique. No obstante, a diferencia de la meditación sobre símbolos, que es un proceso puramente receptivo, el diálogo involucra una interacción entre la mente consciente y los elementos subconscientes de la psique, mientras nos comunicamos con el símbolo. Expresamos nuestros sentimientos y luego enfocamos la conciencia sobre el símbolo, en un estado meditativamente relajado, para recibir su información. También está incluido un estado activo de contemplación, semejante al experimentado en un proceso de visualización guiado. Como en el proceso de diálogo de encarnación, puede ser de ayuda sentir el traslado de la conciencia para hablar como el símbolo o la figura del sueño. De nuevo, el diálogo es como un tipo de juego de roles donde usted se convierte en el símbolo mientras habla, aunque mantiene su ego consciente como un observador objetivo o testigo del proceso. Mientras hace esto, observe cuál es la cualidad del símbolo, y cómo se siente en su cuerpo.

Cuando trabaje independientemente con el proceso de diálogo y sus sueños, registre en su diario las dos partes de la comunicación mientras avanza. Como antes, ya que el diálogo más efectivo se hace en un estado meditativo, puede ser útil que antes de empezar, tome unas cuantas respiraciones relajantes. También recuerde asegurarse de tener tiempo de tranquilidad para terminar el diálogo sin interrupciones. Si su entorno se siente seguro de esta manera, será más fácil profundizar en el proceso.

Para obtener información, las siguientes son algunas preguntas que puede formular mientras dialoga con símbolos o figuras del sueño.

- ¿Quién o qué es?

- ¿Cuál es su propósito aquí? (Si la respuesta a esta pregunta parece extremadamente negativa, pregunte "¿hay un propósito superior o positivo para su presencia en este sueño?").

- ¿Cuál es el propósito de (una acción específica, un conflicto, o una herida)?

- ¿Qué quiere de mí?

- ¿Cuál es su consejo, significado o mensaje para mí?

Sea espontáneo y pregunte lo que quiera saber. Luego traslade su conciencia y sienta las cualidades y características del símbolo. De esta manera, averigüe de qué se trata y cómo se siente. Recuerde, aparte de palabras, puede recibir información con imágenes, sentimientos o sensaciones corporales. Después de que registre la respuesta que obtiene del símbolo, puede entonces responder a lo que se dice, y continuar hasta que el diálogo se crea terminado.

La información revelada en un diálogo de sueño requiere, a menudo, autoevaluación y cambio cuando se recibe un mensaje claro y directo al cual debe prestársele atención especial, para mantener la salud emocional y el bienestar espiritual. Sin embargo, es muy importante que permanezca conectado a sus sentimientos durante este proceso. ¿Cómo siente la información del símbolo? ¿Origina respuestas o sensaciones en su cuerpo? ¿Se siente tranquilo, enojado, o con un nudo en su estómago? ¿Se siente mal con lo que se está diciendo, o está completamente en desacuerdo? Es importante expresar estos sentimientos en el diálogo, tales respuestas son una parte necesaria del proceso.

Mientras esté presente con su experiencia, observe si el contenido del diálogo o los sentimientos que emergen le recuerdan una dinámica en su propia vida. Estos sentimientos pueden conectarlo con los elementos subconscientes más profundos que buscan curación, y le ayudarán a integrar más efectivamente en su vida el propósito positivo del sueño.

Para ilustrar el diálogo con símbolos, continuemos trabajando con el sueño de la mujer de cincuenta años. El siguiente es un extracto del diálogo que ella hizo con las gafas pintadas de rosado.

Mujer: ¿Quién o qué es usted?

Mujer: (*hablando como las gafas*) Soy la parte de su ser que siempre está viendo cosas en forma irreal. No más gafas color de rosa.

Mujer: ¿Quién o qué es usted?

Mujer:	*(hablando como las gafas)* Soy la parte de su ser que siempre está viendo cosas en forma irreal. No más gafas de color rosa.
Mujer:	¿Qué quiere decir?
Gafas:	Usted protege a otras personas pero no se cuida a sí misma.
Mujer:	¿Entonces, que quiere de mí?
Gafas:	Proteja su niña interior siendo cálida y delicada, más amable consigo misma, deje que esta dulzura la impregne.
Mujer:	Sí, como el perro labrador.

A través de este diálogo, la mujer se dio cuenta que con frecuencia trataba las situaciones de la vida de manera irreal e infantil. Por consiguiente, se hacía daño y luego ponía un escudo defensivo. El símbolo del sueño estaba diciéndole que manejara estas situaciones externas de forma práctica y realista, pero siendo amable consigo misma. Este corto trabajo sobre un símbolo contiene mucho del mensaje esencial del sueño completo. En el sueño, las habitaciones de los tres hijos representan diferentes aspectos de la soñadora. La alcoba del hijo, sin ventana, ordenada y bien cuidada, simboliza una parte más racional, austera y perfeccionista de ella, pero carente de autoamor y alegría. La habitación de la primera hija representa una cualidad más femenina, simbolizada por el espacio cavernoso y la agradable vista natural de la ventana. La desordenada habitación de la segunda hija simboliza el caos sombroso de la mente subconsciente de la soñadora, lleno de confusión, temor y dolor. Esta hija, aunque amorosa, estaba también muy necesitada, siempre en crisis, y a menudo era negativa. La madre se sentía movida a cuidar los problemas de esta hija, sin expresar sus propias necesidades y sentimientos.

La segunda parte del sueño continuó con símbolos que representan el sistema de controles psicológicos de esta mujer (el sistema de seguridad), que crearon la necesidad de esconder sus necesidades y sentimientos verdaderos detrás de un duro escudo protector. Estos mecanismos de defensa y controles internos se basaban en sentimientos pasados de abandono. Sin embargo, este viejo comportamiento ahora tenía un efecto tóxico (el veneno) que la hacía enfermar, como el perro negro. Por lo tanto necesitaba tener límites más saludables, siendo a la vez más cariñosa con ella misma, como lo sugerían las gafas rosadas.

Si tiene dificultad para establecer el diálogo con un símbolo, y no siente que recibe información, mueva su cuerpo para imitar su forma y movimiento. Esto amplificará la experiencia y le hará más fácil conectarse con la energía del símbolo o personaje del sueño. A veces puede ser divertido levantarse y actuar la escena en un tipo de psicodrama personal. El siguiente diálogo, tomado de una sesión con una cliente, es un ejemplo de qué tan poderoso y efectivo puede ser.

Mi cliente, Karen, soñó con un hombre en una luminosa armadura, con una espada en su mano derecha, y una bruma fantasmal donde debía estar su cara. Karen empezó el diálogo como ella misma, y luego tomó el rol de la figura del sueño, adoptando la postura corporal y la actitud de este hombre.

Karen:	¿Quién es usted?
Karen:	*(como la figura del sueño)* Soy un guerrero que ha estado protegiéndola, pero no puedo mostrarme porque usted me odia.
Karen:	Quiero verlo. . . *(Gran tristeza y frustración surge en Karen en este momento). . .* Quiero que esté a mi lado para que me ame. *(Karen empieza a llorar).*
Pam:	¿A quién desea tener a su lado, Karen?
Karen:	A mi padre.
Pam:	Dígaselo.

Karen: (*a su padre*) Te necesito. Te necesité cuando era niña y nunca estuviste junto a mí.

Pam: ¿Cómo lo siente?

Karen: El sentimiento es desconectado, como si mi padre no pudiera unir las piezas de su ser. Siento que he estado igual, aislada de mi cuerpo y mis sentimientos, incapaz de lograr mis objetivos.

Pam: Me pregunto si la figura del sueño puede ayudarle de algún modo.

Karen: (*con sus ojos cerrados en un estado interior*) Sí, ahora puedo ver su cara. (*Karen habla luego directamente al personaje del sueño, quien ahora aparece ante ella como una figura positiva que puede ayudarla*). . . Quiero aceptarlo y dejarlo ser parte de mí, para seguir adelante y alcanzar mis objetivos.

Karen: (*como la figura del sueño*) Sí, puedo ayudarla con eso.

Karen: Sí, necesito paciencia, pero deseo sentir que se introduce en mí, que es parte de mí.

Pam: Ahora sienta este nuevo patrón de totalidad y fortaleza. Tome de esta energía y permita que penetre las células de su cuerpo.

En esta sesión, la figura del guerrero en el sueño representó la parte masculina del propio ser de Karen. Ella no podía aceptarla completamente a causa de la distorsión creada por el abuso de su padre, y la falta del modelo de un rol masculino sano. La figura del sueño la ayudó a descubrir la herida que necesitaba transformar, y trajo un nuevo patrón que representaba un elemento masculino positivo, el cual ella podía internalizar. De este modo, pudo reemplazar la falta de confianza, que adquirió cuando era niña, por el valor y la fuerza que necesitaba para alcanzar sus objetivos en la vida. Esta sesión ilustra cómo el proceso de diálogo se puede usar con energías arquetípicas, personajes de sueños y figuras externas. De hecho, como acabamos de ver, el diálogo puede trasladarse de uno a otro en una sola sesión.

Algunas veces, cuando las personas trabajan conscientemente con sus sueños, empiezan a ver una conexión entre los símbolos y las condiciones físicas.[1] Usualmente el síntoma corporal y el símbolo del sueño expresan el mismo mensaje de la mente subconsciente, conduciéndolo cada uno a su manera hasta el consciente del individuo. Otra sesión con Karen ilustra este punto y muestra cómo el trabajo corporal puede reflejar el significado simbólico encontrado en un sueño.

Karen empezó a hablar acerca de un sueño en el cual había excremento en un recipiente. En el fondo de este contenedor se encontraban algunos diamantes. Ella trataba de sacar las gemas con pinzas. Dijo que su vida era semejante a eso; tenía que enfrentar toda esta fealdad y se sentía abrumada. Empezó a hablar acerca de sus problemas, y parecía alejarse de su experiencia y los sentimientos que surgieron. Para llevar de nuevo su conciencia al cuerpo y los sentimientos, hice que por un momento se centrara interiormente e hiciera un examen corporal. Al observar lo que sentía en su cuerpo, percibió algo en sus pies. Le pedí que describiera cómo los sentía. Karen describió sus juanetes y un sentimiento de deformidad. Sus pies eran una parte deformada e intocable de su cuerpo, algo de lo que sentía vergüenza y no quería que nadie viera. Mientras hice que exagerara esto, torció sus pies y acrecentó el sentimiento deforme e intocable. Pronto, tuvo la sensación de ser una pequeña niña en un rincón, sintiéndose demasiado fea para ser tocada. Tenía miedo debido a la violencia que se presentaba en su hogar, y había internalizado lo horrible de la situación en su cuerpo y en su yo.

Sus pies habían encarnado la vergüenza de su infancia.

El mensaje contenido en los pies de Karen era similar al de los símbolos en su sueño. El ambiente abusivo que había soportado en su niñez contaminó su sentido del ser, de la misma forma que el excremento en su sueño había cubierto la belleza de los diamantes dentro del recipiente. El diamante mismo representa esta dinámica y simboliza la luz del yo espiritual dentro de nosotros. Karen estaba abrumada a causa de las dificultades de su vida, y se sentía desconectada de su esencia espiritual. El sueño le recordaba lo que era realmente, incluso en medio de toda la oscuridad que la rodeaba, mostrándole a dónde la conducía su viaje curativo. A través de la sesión corporal, Karen pudo liberar la fealdad que había internalizado y reconoció más su verdadero yo —el diamante al cual la guiaba su niña interior—. Fue capaz de remover el diamante del excremento que había experimentado en el sueño.

Una meditación guiada: símbolos del sueño y el cuerpo

Hay un ejercicio guiado diseñado para ayudarlo a lograr una conexión consciente entre el contenido del sueño y los síntomas que son expresión de la sabiduría de su cuerpo. Cuando se realiza este trabajo centrado en el cuerpo, las personas a menudo experimentan algún tipo de relación entre el símbolo y una condición física. Creo que este ejercicio puede ser especialmente útil cuando empezamos a usar el proceso de diálogo con los símbolos del sueño.

Antes de iniciar, escoja una imagen o símbolo para su proceso. Puede ser un objeto, una figura o incluso un escenario en el cual se desarrolló un sueño, que puede ser reciente o uno del pasado que parezca relevante.

Tome unas cuantas respiraciones completas y sumérjase más en su cuerpo y su mundo interior. Cierre los ojos y tenga la sensación de que con cada respiración libera las tensiones del cuerpo y con cada exhalación se eliminan los pensamientos indeseados, de tal forma que la mente se convierte en una especie de estanque de agua quieta. Desde este lugar tranquilo su cuerpo y mente subconsciente comunicarán su sabiduría a usted.

Lleve su conciencia a la imagen o el símbolo de su sueño. Enfoque claramente ese objeto simbólico con sus ojos internos. Sienta sus características (su color, forma, etc). ¿Qué sentimientos le origina?

Luego observe cómo experimenta este símbolo en su cuerpo, dónde parece residir físicamente, o la localización de cualquier sentimiento o sensación corporal que parezca relacionarse con el símbolo de algún modo. Respire hacia esta área y note cómo se siente el símbolo desde este lugar del cuerpo. Tal vez es una sensación conocida, o le recuerda algo. Esté atento a las impresiones que recibe. Pídale a su cuerpo y al símbolo que comuniquen el propósito, el significado o el mensaje que tienen para usted. Esto no es algo que deba forzar, sólo permita que emerjan sensaciones, sentimientos, palabras o nuevas imágenes.

Quizá usted tenga una respuesta, algo que también desearía decirle al símbolo. Continúe dejando que fluya esta comunicación hasta que parezca completa. Luego, cuando esté listo, regrese a la conciencia externa y abra los ojos.

Cuando haya terminado, escriba la experiencia en su diario. Registre los sentimientos y las sensaciones que surgieron para usted, y cómo se relacionan con el mensaje que recibió de su cuerpo y el símbolo del sueño. ¿Hubo una correlación entre el contenido de su sueño y algún síntoma corporal sincrónico que puede haber experimentado? Nombre algo que podría hacer en su vida esta semana, como ayuda para actuar sobre el propósito curativo de este sueño y/o síntoma corporal, para integrar lo que recibió.

Remodelamiento del sueño

Remodelamiento del sueño es el nombre que doy al proceso de reingresar a un sueño de tal forma que pueda de algún modo continuarse o trabajarse de nuevo. Remodelar un sueño es útil para entender e integrar mejor el significado, completar uno que fue interrumpido cuando despertamos, y resolver o trabajar de nuevo los elementos psíquicos para nuestro propio proceso de transformación. El remodelamiento puede ayudarlo a enfrentar asuntos y a hacer elecciones conscientes que no fueron hechas en el sueño original. También puede pedir el apoyo de fuerzas arquetípicas positivas, tales como el guerrero para protección o el curador para bienestar, además de ayudantes espirituales, de una manera que no estaba disponible inicialmente. (Vea el capítulo ocho para más información sobre la conexión con el guía espiritual personal). Este proceso puede cambiar un sueño traumático no resuelto en una experiencia positiva que puede actuar como un recurso interno para usted.

Aunque el remodelamiento del sueño puede hacerlo solo, a veces puede ser de ayuda tener un facilitador para el proceso. Muchos terapeutas especializados en trabajar los sueños, pueden facilitar este tipo de entrada, usando técnicas shamánicas o ciertos métodos de hipnoterapia. Es especialmente favorable tener a alguien que lo ayude cuando se sienta atascado o esté tratando material de sueño muy difícil de trabajar en solitario. Tener un facilitador le permitirá sentirse seguro para llegar a los elementos más profundos del sueño.

Otra experiencia de Susan ilustra cómo funciona el remodelamiento. El sueño está rico de imágenes simbólicas, y Susan dijo que lo sintió como la experiencia de una vida pasada. En él, ella está en una gran caverna oscura, fría y húmeda. Necesita una antorcha para ver, y hay marcas primitivas sobre la roca. Hay una abertura por donde un viejo cavernícola la hace pasar hacia otra cámara. Es un lugar sagrado con petroglifos sobre la pared. Uno de los dibujos es de un animal con cuernos rojos. Susan es consciente de que hay una iniciación que no finalizó, quizás en una vida pasada. Luego se encuentra sola en la caverna dibujando sobre la pared. El viejo guía aparece y señala una hoguera que está en el centro de la habitación. También hay un corazón de un animal cerca al fuego, pero éste no lo toca. Después aparece un ciervo, y ella se da cuenta que debe sacrificarlo por su corazón como parte de un ritual sagrado de iniciación. Sin embargo, no puede porque no quiere sacrificar el animal. El ciervo desea que se haga el sacrificio y lo necesita para cumplir su propósito; se ofrece con amor pero ella no lo acepta. Una mujer vestida de azul, que se hace llamar espíritu azul, le dice que se prepare para el ritual hablando con el ciervo y aprendiendo a recibir el amor que él le ofrece.

Susan sintió que quería reentrar al sueño con la intención de terminar el ritual que no había podido concluir. Decidió retornar a la escena inicial. Sin embargo, hay ligeras diferencias en la forma en que esta vez aparecen las cosas. Su proceso de remodelamiento fue descrito por ella de esta manera:

> Cuando regreso al sueño estoy en un túnel oscuro. El suelo está mojado y frío. El túnel es pequeño y tengo que acurrucarme y arrastrarme a través de la entrada hacia el lugar del ritual. Al entrar a este sitio puedo levantarme de nuevo. La luz del fuego muestra los dibujos sobre la pared. El cavernícola está ahí, y puedo ver también a la mujer del espíritu azul. Aquel señala el borde de piedra que tiene un cuchillo encima. Luego pregunta, "¿Qué ofrece a esta vida?" *(Refiriéndose a la vida del ciervo)*. Yo contesto, "mis temores y dudas". Él dice, "reciba este amor, y tenga un corazón abierto". Ahora me siento limpia y digna de lo que recibiré cuando entre al ritual. El ciervo está aquí al lado de un árbol del cual el espíritu azul es parte de algún modo. Llevo el cuchillo hasta el corazón del ciervo y construyo una pira para él. Con sangre del ciervo dibujo sobre la pared el símbolo de este animal, con cuernas sobre él. Luego tiro el ciervo al fuego y dejo el cuchillo al lado del corazón. Tomo parte del árbol que ahora parece de cristal. Es el regalo del espíritu azul.

Después de desarrollar este proceso del sueño, Susan dijo que experimentó el cuchillo como una fuerza activa penetrante, que representaba un aspecto asertivo que deseaba integrar. Sintió que necesitaba ser más fuerte al expresar sentimientos de ira. El corazón del ciervo en el fuego simbolizaba el valor que necesitaba. A través de la entrega del ciervo, ella pudo sentir la conexión con una fuente de amor incondicional. La muerte del animal representó la liberación de sus temores que la bloqueaban en el sueño y su vida exterior. Al final Susan pudo abrirse al amor que quería experimentar. Después de esta sesión continuó trabajando con el espíritu azul para que la guiara a abrir más su corazón a este amor.

Este remodelamiento ilustra que no es importante tener conceptos sobre ciertos sueños. Por ejemplo, la muerte es a menudo significado de transformación en el mundo simbólico. Puede, como en este caso, representar la liberación de aspectos inferiores del ego, para así experimentar una vida mejor; efectivamente, este remodelamiento fue una poderosa herramienta de iniciación para Susan. También es posible que, a través de este sueño, Susan tuviera acceso a información de una vida pasada, pues la ceremonia que experimentó es similar a ritos de sociedades tribales que creían que los objetos totem podían transmitir poder, y les permitían adquirir ciertas cualidades o habilidades; por ejemplo, que al comer el corazón de un león el individuo podía asimilar valor.

Los siguientes pasos le permitirán hacer el proceso de remodelamiento del sueño. Al igual que el diálogo con símbolos, el diálogo en el remodelamiento del sueño se puede hacer en un diario, el cual es muy útil cuando trabajamos solos.

1. Registre su sueño en el diario exactamente como sucedió. Sea lo más específico posible.

2. Observe las áreas no resueltas o que de alguna forma tienen un impacto sobre usted. ¿Qué efectos le producen? ¿Qué escogería hacer en forma diferente ahora? ¿Qué necesitaría para hacerlo? Por ejemplo, habilidades o herramientas diferentes; un cambio de actitud; o el apoyo de un guía arquetípico, un ayudante espiritual, un aliado o cualquier otro elemento curativo del sueño.

3. Elija la escena del sueño con la cual desea trabajar, la parte en que necesita resolución o entendimiento, luego formule y declare su intención para el remodelamiento del mismo. Por ejemplo, una intención podría ser tener el valor y la fortaleza para solucionar un asunto personal reflejado en un conflicto del sueño, o curar una parte suya ayudando a una figura herida en él.

4. Entre a un estado meditativo relajado. Como con otros procesos que hemos usado, puede ser útil tomar unas cuantas respiraciones de limpieza, sintiendo que con cada exhalación puede sumergirse un poco más en su mundo interior. Deje que su mente esté clara y tranquila, como un estanque de agua quieta. Sienta o imagine a su alrededor una esfera de suave luz protectora y amor. Respire este amor incondicional mientras afirma que todo lo que resulte de este proceso será para su mayor bien. Declare su intención para el remodelamiento del sueño y, si lo desea, acuda a su yo superior o a cualquier guía arquetípico que necesite, si ya no son parte de la escena que está trabajando.

5. Lleve a su conciencia la escena que ha escogido. Puede ser útil que imagine la escena congelada como si estuviera frente a una pantalla de cine y en pausa, de tal forma que la acción del sueño no comience hasta que usted no esté listo. También puede escoger una palabra clave para el remodelamiento de su sueño, por ejemplo "pausa" o "imagen congelada", que detendrá la acción en cualquier momento. Por un momento visualice claramente los detalles del evento del sueño.

6. Cuando esté listo, imagínese en el lugar del sueño que ha escogido y deje que empiece la acción. Procediendo como en una visualización autoguiada, dialogue con las figuras y, si es necesario, reconstruya la acción para obtener resolución y remodelar la energía psíquica en busca de su mayor

bien. Esto puede implicar que enfrente una figura a la que le ha estado huyendo, renegociar una situación particular, o ayudar a un personaje herido. Manténgase conectado a sus sentimientos, y recuerde no hacer nada que sienta inapropiado o para lo cual no está listo. También puede congelar la acción del sueño en cualquier momento, diciendo la palabra clave que ha escogido.

7. Cuando haya acabado, registre en su diario sus sentimientos y el conocimiento adicional acerca de la experiencia. Escriba cómo se siente este nuevo trabajo con el sueño, y cómo percibe ahora los asuntos involucrados en él. Escriba también la relación del sueño con otros aspectos de su proceso de crecimiento personal. Registre las acciones adicionales que deberá realizar, o los cambios que necesitará hacer en su vida para completar la intención de este trabajo. Por ejemplo, una extensión de un sueño de enfrentamiento, puede significar que usted finalmente le dice a su pareja exactamente lo que siente respecto a los asuntos involucrados en su relación. Una situación curativa del sueño puede requerir que sea más consciente de autocuidarse y tener tiempo de relajación en su vida. Estas acciones externas le ayudarán a integrar o realizar completamente la intención positiva de la experiencia.

Notas

1. Para un estudio más profundo de la relación entre los símbolos del sueño y los síntomas corporales, vea Arnold Mindel, *Dreambody: The Body's Role In Revealing the Self* (Portland, OR: Lao Tse Press, 1997).

PARTE IV

ENCARNACIÓN DEL ESPÍRITU

8

EL PODER TRANSFORMATIVO DE LA LUZ Y EL AMOR

Utilizar la energía curativa

LA LUZ ES UNA SUSTANCIA VIVA, consciente y plasmada de amor que podemos usar para curación y crecimiento espiritual. Cuando trabaje con ella, estará esencialmente teniendo acceso a la sustancia creativa y matriz de energía que compone todas las cosas, que se puede visualizar como luz y sentir como amor. Las ondas de luz traen realmente nuevos niveles de información para nosotros, mientras el amor compasivo nos da el entendimiento que necesitamos para tener acceso a ella. Usando conscientemente la luz y el amor para este propósito, podrá crear un cambio tangible en su experiencia mental, emocional, física y espiritualmente. Es posible que usted haya empezado a explorar las posibilidades de usar la luz y el amor de esta manera, a través de sus experiencias con los procesos presentados hasta ahora.

Además de usar el poder transformativo después de la liberación emocional, como parte del proceso de reconocimiento, también puede usarlo como un medio de curación cada vez que experimente sentimientos de dificultad o malestar en su cuerpo. En estos momentos respire y lleve luz y amor a las partes afectadas. Si esto se le dificulta, puede evocar la presencia divina del amor para que venga en su ayuda. También puede tener la sensación de sumergirse en ella mientras respira la suave luz curativa en las sensaciones o los sentimientos inquietantes.

Si quiere ampliarlo, deje que la luz fluya a través de todo su cuerpo. Sienta que inunda su mente, sus emociones y su cuerpo mientras penetra todo su sistema de energía. Permita que bañe y alivie cada sistema físico, órgano, hueso, músculo, tejido, e incluso las células del cuerpo. Sus células tienen inteligencia y pueden recibir esta energía. Afirme que la inteligencia curativa que yace en su interior está permitiendo que esta energía sea usada para su mayor bien.

Además de sentirse envuelto en una suave luz curativa puede también visualizarse rodeado por una columna de luz, o penetrado por un radiante rayo solar. Algunas personas prefieren imaginarse en una piscina, un arroyo o una cascada de luz líquida, dejándola fluir por todas partes alrededor y a través de ellas. Estas imágenes pueden ser particularmente útiles para liberar energía negativa, o que no le pertenezca, del cuerpo y el campo áurico. Puede ayudar en el proceso curativo de cualquier tipo de trauma o fragmentación.

Por ejemplo, mi cliente Adrian usó este proceso de limpieza después de verse muy afectada por la muerte de su padre. El deceso ocurrió tras una larga enfermedad, y Adrian estaba satisfecha por haber pasado mucho tiempo junto a su padre semanas antes de su muerte. También estuvo a su lado en sus últimas horas. Sin embargo, en el momento de la muerte, cuando el corazón de este hombre se detuvo, el corazón de Adrian empezó a latir violentamente. Fue una sensación energética muy extraña, que no parecía estar conectada a un ataque de adrenalina u otra causa física. Después continuó teniendo sensaciones incómodas en su garganta y su pecho, junto con imágenes de la lucha de su padre momentos antes de morir.

Hice que Adrian sintiera y visualizara una corriente de limpieza de luz blanca y dorada a través de todo su cuerpo, de la cabeza a los pies, especialmente en el área de la garganta y el pecho, para que liberara esta energía residual internalizada del dolor de su padre. Adrian estableció que no podría soportar más este dolor, mientras sentía que era liberado de su cuerpo y su sistema de energía, por medio del flujo de la luz líquida. Después de este proceso de limpieza, Adrian no sintió más las molestias en el pecho y la garganta, ni la carga emocional de la muerte de su padre. Como se mencionó en el capítulo 5, cuando trabajamos con este tipo de proceso, a través de la intención y la visualización, la energía liberada puede retornar al universo para ser transmutada por Dios, o disuelta en una llama de luz violeta (vea luz violeta en la pág. 261).

Este proceso también puede ser útil para personas con una historia de abuso sexual, pues pueden liberar de sus cuerpos el sentimiento de la energía del perpetrador, lo cual permite que estos individuos recuperen sus cuerpos, con una sensación de su propia energía, tal vez por primera vez en la vida. A veces, una persona con traumas sólo podrá recibir un poco de luz inicialmente. Si el dolor ha sido una forma de vida, puede ser demasiado difícil liberarlo de una sola vez. En estos casos puede ser útil enfocarse en las tranquilizantes y confortantes sensaciones de la energía amorosa y radiante, en lugar de la intensidad de la luz. Entre más haya curación y liberación, la persona podrá recibir más de esta energía luminosa.

Posiblemente sentirá que mientras más trabaja con la luz, más crece su experiencia de ella. Inicialmente, tal vez necesite visualizarla o verla en los ojos de su mente; luego, podrá sentir esta presencia y energía en su cuerpo, o hacer que aparezca en su visión interior. Por ejemplo, en el diálogo con mi útero, la luz se hizo presente espontáneamente. Si para usted es más fácil visualizar luz que sentir su presencia amorosa, las meditaciones guiadas del capítulo 4 para las semanas tercera, séptima y octava, le ayudarán a sentir la naturaleza amorosa de ésta.

Cuando visualice luz, ésta puede tener un tono blanco reluciente o un color particular al que usted se siente atraído. Se pueden usar diferentes colores, relacionados con los correspondientes chakras, para adquirir cualidades curativas específicas.

Rojo: es cálida, energizante, e incrementa su vitalidad general. Puede fortalecer su conexión con la tierra y la fuerza vital creativa en su cuerpo.

Naranja: es revitalizante si se siente cansado o fatigado, y también puede ser estimulante para el sistema respiratorio. Este color apoya el sistema inmunológico e incrementa la energía sexual, la creatividad y el empuje, mientras asiste otras áreas del cuerpo relacionadas con el chakra del sacro.

Amarillo: estimula el sistema nervioso y el metabolismo, da claridad mental, y puede mejorar partes debilitadas como riñones, suprarrenales y órganos de la región abdominal. También es bueno para desbloquear el sistema linfático.

Verde: tiene una cualidad armonizante que origina equilibrio, renovación y curación general. Es bueno para la presión sanguínea alta, limpieza de infecciones, y para reparar tejido dañado, especialmente del corazón y los pulmones.

Rosado: trae una presencia curativa de amor incondicional, y es bueno para aliviar componentes emocionales y espirituales de problemas del corazón y los pulmones.

Azul: es tranquilizante y refrescante. También es útil para la presión sanguínea alta, fiebres, inflamaciones, ciertas infecciones, problemas de la garganta y la tiroides, y nos ayuda a expresar nuestra propia verdad.

Indigo: puede aumentar su percepción intuitiva y ayudarlo a ver las cosas por su significado más profundo y propósito espiritual, en lugar de enfocarse en la apariencia mundana. También tiene un efecto sedativo y alivia el dolor.

Púrpura: se relaciona con un sentido de realeza, gobierno y autoridad espiritual. Puede ayudarlo a conectarse con la energía de los planos espirituales, y a responder desde ese lugar de la conciencia.

Magenta: combina las cualidades del rojo y el violeta, ayudándolo a integrar las energías de las esferas espiritual y física. También puede ser usado para mejorar la circulación y fortalecer el corazón.

Violeta: la luz violeta puede ser usada para liberar energía negativa, contaminación psíquica, y eliminar parásitos, microorganismos y otras toxinas. He observado que este color puede ser muy potente y profundamente limpiador. Por esta razón, puede empezar a usarlo en pequeñas dosis durante cinco minutos o menos, para determinar el efecto específico que tendrá sobre usted. Si está usando luz violeta para desintoxicación física, altérnela con luz verde, que le ayudará a limpiar y remover desechos de su sistema, o use amarillo después para facilitar el proceso de limpieza estimulando el sistema linfático.

Blanco: la luz blanca es purificadora y puede disminuir el dolor mientras trae expansión, conexión con la unidad del ser, y un vínculo con el espíritu compasivo de otras personas. Por sus cualidades purificadoras, la luz blanca se puede visualizar impregnando el agua o los alimentos, para de este modo aumentarles la vibración energética antes de ser ingeridos.

Dorado: la luz dorada fortalece todo el organismo, comunicando un sentido de poder en el ser. Aumenta la conexión de su mente superior con la fuente de todo. El blanco y el dorado trabajan sobre un nivel del alma, estimulando el cuerpo espiritual. Se pueden usar solos o juntos para la columna de luz y la piscina, el arroyo o la cascada de luz líquida.

Dentro de cada color hay también diferentes matices, tal vez uno de ellos es el apropiado para su proceso de curación. Por ejemplo, el naranja con el que está trabajando puede tener tonos rojos fuertes para que se conecte más con la tierra, o ser dominantemente amarillo para ayudar a transmitir claridad mental. El verde que visualice puede ser de tono turquesa, mezclando la calma del azul con la cualidad curativa del verde. También puede sentir más de un color presente mientras hace su limpieza, curación o reorganización. Durante el proceso esté abierto a la guía del espíritu y de su propio yo superior. Cuando use algunos de los colores que acabamos de listar, recuerde sentirlos lo más intenso posible. Será útil si recuerda la respuesta sentimental que estos colores le ofrecen a medida que los experimente en la vida diaria.

GUÍAS Y AYUDANTES ESPIRITUALES

Crear conscientemente una conexión con sus guías y apoyos espirituales puede ayudarlo a armonizar con el espíritu y su propio yo superior, para que sea más receptivo a este tipo de guía espiritual y curativa. Ya que los guías espirituales brindan dirección y entendimiento, su relación con ellos es un importante recurso para su proceso de crecimiento personal y despertar espiritual.

Como se mencionó en el capítulo 2, se pueden ver ayudantes espirituales internamente durante un proceso de visualización, en meditación, o en sueños. También es posible experimentar un guía espiritual como una voz interna, o sentirlo intuitivamente como una presencia acompañada por un saber interior. A veces tales guías representan una parte sabia de nosotros mismos, un aspecto de nuestro propio yo superior. Pueden surgir en una variedad de formas, incluyendo figuras humanas, animales aliados, espíritus de la naturaleza y seres míticos. Sin embargo, también hay guías y ayudantes que trabajan con nosotros, que son realmente seres de esferas espirituales. Pueden ser ángeles mensajeros, maestros ascendidos, u otros seres de luz que nos apoyan y nos motivan en el camino de nuestra esencia espiritual. Trabajar con cualquier tipo de apoyo espiritual puede ayudarlo a confiar en su intuición, y a desarrollar una relación con su sabiduría superior y guía interior.

Todos pasamos momentos en que los problemas parecen arrolladores, y nos sentimos desconectados de nuestra esencia espiritual. En estas, u otras ocasiones, guías internos o ayudantes espirituales pueden reafirmar nuestra confianza y actuar como entradas al conocimiento y a la sabiduría interior.

Una meditación guiada: viaje a su guía evolutivo del alma

Cada ser puede tener diferentes apoyos del mundo de la luz, lo cual trae ayuda y dirección. Sin embargo, cada uno de nosotros tiene un guía particular que trabaja directamente con nuestra alma y su proceso evolutivo de crecimiento en esta vida, ayudándonos a cumplir con el propósito aquí en la tierra y en otras dimensiones. A este espíritu particular lo llamo alma evolutiva. La siguiente meditación guiada lo ayudará a conectarse con este guía espiritual específico que ha estado dirigiendo la evolución de su alma en esta vida. También le ayudará a desarrollar un lugar seguro donde pueda alimentarse emocional y espiritualmente con luz y amor. Antes de empezar, primero deberá leer este proceso guiado para que se familiarice con él. También puede grabarlo en cinta, o tener a alguien que lo lea en voz alta mientras usted procede.

Adopte una posición relajada y cómoda, sentado o acostado, en un lugar donde no sea interrumpido. Tome tiempo para enfocar interiormente su mente y su corazón. Cierre los ojos y tome unas cuantas respiraciones completas y lentas, de manera suave y fácil, mientras se introduce a una parte más profunda de su ser. Luego, cúbrase con una suave luz curativa y, mientras respira, siéntala circular por todo su cuerpo.

Ahora, imagínese en un hermoso lugar de la naturaleza. Puede ser un sitio que nunca antes ha visto, o uno en el que realmente haya estado, siempre que infunda sólo sentimientos de bienestar y seguridad. No tiene que hacer nada más en este momento, tome el tiempo suficiente para que simplemente descanse en la pacífica serenidad y la amorosa energía presente. Aquí puede sentir la tierra bajo sus pies, y oler las dulces fragancias que llenan el aire mientras una suave brisa acaricia su mejilla.

Saboree el azul profundo del cielo, el exuberante verde de las plantas y los ricos tonos de la tierra. Todos los colores aquí son muy vibrantes y vivos. El sol lo calienta tiernamente mientras su luz brilla por todas partes. Las plantas y los árboles son casi luminosos, con salud radiante y vitalidad. Los arroyos y las cascadas revitalizan el aire con su energía dinámica. Mientras usted escucha cuidadosamente, casi podrá oír los espíritus naturales en el crujido de las hierbas y el canto de las aves. Aquí los sonidos de la naturaleza son profundamente relajantes. Es fácil que se sienta alimentado, seguro y cómodo, como si hubiese estado aquí por mucho tiempo, descansando y sin tener nada más que hacer.

Durante el descanso en este espacio curativo, empiece a ver, sentir o imaginar a su alrededor una luz dorada y rosada. Mientras lo rodea, haciéndose más brillante, usted observa que se siente más liviano y expansivo, lleno de paz y aceptación. Esta energía compasiva pulsa suavemente en ondas espirales de luz y color a su alrededor. Usted parece estar levantado a lo largo de esta energía en espiral, aumentando la cantidad de amor que siente, mientras se extiende a niveles superiores del mundo de luz. Recibiendo amor y serenidad, continúe sintiendo su energía elevándose y expandiéndose, de algún modo, con esta vibración armoniosa de luz y amor.

Ahora, busque su máximo sentido de conciencia espiritual y ser. Mientras lo hace, afirme su intención para conectarse con su ayudante espiritual, el que ha estado a su lado desde el comienzo, guiando el viaje de su alma en la tierra. Luego, empiece a sentir la presencia de este ser especial de luz, quien sólo tiene su mayor bien en el corazón. Puede experimentar ciertos sentimientos, percibir una sutil presencia, oír palabras específicas, o ver una imagen particular en el ojo de su mente.

La presencia del guía de su alma es radiante, y ahora usted se da cuenta que es quien está emanando ondas de luz y amor a su alrededor. Sienta esta energía amorosa de su guía espiritual y deje que penetre todo su cuerpo, invadiendo cada músculo, órgano y sistema, e incluso cada célula. Ahora, respire profunda y completamente esta energía en su corazón y su alma. En cualquier forma que la experimente, permita que esta energía amorosa fluya en cada parte de su ser, y penetre completamente el cuerpo, la mente y las emociones.

Después pida la orientación de su guía espiritual con relación a algún aspecto de su crecimiento personal, y observe lo que experimenta. Esto podría involucrar información sobre su desarrollo espiritual, un asunto físico o emocional, u otra situación de la vida. Permanezca abierto a las impresiones, recibiendo conocimiento en la forma que aparezca ante usted. Puede ver imágenes, oír palabras, o tener el fuerte sentido de algo verdadero.

La respuesta que recibirá puede ser clara y fuerte, o pueden surgir sentimientos y sensaciones muy sutiles, incluso en forma simbólica como un regalo que su guía le tiene para usted. La orientación que obtiene puede ser inmediata, o llegar gradualmente durante los días siguientes, a través de un sueño u otra experiencia sincrónica. De cualquier forma, esta sabiduría siempre será expresada con amor y compasión.

Tómese todo el tiempo que desee comunicándose con su guía espiritual. Termine su meditación de la forma que crea apropiada, sabiendo que puede regresar a este lugar especial de la naturaleza, para estar con este ayudante espiritual, cada vez que quiera o necesite hacerlo. Asegúrese de agradecer a su guía lo que ha recibido. Luego, sienta que se mueve suavemente a través de las esferas de luz, dando terminación al proceso.

Regrese a la conciencia exterior en la habitación, tal vez estirando y moviendo su cuerpo, y cuando esté listo abra los ojos.

Tome unos minutos para registrar su experiencia en el diario, y escribir la información que ha recibido.

Cuando trabaje con la luz y los colores, o antes de hacer los otros procesos de este libro, puede llamar a su guía evolutivo para que lo ayude; encontrará que mientras continúa trabajando con él, la experiencia de este recurso y su propia intuición se fortalecerán y crecerán. También podría usar el lugar de trabajo espiritual que creó en el meditación para la quinta semana (ver pág. 131), con el fin de reunirse con su guía espiritual evolutivo.

9

INICIACIÓN
Y EL CUERPO DE LUZ

Su camino de despertar espiritual

MIENTRAS CONTINUA SU CAMINO DE curación y crecimiento personal, puede empezar a tener experiencias específicas de naturaleza espiritual o expansiva. Esto puede manifestarse de muchas formas, tales como una sensación extática de unidad con todas las cosas, una visión significativa, un profundo cambio de percepción, o un sentimiento sostenido de amor incondicional. También podemos tener experiencias que parecen probarnos y fortalecernos de algún modo, para desarrollar un mayor nivel de conciencia. Tales experiencias son a menudo parte de un proceso específico de desarrollo espiritual, conocido como iniciación.

Las iniciaciones son ciertos pasos en el camino de crecimiento espiritual y son parte de la evolución del alma. Son universales por naturaleza y cada una contiene ciertos componentes e involucra algunos procesos. Iniciación significa comienzo y es la entrada a un nuevo nivel de conciencia y vibración energética. Las energías vibracionales superiores son recibidas en la persona, cambiando su frecuencia energética y la conciencia con la cual funciona. Ya que todos los individuos no se desarrollan de la misma forma o al mismo ritmo, la experiencia de cada iniciación puede variar entre uno y otro.

Un nivel básico de iniciación, que tiene que ver con nuestro desarrollo humano primario, se experimenta realmente en el proceso de crecimiento. Sin embargo, otra serie de iniciaciones tiene lugar cuando ponemos conscientemente un pie sobre el camino espiritual. A menudo hay una ansiedad en este momento, la sensación de que algo hace falta. Hay un despertar hacia algo más que el mundo material, una búsqueda por el significado de la vida y un deseo por conocer nuestro yo y sentir la conexión con el espíritu. En este punto, las personas a menudo buscan un maestro, un guía, o una práctica espiritual particular, con el fin de lograr el despertar espiritual dentro de ellas. La meditación y otros métodos para estabilizar la mente, frecuentemente se inician para alinear las facultades físicas, mentales y emocionales con el verdadero propósito del alma. De esta manera, los deseos del falso yo de la identidad del individuo no tendrán más su fuerte control.

Mientras crece la conciencia espiritual, la forma física y el cuerpo etérico del individuo se preparan para recibir la frecuencia energética de planos superiores. Esta preparación involucra una purificación o limpieza de los aspectos físicos, mentales y emocionales del ser, mientras la fuerza vital kundalini asciende por la columna vertebral a través de los chakras. Este proceso es a menudo acompañado por manifestaciones físicas y psicológicas llamadas *kriyas*. Estos cambios, que ocurren debido al acelerado proceso evolutivo del ascendente kundalini, pueden aparecer gradualmente como parte de una continua disciplina espiritual o un enfoque altruista en la vida, y prácticamente no son observados. Sin embargo, también pueden ocurrir con mucha intensidad y repentinamente, abriéndonos a una realidad no conocida antes.

Los kriyas pueden incluir sensaciones de calor y energía en chakras específicos o a través de la columna vertebral, o ser experimentados como temblores, espasmos, sacudidas u otros movimientos espontáneos. Cuando el kundalini se activa, un individuo puede ver visiones y luces radiantes, emitir ruidos vocales, o experimentar una variedad de sonidos tales como zumbidos, tintineos de campanas, agua corriente, tonos musicales, o incluso voces cantando.[1] El dolor intenso puede a veces sentirse cuando el kundalini alcanza áreas de tensión en el cuerpo. Estas sensaciones físicas pueden indicar bloqueos específicos en la nueva conciencia y el verdadero propósito del alma. Cuando el obstáculo es eliminado del sistema por medio del kundalini, el dolor o malestar desaparece.[2] Este proceso se puede mejorar trabajando conscientemente con tales síntomas físicos a través de métodos suministrados en este texto.

Durante un período de activación del kundalini, el individuo puede tener experiencias trascendentales o entrar a estados alterados de conciencia. Sin embargo, también puede ser un tiempo de gran cambio, transiciones de la vida, o incluso crisis.[3] Los patrones emocionales se pueden intensificar cuando son traídos a la superficie para ser transformados. Esto puede dar como resultado sentimientos fuertes y estados de depresión, ansiedad, confusión e ira. Los recuerdos del pasado pueden también desencadenarse cuando son activados elementos del subconsciente. Por estas razones, son particularmente útiles los métodos que proveen limpieza y curación emocional.

Si el proceso acelerado de despertar espiritual está sucediendo demasiado rápido, estos kriyas psicológicos y físicos pueden incluso, en algunos casos, ser agravados por ciertos tipos de meditación intensa. Cuando esto ocurre, la práctica espiritual debe posiblemente suspenderse temporalmente, para permitir una integración más gradual de la experiencia de expansión. Adicionalmente, una dieta adecuada, ejercicio y descanso son necesarios para el cuerpo físico.

También he encontrado que las modificaciones hechas a los huesos craneales, que afectan el movimiento del fluido cerebro-espinal alrededor del cerebro y a lo largo de la columna verte-bral, pueden ser inmensamente útiles para que el cuerpo físico se adapte a experiencias expansivas de este tipo. Hay una respi-ración real, una flexión y extensión de las placas craneales con el pulso cerebroespinal. Cuando energías vibratorias superiores impactan el cuerpo etérico, el sistema nervioso físico se puede alterar mientras el organismo trata de integrar estas nuevas experiencias. El sistema craneal puede entonces bloquearse o desalinearse, y detener su patrón normal de movimiento, origi-nando dolores de cabeza y otros trastornos físicos y emociona-les. Mientras armonizamos con energías de frecuencias mayo-res, nuestro sistema craneal tiene que adaptarse para moverse dentro de un rango más expandido. El trabajo sacro-craneal, hecho por muchos osteópatas y quiroprácticos, puede ser de ayuda en este proceso. Ajustes espinales quiroprácticos, trabajo corporal, tratamientos de acupuntura, remedios homeopáticos y esencias florales, pueden también ser beneficiosos durante este tiempo, ayudando al cuerpo físico para que se adapte a los cam-bios que ocurren.

Mientras continúa el proceso de purificación, y la conciencia del ego comienza a ser transformada, el ser se alista para que la energía del cuerpo espiritual penetre el vehículo físico. El pro-ceso de iniciación, conocido con diversos nombres en varias dis-ciplinas, puede ocurrir espontáneamente como parte del des-pertar espiritual, o ser facilitado por un maestro como parte de la práctica continua de espiritualidad.

Cuando ocurre esta iniciación iluminativa, las facultades son imbuidas con luz emanada del cuerpo espiritual y la fuerza cós-mica/solar. Cuando esta energía radiante desciende, son vivifi-cados todos los chakras y cuerpos áuricos. Los centros chakras son estimulados más plenamente por el kundalini que asciende por la espina dorsal en una columna de luz. A través de este proceso, el cuerpo etérico del individuo se activa mientras esta luz es sellada en el cuerpo físico. La frecuencia vibratoria real del cuerpo se acelera, mientras la energía del alma se vierte en un vehículo físico y es anclada en la tierra. Luego el individuo es guiado por el alma, y camina como un conducto de energía, un transmisor de luz y amor alineado con el cielo y la tierra.

Finalmente, mientras la luz continúa transformando la conciencia del ego, y la vida de la persona es dirigida con mayor influencia por el espíritu, se alcanza el siguiente nivel de información cuando se separa el velo del alma. En este punto, el individuo conoce el yo divino como su verdadero ser, y ahora puede actuar a partir de ese estado de conciencia. Por consiguiente, el desarrollo espiritual involucra niveles de automaestría cada vez mayores, con total funcionamiento desde el Dios yo.

Pasé por esta primera iniciación cuando estaba estudiando con una comunidad esotérica en la primavera de 1972. En ese tiempo tenía varios meses de embarazo. Años después, mi hija, de veintidós años en ese momento fue regresada a su período en el útero, durante una sesión de hipnoterapia. Dijo que había experimentado una infusión de luz en la matriz en el mes exacto cuando atravesé esta iniciación.

Aunque sentí y vi la energía radiante mientras mi maestra sellaba la luz en mi cuerpo, realmente sólo fue el comienzo de un proceso que continuó por algún tiempo. La experiencia de mi verdadero yo se profundizó a medida que curé emocionalmente e integré más esta conciencia en mi vida diaria. Además, sentí que inicialmente en 1972, debido a que no habían ocurrido ciertos cambios en la conciencia planetaria,[4] y a causa de la falta de conexión con mi forma física, la energía de mi cuerpo espiritual no podía ser anclada completamente en la tierra en ese tiempo. Posteriormente, al trabajar con otro maestro en 1991, pude experimentar las energías de mi alma conectadas en el cuerpo planetario, alineando de este modo las diferentes dimensiones de mi ser con las fuerzas cósmicas y terrestres.

Esta experiencia de estar conectada al cuerpo de la tierra involucra otro chakra, llamado chakra terrestre, que se ubica entre 6 y 18 pulgadas debajo de los pies.[5] Esto opera en conjunto con el chakra raíz en el cóccix, donde está almacenada la fuerza vital del kundalini. Activar completamente la conciencia del chakra terrestre, a veces conocido como la estrella de la tierra, nos lleva más allá del uso de la fuerza vital creativa del planeta —disponible a través del chakra raíz— hasta estar realmente anclados en él e interrelacionados con su conciencia viva. A través de esta conexión, sentimos las pulsaciones respiratorias del campo magnético de la Tierra (entre 7.8 y 8 htz., ocho veces por segundo),[6] y percibimos las energías en vórtices sagrados donde estas fuerzas terrestres son particularmente poderosas.

El conocimiento sagrado de que la tierra es efectivamente una entidad consciente y evolutiva, se ha perdido en nuestra moderna sociedad tecnológica, lo cual produce trágicos resultados. La mayoría de individuos no reconocen esta conciencia, y por consiguiente no sienten estas maravillosas energías magnéticas fluyendo en sus cuerpos desde la madre tierra. La gente vive aislada de las poderosas energías curativas que ofrece el planeta. Por ejemplo, se sabe que durante sesiones de curación, las ondas cerebrales de los curadores se sincronizan en alfa ritmos de 7.8 a 8 hertz con las fluctuaciones del campo magnético de la tierra. Resonando con las pulsaciones del campo magnético, el curador puede utilizar una poderosa energía curativa y canalizarla para otras personas.[7] Sin embargo, esta energía está también disponible para todos nosotros en cualquier momento.

Nuestra conexión con la tierra es particularmente importante en este tiempo, debido a los cambios que están ocurriendo en el planeta. Estos cambios son originados por una transformación de conciencia que toma lugar en la humanidad entera. Al relacionar estos cambios con los chakras, Brugh Joy dice:

> Estamos preparándonos para una transformación de
> conciencia que suplanta lo pasado, moviéndose desde las
> áreas más controladas por el poder, las áreas de maestría
> del plano material, hacia una mezcla con la conciencia
> superior asociada con los chakras superiores. . . Este
> cambio imbuirá a la humanidad con un sentido de rela-
> ción, los aspectos más profundos que descansan sobre los
> valores, en lugar de poder y control sobre los demás.[8]

Otras fuentes, tales como las leyendas mayas y hopi, hablan
también de este tiempo como un período de transición que guía
a una nueva era de mayor conciencia espiritual.

El estudio del calendario y la astrología maya revela que el 21
de diciembre del 2012 marcará el fin del gran ciclo, que empezó
el año 3114 a. de Cristo.[9] Con base en sus investigaciones, José
Argüelles cree que los siguientes años tendrán cambios significativos que guiarán a un salto cuántico en la conciencia planetaria.
En su libro, *The Mayan Factor*, describe una sincronización con la
conciencia galáctica, a través de la alineación de la Tierra con un
rayo de energía emanado del centro de la galaxia. (En la astrofí-
sica moderna, se cree que estos rayos u ondas densas se extienden
a través del espacio e influencian la evolución galáctica. Por ejemplo, se considera que nuestro propio Sol resultó de dicha onda).[10]

De acuerdo con Argüelles, las continuas señales del centro
galáctico, identificadas como emisiones de radio, son ondas inteligentes de información impulsando al planeta para que se alinee
con un nivel superior de conciencia galáctica. Este radiante código
de información del centro galáctico origina la rapidez evolutiva de
nuestro ADN, y una activación del cuerpo etérico planetario. La
Tierra misma está atravesando una gran iniciación, y se sentirá en
la mente y el corazón de todos los que en ella viven.

La Tierra es un ser vivo que busca estar en armonía con su
propia esencia espiritual. Las pulsaciones cósmicas de energía
emitidas desde el centro galáctico, surgen ahora hacía el planeta, vía el Sol de nuestro sistema solar.

Mientras resuena con estas emanaciones del corazón de la galaxia, el planeta se desarrolla rápidamente hacia un punto de resplandor consciente. El cuerpo planetario pronto será penetrado por luz, creando un cambio dimensional en la conciencia de todos nosotros. La iniciación de luz, mencionada previamente, es lo que ahora atravesará la Tierra sobre un nivel planetario.

Como parte de este proceso iluminativo se está acelerando la frecuencia vibratoria del planeta. Usted puede haber sentido que su vida ha sido acelerada e intensa durante los últimos años. Esto es debido a que ha empezado la etapa final del gran ciclo maya, introduciendo un nuevo nivel de vibración. Recuerde que estas energías aceleradas afectan también la sustancia física de nuestros cuerpos. La velocidad vibratoria de los átomos del cuerpo aumenta cuando armonizan con esta afluencia de energías cósmicas. Tuve la sensación de que esto sucedió en mi propio cuerpo mientras hacía un trabajo con la luz en una sesión de curación. Experimenté una visión que parecía ser ramificaciones de moléculas de ADN descomponiéndose y reorganizándose en la luz. Este plano microscópico mostró los cambios moleculares que están ocurriendo ahora como parte de la transmutación planetaria.

En estos momentos, la Tierra atraviesa un proceso de preparación y limpieza. Así como hay ciertos kriyas mentales, emocionales y físicos en el individuo, la Tierra también experimenta cambios mientras entra a esta iniciación. Continuamente vemos los efectos de esto en forma de terremotos, tormentas destructivas, volcanes y otros cambios terrestres. Los años venideros efectivamente serán de grandes cambios; se aproxima una nueva conciencia y una mayor frecuencia vibracional de luz y amor. Todos debemos prepararnos para esta transformación, y para lo que requerirá, tanto individual como globalmente. Significará liberarnos de ciertos conceptos de nuestras mentes pensantes que tan fuertemente sostenemos, además de formas antiguadas de relacionarnos mutuamente y con la tierra.

Mientras continúa esta transición hacía el nuevo milenio, muchas personas esperan que ocurran cambios dramáticos. Se han predicho muchas cosas, desde el Armagedón y la destructiva lluvia meteórica, hasta la visita de extraterrestres y una gran época dorada. Incluso hay quienes creen que puede haber una alteración en el eje de la tierra, que conduciría a un cambio polar y otras alteraciones cataclísmicas. De hecho, psíquicos y astrólogos a través de los tiempos, incluyendo a Nostradamus y Edgar Cayce, han visto este período como una época de gran agitación. Sin embargo, es importante recordar que los cambios de la Tierra no son algo separado de nosotros; están intrincadamente conectados con nuestra propia conciencia y nuestro proceso de desarrollo espiritual. La teoría cuántica nos ha mostrado que la materia y la conciencia están indisolublemente mezcladas. Vivimos en una matriz holográfica de conciencia, un campo de energía universal en el cual la conciencia determina lo que se verá, experimentará y manifestará. Por consiguiente, a medida que elevamos nuestra propia conciencia, ayudamos a la Tierra en su proceso de revelación espiritual.

Efectivamente puede haber cambios dramáticos en la tierra. No obstante, tenemos la habilidad como un colectivo consciente de seres humanos, dedicados a la curación de la tierra, para hacer manifestar fuerzas poderosas. Este tipo de propósito sincronizado puede tener un efecto estabilizador sobre la tierra, desviando de este modo un fin cataclísmico, y abriendo la puerta a magníficas posibilidades. Cualquiera que sean los cambios de la tierra, no debemos de temer sino ser conscientes de que podemos participar activamente en este proceso de evolución planetaria.

Todos podemos ayudar al planeta de diferentes formas a través de estos cambios. Primero, comprometiéndonos conscientemente con nuestra propia curación en todos los niveles. Cada persona que se cura a sí misma ayuda a sanar la tierra. Los elementos no curados del cuerpo y la mente subconsciente crean una cierta densidad o paso en las células y así los átomos vibran a una velocidad menor. Cuando se liberen estos elementos negativos son liberados por medio de la curación y la limpieza emocional, el individuo puede encarnar una frecuencia mayor de energía. Al suceder esto, la persona se vuelve portadora de esta alta frecuencia, actuando como transmisora, enviando luz a la Tierra y a otras personas.

Segundo, conozca la tierra. Pase tiempo en medio de la naturaleza, preferiblemente lejos de las áreas pobladas. Siéntese sobre una roca, cerca a un arroyo y junto a un árbol, o acuéstese boca abajo sobre el suelo para que fortalezca su conexión con las emanaciones de la tierra. Mientras está en la vibrante quietud, comuníquese con la energía de la madre naturaleza. Dejándose llevar y permitiendo ser tocado por las pulsaciones de Gaia, deje que su energía fluya también en ella. Observe cómo se siente esta experiencia en su cuerpo, de tal forma que pueda repetirla y reconectarse con este sentimiento, incluso estando en la ciudad.

Además, individualmente o en grupos, podemos formular de manera consciente un propósito o una oración, para que la luz y el amor llenen la tierra. Vea, sienta o imagine su red energética como una reluciente matriz de luz que envuelve al planeta. Sienta que usted y millones de personas alrededor del mundo son puntos luminosos conectados en esta red de energía, transmitiendo luz cósmica a la tierra. Luego, déjese llevar y permita que la Tierra use esta energía de la forma en que más la necesita. También debemos recordar amar y respetar el planeta y sus recursos en todo lo que hacemos.

Las culturas nativas americanas siempre han vivido en armonía con la madre naturaleza. Ellos piden y dan las gracias cuando usan los frutos de la tierra, aprovechándolos de manera sabia y equilibrada. Hay una gran necesidad de retornar a esta conciencia de honra al planeta. No podemos seguir negando la verdad de que formamos una unidad con la tierra. Lo que hacemos afecta el planeta, y lo que sucede en él no afecta directamente.

LOS RITMOS DE LA NATURALEZA

Usted también puede fortalecer su conexión con la Tierra honrando las fases lunares y otros ciclos de la naturaleza, especialmente las lunas nueva y llena, además de los solsticios y equinoccios. Puede acelerar enormemente su crecimiento espiritual a través de ceremonias o meditaciones en estos ciclos, pues representan patrones que son parte de nuestro propio desarrollo de conciencia. El Sol, la Tierra y la Luna están constantemente haciendo un viaje sagrado, llevándonos de la oscuridad hacia la luz y el entendimiento.

En Luna nueva, el disco es invisible para nosotros, pues está directamente entre la Tierra y el Sol. El Sol y la Luna están juntos en esta fase, y de este modo las fuerzas conscientes y subconscientes actúan como una energía fusionada. Por consiguiente, en Luna nueva hay una oportunidad de fraccionar la mente consciente y subconsciente, y alinear dentro de nosotros las polaridades masculina y femenina. Ya que de esta forma la función intelectual/asertiva puede trabajar en armonía con la naturaleza instintiva/intuitiva, es un buen tiempo para iniciar nuevos proyectos.

También puede obtenerse nueva información de la fértil oscuridad de la mente subconsciente. El aumento de la luz lunar simboliza esta nueva energía que crece, se expande, y manifiesta de algún modo. Dese cuenta cómo los sentimientos y asuntos, concernientes a una nueva realización producida en Luna nueva, crecen en intensidad mientras este astro aumenta su luz en las siguientes dos semanas.

En Luna llena, la Luna y el Sol están opuestos entre sí en el espacio, de tal modo que la faz de la Luna queda completamente iluminada. En esta fase, las fuerzas lunares subconscientes son separadas o polarizadas de la energía del Sol. Esto puede producir la llamada "locura" de Luna llena. Sin embargo, esta dinámica nos permite observar mejor cómo operan en nuestra vida los elementos conscientes y subconscientes. Así, podemos ver más objetivamente las diversas polaridades dentro de nosotros, tales como masculino/femenino, adulto/niño, y espíritu/cuerpo, de tal forma que pueda originarse una mayor integración. En Luna llena también puede ocurrir un fuerte efecto de concentración; las fuerzas solares y las energías lunares son recibidas por la Tierra en forma magnificada.

Cuando la Luna empieza a decrecer y muestra menos luz, es tiempo para completar proyectos y prepararnos para un nuevo ciclo. En este período del mes, usted puede liberarse de los falsos patrones de la persona, que pueden haber surgido de la mente subconsciente en Luna llena, y de este modo manifestará más la esencia de su yo. Por esta razón, el período lunar balsámico u oscuro, en las horas anteriores a la siguiente Luna nueva, es un tiempo de quietud que conduce a la introspección, la meditación y el descanso. De esta manera, usted se convierte nuevamente en un receptor de nuevo listo para recibir las iluminaciones de la conciencia reflectiva de la luna.

Los puntos de solsticio y equinoccio representan las estaciones del año, y también se relacionan con las cuatro direcciones de la Tierra honradas por las tradiciones nativas americanas. Para entender mejor estos ciclos, puede ser útil imaginar un círculo dividido en cuatro partes, representando las estaciones del año y las direcciones: Norte, Sur, Este y Oeste.

El solsticio de invierno ocurre en diciembre 21 ó 22, cuando el Sol entra al signo astrológico Capricornio. Está asociado con la dirección Norte, que representa la inspiración de la sabiduría espiritual. Durante este tiempo, una semilla divina de conciencia superior es sembrada dentro de nosotros, mientras concebimos la luz del espíritu interiormente. En esta época del año somos naturalmente atraídos por nuestro interior, ya que toda la naturaleza descansa en la oscura quietud. Aunque el hemisferio norte está inclinado lejos de los rayos solares en este tiempo, y por consiguiente los días son más cortos, la Tierra también está más cerca al Sol en su órbita. Este también es un período para celebrar el renacimiento de la luz, ya que después del solsticio de invierno, el día más corto del año, el tiempo de luz aumentará y los días se hacen más largos.

En el solsticio de invierno, la semilla de luz es envuelta en la matriz de la madre tierra, mientras se vierte abundante energía cósmica en el corazón del planeta. Durante este tiempo sagrado, las fuerzas celestiales están presentes aquí en la tierra, y cada individuo tiene la oportunidad de recibir parte de esta abundancia, y experimentar la luz de su propio ser divino. Para estar receptivos a estas energías celestiales, es especialmente importante pasar un tiempo de tranquilidad, aparte del vaivén de esta estación.

El equinoccio de primavera ocurre alrededor de marzo 20 ó 21, cuando el Sol entra a Aries y cruza el ecuador celestial. Está asociado con la dirección Este, relacionada con la iluminación. En este tiempo, la semilla de sabiduría espiritual, concebida durante el solsticio de invierno, revienta en la luz de la conciencia. Cuando emerge esta conciencia superior, se manifiesta más conscientemente, como las jóvenes plantas de semillero que empiezan a brotar a través de la tierra, en respuesta al calor del Sol de esta época del año. Despertamos y de algún modo somos más conscientes de la semilla recibida en el invierno. Toda la naturaleza responde con júbilo a este nacimiento, mientras surge nueva vida por todas partes. Después de la oscura quietud del invierno, la naturaleza vuelve a la vida una vez más y empieza el crecimiento. Sin embargo, así como las vulnerables plantas jóvenes necesitan cuidado, nuestra nueva conciencia también requiere atención y energía asertiva en este tiempo, de tal manera que la fuerza vital dentro de nosotros pueda continuar su crecimiento y desarrollo.

En el equinoccio de primavera, el Sol y la Tierra están alineados, el día y la noche son igual de largos. Las fuerzas solares y terrestres, energías activas y receptivas, están en equilibrio, y podemos fácilmente tener acceso a estos aspectos de nuestro crecimiento espiritual.

El solsticio de verano ocurre en junio 21 ó 22 cuando el Sol entra a Cáncer. Está asociado con la dirección Sur y la espontaneidad, la inocencia y la dinámica de un niño. El verano es una época para jugar, y está en plenitud el crecimiento de la naturaleza. En el solsticio de verano, la semilla de conciencia dentro de nosotros continúa creciendo y madurando, mientras es alimentada por la luz. Este es un energizante tiempo de alimentación, expansión y prosperidad. Es un período de celebración en el que nos regocijamos de lo que hemos ganado, y también continúa la curación que requiere el crecimiento espiritual y la madurez.

El equinoccio de otoño ocurre en septiembre 22 ó 23, cuando el Sol entra al signo Libra. Está asociado con la dirección Oeste. En esta época, damos gracias por lo que ha se ha logrado en nuestro autodesarrollo durante todo el año y celebramos nuestra cosecha espiritual mientras se revelan los frutos de nuestras labores. Sin embargo, a medida que el día se hace más corto y el clima más frío, también entramos a un tiempo de reflexión e introspección. Celebramos las cosas que aumentan nuestro desarrollo espiritual, y también tenemos la oportunidad de observar las cosas que ya no son útiles en nuestro nuevo estado de conciencia. El equinoccio de otoño inicia un tiempo de limpieza y purificación, durante el cual se prepara la nueva semilla de conciencia, que a su vez será concebida de nuevo en el solsticio de invierno.

Como en la primavera, en este período el Sol y la Tierra están alineados equilibradamente. En el otoño, alineamos y equilibramos aspectos de nosotros mismos para iniciar un tiempo de preparación y descanso, como lo hace también la naturaleza. Además debemos balancear el tiempo dedicado al mundo externo y nuestra vida espiritual interior.

CEREMONIA SAGRADA:
ALIMENTO ESPIRITUAL

Reconocer el espíritu en nuestra vida a través de una ceremonia sagrada, es una forma de fortalecer la conexión con nuestra esencia divina. Nos da una oportunidad para palpar el gran misterio de la creación y bajar el cielo a la tierra. En momentos en que nuestras vidas mundanas nos atan a la visión limitada de nuestras mentes pensantes y la realidad tridimensional, el ritual sagrado puede recordarnos nuestra verdadera existencia espiritual. La alimentación espiritual que esto puede proveer se refleja en los rituales de comunión reales de diferentes religiones.

La ceremonia sagrada también puede ser un tiempo de reunión con los demás en la comunidad espiritual. Esto no sólo provee apoyo de grupo para los participantes, también amplifica la energía expansiva que puede ser creada. Las lunas nueva y llena, además de los puntos de solsticio y equinoccio, propician momentos excelentes para este tipo de ritual, ayudándonos también a armonizar con los ritmos de la naturaleza.

Preparación del ritual

Para que haga un ritual personal, empiece preparando un espacio para dicho propósito. Use su lugar de meditación u otro sitio tranquilo, e incluya objetos sagrados o significativos para usted. Una vela, representativa de la luz y la iluminación espiritual, siempre es una maravillosa elección. También puede reconocer las cuatro direcciones marcándolas con cristales, velas u otros objetos significativos. Si lo desea, también lo puede hacer verbalmente como parte de su ceremonia.

Prepare el área purificándola con incienso. La salvia, el olíbano y el sándalo trabajan bien para este propósito, y se encuentran en la mayoría de librerías o tiendas de metafísica. Cada una de estas sustancias tiene su vibración particular.

Salvia: es una sustancia más densa que puede estabilizar la energía mientras se da la purificación. Elimina fuerzas negativas y crea una base fuerte para el ritual. En tradiciones nativas americanas, las personas son tiznadas con humo de salvia en la preparación de la ceremonia sagrada. La adición de ramitas de cedro trae también la ayuda de espíritus.

Olíbano: representa al elemento fuego, produce una mayor energía vibratoria al espacio de trabajo. Invoca energías positivas y purificadoras que le ayudarán a conectarse con una profunda espiritualidad. Puede proveer protección energética alrededor de su campo áurico, mientras trae ayuda de las esferas espirituales superiores.

Sándalo: limpia y produce una sensación de paz; además trae la presencia de los maestros del reino espiritual.

Experimente por sí mismo con los diferentes tipos de incienso y observe lo que sucede. Use el que más le atraiga, o combine los que más le gustan.

Cuando empiece su ritual, aquiete su mente y alinéese con el propósito de su ceremonia. Visualícese rodeado de luz y, si lo desea, llame la presencia de su guía espiritual evolutivo, su yo superior, o cualquiera de sus ayudantes espirituales. Puede incluir una meditación corta sobre el significado de la Tierra o el ciclo lunar que está celebrando, además de cualquier afirmación, oración, canción o lectura que crea conveniente.

También puede usar la siguiente meditación guiada en cualquiera de estos períodos, para encarnar más nuestra esencia espiritual, y fortalecer nuestra conexión con la Tierra y la afluencia de energías cósmicas. Como en otros procesos de este libro, puede grabarla en cinta, o tener a alguien que la lea en voz alta en caso de un ritual de grupo.

Una meditación guiada: proceso de encarnación de luz

Siéntese de tal forma que la columna vertebral esté derecha y la cabeza y el cuello permanezcan relajados. Esto permitirá que la energía fluya libremente.

Tome unas cuantas respiraciones completas, dejando que toquen profundamente el fondo de su vientre. Sienta que se sumerge interiormente con cada exhalación, mientras las ondas de relajación profunda fluyen suavemente a través de cada parte de su cuerpo.

Su corazón y su alma han estado esperando llevarlo a este lugar dentro de su ser, para hacer que emerja su verdadera esencia. Vea, sienta o experimente de algún modo una suave luz curativa a su alrededor. Formule la intención de que todo lo que experimenta será para su mayor bien, y que estará abierto a recibir sólo la cantidad necesaria de luz y energía en este momento.

Respire completa y conscientemente, hacia cada uno de sus siete chakras principales, uno a la vez, desde el chakra raíz hasta la corona. Luego, lleve su conciencia a una esfera radiante localizada encima de su cabeza, la cual se ve y se siente como una gran matriz de energía y luz. Perciba el expansivo amor incondicional, la aceptación y la paz de su ser espiritual. Como parte de esto, conéctese con los atributos positivos de su esencia espiritual arquetípica y las cualidades del alma que busca expresar en este tiempo.

Cuando esté listo, sienta que esta matriz de energía y luz fluye a través de todo su sistema de energía y los cuerpos áuricos, penetrando su mente, sus emociones y su forma física. Deje que las corrientes de luz y amor entren por su corona e invada todo su cuerpo, pasando por los chakras a lo largo de la columna vertebral. Sienta la luz líquida vertiéndose en su cuerpo; será sólo la cantidad apropiada para usted en este momento. Ingiera esta energía, para que penetre cada parte de su cuerpo, incluso al ADN de las células.

Respire completamente esta resplandeciente luz espiritual, y sienta la expansión mientras este lenguaje de amor le habla a todo su ser. Reciba este amor mientras baña y penetra cada parte suya, permitiéndole liberar fácilmente la máscara del falso ser que a veces presenta al mundo, de tal forma que emerja su verdadero yo esencial. Sienta que las cualidades amorosas de su verdadera esencia espiritual se profundizan en su interior, mientras cada célula del cuerpo recibe con gusto esta estimulante energía.

Mientras esta energía lumínica de su propia esencia espiritual continúa avanzando a lo largo de su columna vertebral, siéntala fluir a través de su chakra raíz, en sus piernas y pies, para luego extenderse hacia la tierra. Así como los árboles extienden profundamente sus raíces en la tierra, usted también está arraigado en ella a través de su chakra terrestre.

Ahora, lleve su conciencia a este lugar, ubicado a doce pulgadas debajo de sus pies, y sienta su conexión con el cuerpo planetario a través de este vórtice. Deje que la energía y la luz de su esencia espiritual fluyan por sus piernas y pies, y continúen hacia la Tierra a través de su chakra terrestre. Luego, deje que esta energía lumínica se agarre en la tierra como la raíz de un árbol, conectándolo firmemente en el planeta.

Déjese tocar profunda y completamente por la suave fuerza de la madre tierra, mientras ella apoya y alimenta su espíritu. Sienta la solidez del poder profundo que se mueve dentro de ella y usted, a través de su chakra terrestre.

Permita que su conciencia continúe avanzando por las capas de la tierra. Vea, sienta o imagine las capas de minerales, cristales y roca fundida mientras desciende por el manto de la tierra. Cuando llegue al núcleo magnético, transmita su amor al corazón del planeta, y sienta las ondas de luz y amor que retornan a usted.

Gradualmente traslade su conciencia de regreso al chakra del corazón, el centro de su propio cuerpo terrestre. Por un momento sienta el equilibrio de las fuerzas espirituales y terrenales en su interior, sintiéndose pleno y centrado en su propio ser. Puede detenerse aquí para permitir la integración de lo que ha experimentado. No se presione si se siente mal; un dolor de cabeza, por ejemplo, puede ser la señal de que su cuerpo ha hecho lo suficiente por ahora. Continúe si desea hacer trabajo adicional por la tierra.

Cuando esté listo, trasládese de nuevo a la esfera de luz que está encima de su cabeza. Ahora imagine que se abre una puerta a través de esta esfera, lo cual permite que usted se extienda hacia el espacio, más allá del Sol y los planetas, hasta el vórtice de energía en el corazón de la vía láctea. Sienta las corrientes de luz y amor fluyendo fuera de este núcleo galáctico; y luego, sígalas de regreso a nuestro sistema solar a través del punto focal del Sol.

Flote suavemente en el espacio con estas radiantes emanaciones hasta un lugar justo encima de la tierra. Sienta estas pulsaciones de amor y luz cubriendo todo el cuerpo planetario. Por un momento disfrute esta hermosa joya azul-verde en el espacio, mientras traslada su conciencia a la reluciente red de luz que rodea el planeta.

Déjese guiar a un lugar particular sobre la tierra, a lo largo de esta red, para actuar como un punto de conexión, y permita que su conciencia sea adicionada a la de los demás puntos luminosos de esta red. Sienta esta energía colectiva canalizada en el planeta. Formule el propósito de que estas energías sean usadas por la tierra en la forma que más necesite el planeta en este momento. Pida que el orden divino sea restaurado en la tierra, y dé gracias al espíritu de Dios y a nuestra madre Gaia por lo que ha recibido.

Cuando termine su proceso, regrese a su conciencia externa, y cuando esté listo abra los ojos. Sea paciente consigo mismo después del proceso y deje que la experiencia se instale en su interior.

Registrar el proceso en su diario también le ayudará a integrar su experiencia interior. Asegúrese de observar los sentimientos o las sensaciones corporales que haya experimentado y no se sobrepase con esta meditación porque puede acelerar los otros procesos. Observe cómo se siente en los días siguientes.

Los antiguos patrones mentales o situaciones emocionales pueden emerger para ser curados, con el fin de que logre una alineación con esta frecuencia superior de energía. Puede necesitar más ejercicio físico o descanso para que la energía fluya en su cuerpo.

Adicionalmente, asegúrese de tomar bastante agua pura para que su cuerpo deseche la energía que debe ser liberada. Es importante que el agua sea filtrada, embotellada o fresca y de una fuente limpia, ya que ella retiene la vibración y la energía del lugar donde proviene. Si toma agua de grifo, procedente del sistema de tratamiento de la ciudad, la contaminación causada por esta vibración es transmitida a su cuerpo, junto con los químicos adicionados con propósitos de purificación. En cualquier momento, pero especialmente cuando realice un proceso de limpieza y desintoxicación, es preferible que tome agua de una fuente pura.

La meditación guiada de encarnación de luz puede ayudarlo a que incorpore completamente su propia esencia espiritual, y se abra energéticamente para recibir la luz y el amor de una fuente cósmica que busca transformarnos a todos. Mientras continúa participando en esta transformación, que involucra procesos de iniciación individuales y planetarios, la velocidad vibratoria de su cuerpo físico puede aumentar hasta incorporar el "cuerpo de luz" del vehículo etérico. Mientras las células físicas de su cuerpo continúan extendiéndose a una frecuencia mayor con este proceso, aumenta su habilidad para experimentar un estado más expansivo de conciencia, y también puede alinearse a plenitud con las intenciones de su ser esencial. Por último, la vibración del vehículo físico se acelera, siendo transfigurado en luz mientras ascendemos a otras dimensiones del ser.

Con nuestros cuerpos de luz completamente activados, tendremos entonces la elección de abandonar el cuerpo en la transición conocida como muerte, o llevarlo con nosotros en forma de luz. Esto es exactamente lo que han hecho los grandes maestros ascendidos, y como Jesús dijo, "harás todas estas cosas y mucho más". Esta última encarnación del espíritu es lo que nos espera en nuestro proceso evolutivo de despertar espiritual.

Notas

1. Stanislav Grof, M.D. y Christina Grof, editores, *Spiritual Emergency* (New York: Jeremy P. Tarcher/Putnam, 1989); y Lee Sanella, M.D. *The Kundalini Experience: Psychosis or Transcendence?* (Lower Lake, CA: Integral Publishing, 1987).

2. Itzhak Bentov, *Stalking the Wild Pendulum: On the Mechanics of Consciousness* (Rochester, VT: Destiny Books, 1988).

3. Christina Grof y Stanislav Grof, M.D., *The Stormy Search For The Self: A Guide To Personal Growth Through Transformational Crisis* (New York: Jeremy P. Tarcher/Putnam, 1990). Stanislav Grof, M.D. y Christina Grof, editores, *Spiritual Emergency* (New York: Jeremy P. Tarcher/Putnam, 1989).

4. Esto se refiere a los cambios, mencionados por José Argüelles en *The Mayan Factor*, que abrieron el cuerpo planetario de la Tierra a las energías cósmicas que se vierten en el planeta desde la convergencia armónica en agosto de 1987.

5. Barbara Hand Clow, *The Liquid Light of Sex: Understanding Your Key Life Passages* (Santa Fe, NM: Bear and Company, 1991); y Katrina Raphaell, *The Crystalline Transmission: A Synthesis of Light* (Santa Fe, NM: Aurora Press, 1990).

6. Barbara Ann Brennan, *Light Emerging* (New York: Bantam Books, 1993).

7. Ibíd.

8. Brugh Joy, *Joy's Way: A Map for the Transformational Journey: An Introduction to the Potentials for Healing With Body Energies* (New York: Jeremy P. Tarcher/Putnam, 1979), p. 194.

9. John Major Jenkins, *Maya Cosmogenesis 2012: The True Meaning of the Maya Calendar End-Date* (Santa Fe, NM: Bear and Company, 1998).

10. Jose Argüelles, *The Mayan Factor* (Santa Fe, NM: Bear and Company, 1987).

Apéndice

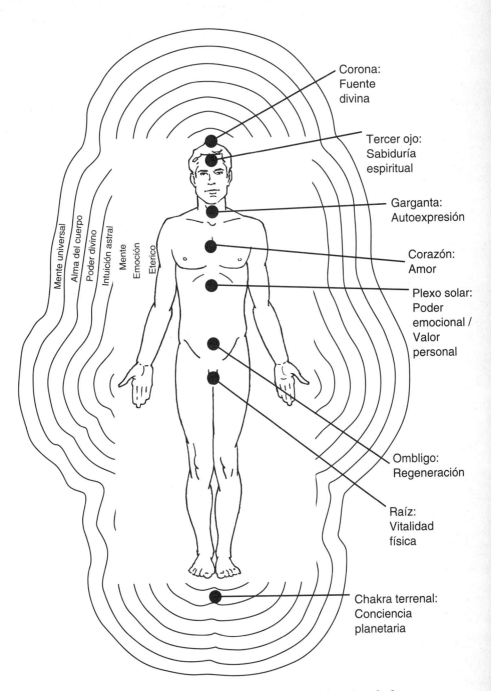

El Sistema de energía: Los planos de energía y los chakras

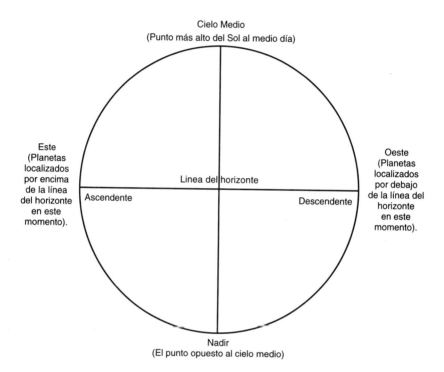

Los puntos zodiacales de gran influencia planetaria

Debido a que en el hemisferio Norte el sol está derecho al Sur en el pico de su arco cotidiano, la parte superior de una carta natal es Sur en lugar de Norte. Para ajustar esta variación, las cartas son trazadas con el Este a la izquierda y el Oeste a la derecha. Las cartas del hemisferio Sur aparecen de la misma forma pero usan cálculos diferentes.

GLOSARIO

Alma: La parte inmortal de nosotros que registra las experiencias y el aprendizaje que desarrollamos a través de cada vida. El alma actúa como una protección para el yo divino y contiene el recuerdo de toda nuestra experiencia. El cuerpo funciona gracias a la inteligencia del alma.

Amplificación resonante: El principio por el cual un sistema vibratorio responde con amplitud máxima (longitud de onda) a la fuerza de una frecuencia similar o casi igual. Cuando una frecuencia ondulatoria está en resonancia o es semejante a otra, puede ejercer un efecto sobre la velocidad de vibración de la otra frecuencia, lo cual aumenta su amplitud. Esta dinámica le permite a un cantante entonar una nota que puede igualar la frecuencia resonante de un vidrio, afectándole su velocidad vibratoria hasta el punto de poder quebrarlo.

Amplificación/Magnificación: Método gestáltico usado en un estado de conciencia atenta, para exagerar una experiencia particular y hacer emerger su significado. La amplificación permite que la energía conectada con una dinámica cuerpo-mente se concentre y magnifique, de tal forma que la experiencia sea más obvia y completa.

Armadura: Un patrón de tensión muscular fija en el cuerpo, desarrollado por traumas físicos, estados psicológicos, y estilos habituales de comportamiento.

Arquetipos: Los principios universales de vida o patrones de conciencia que actúan como un sello común para la experiencia humana. Estos temas fundamentales de la vida funcionan como el foco central alrededor del cual se forman en la psique grupos de ideas, recuerdos, sentimientos o experiencias con carga emocional, e influencian nuestro desarrollo psicológico y espiritual.

Aspecto: En astrología, un aspecto es una relación angular entre dos o más planetas. La naturaleza de la conexión entre éstos depende del ángulo geométrico que se forma, y así como un ángulo de 60 a 90 grados la energía particular que expresa el aspecto. Por ejemplo, un cuadrado es un ángulo de 90 grados, que puede involucrar discordia y fricción. Una oposición es un aspecto de 180 grados, y representa una polarización y tensión entre dos planetas. Una conjunción ocurre cuando los planetas están cerca y operan como una energía fusionada.

Aura/Cuerpos áuricos: El campo electromagnético que rodea el cuerpo físico, mostrando la salud espiritual, emocional, mental y física de una persona, a través del grado de brillantez y los colores emitidos en las diferentes capas. Vea también cuerpos energéticos.

Baile sufí: Un tipo de danza ritual que incluye movimientos giratorios practicados por derviches, seguidores del misticismo musulmán, para producir estados de éxtasis.

Campo cuántico: En física cuántica, el medio continuo presente en todo el espacio, con el potencial para manifestarse como partículas u ondas, como sustancia material o su campo circundante. Las partículas de materia existen donde hay una concentración local de este campo cuántico de energía.

Campo energético universal: El océano de energía que conecta todas las cosas, y del cual se compone toda la materia. Este campo universal rodea el vehículo físico en forma de cuerpos o planos de energía. Vea también campo cuántico.

Campo geomagnético: El campo magnético de la tierra.

Campos EM: Los campos electromagnéticos que irradian el ambiente desde fuentes eléctricas como la televisión, computadores y microondas. El término ELF (Extremely Low Frecuency —muy baja frecuencia—) también se usa para referirse a radiaciones emitidas por elementos tales como el cableado eléctrico en nuestras casas, y las líneas de energía de alta tensión usadas para transmitir la electricidad.

Cenit: El punto de la esfera celestial localizado directamente encima y opuesto al nadir. Vea también cielo medio.

Centro galáctico/núcleo galáctico: El vórtice de agujero negro que está en el centro de nuestra galaxia; el eje central sobre el cual ésta rota.

Chakras: Los chakras son centros energéticos dinámicos localizados a lo largo de la columna vertebral, y se encargan de distribuir la energía por todo el cuerpo. Su función principal es recibir la energía del campo universal que nos rodea, y descomponerla para que sea usada por el cuerpo. Cada uno de los siete chakras principales se relaciona con una área particular del cuerpo, y está asociado a un plexo nervioso y una glándula endocrina, influenciando nuestro bienestar fisiológico y psicológico.

Cielo medio: En astrología, el punto más alto en la carta natal, la posición aproximada del sol a mediodía. Los planetas natales localizados aquí muestran, según Gauquelin, una importante relación con ciertas características esenciales encontradas en determinados individuos. Vea también cenit.

Complejo: Un grupo de ideas, recuerdos, sentimientos o experiencias cargadas emocionalmente que se forman en la psique, y giran alrededor de un tema o elemento arquetípico central tal como el padre o la madre.

Conciencia: Estar totalmente presente y consciente de nuestra experiencia a cada momento, percibiendo cómo nos sentimos mental, emocional, física y energéticamente. Involucra un sentimiento, una sensación y una visión consciente, en lugar de un enfoque mental. Vea también presencia.

Conectado: En términos de cuerpo-mente, se refiere al estado del ser que está completa y conscientemente presente en el cuerpo físico "aquí y ahora". En su forma más excelsa, conectarse involucra incorporar la conciencia superior del yo divino en el momento presente.

Cuerpo de luz: Se refiere al resplandeciente cuerpo que se activa cuando el vehículo etérico y las células físicas del cuerpo son penetrados e iluminados por la fuerza cósmica/solar y la esencia lumínica de nuestro propio yo divino.

Cuerpo-mente: La conexión entre el cuerpo físico y los elementos conscientes y subconscientes de la psique. Esto incluye fuerzas subconscientes personales y componentes universales más profundos de la mente, compartidos por todos los humanos, y que conocemos como inconsciente colectivo.

Cuerpos, campos o planos de energía: Son planos de energía que están interpenetrados concéntricamente y rodean el cuerpo físico, siendo cada capa sucesiva menos densa y de una mayor frecuencia vibratoria. Junto con los chakras, los cuerpos de energía (etérico, emocional, mental, astral-intuitivo, voluntad divina, alma y mente universal) forman el sistema de energía humana.

Disociación: La desconexión y separación del ambiente, la experiencia corporal o los sentimientos, como un mecanismo de defensa, usualmente para evitar situaciones dolorosas o sentimientos inquietantes. El patrón de división usualmente se aprende temprano en la vida debido a traumas y continúa hasta la adultez como una forma de manejar los sentimientos sin resolver que se originaron.

El ego: La parte de la psique que suministra el marco básico de autoidentidad y conciencia, por el cual experimentamos e interactuamos con el mundo. Aunque un sentido fuerte y positivo del ser es un elemento necesario para una psique sana, se deben transformar las falsas ideas del ego y la mente pensante, para que nuestras vidas sean dirigidas por la verdadera naturaleza divina.

Encarnación: El proceso de descubrir nuestra esencia espiritual, nuestro yo divino y manifestarlo completamente en forma física. La encarnación involucra el hecho de que nuestra verdadera naturaleza espiritual sea fusionada con la materia física, y expresada a través de ella.

Estado de observador: Una técnica de meditación budista en la cual se observan los sentimientos, las sensaciones y los pensamientos son simplemente observados sin juicio alguno. Este tipo de punto de referencia libre, también conocido como observador objetivo, nos permite experimentar lo que es, sin reacción e interferencia mental o emocional.

Falsa persona: El concepto falso de nosotros mismos, basado en información errónea mientras se desarrolla el ego a partir de la interacción con el mundo externo. Esta máscara, como se suele llamar, puede dominar la personalidad del alma, en lugar de permitir que la verdadera expresión del yo esencial guíe nuestra vida.

Fragmentación: El proceso por el cual se afecta adversamente la identidad y el sentido cohesivo de la totalidad, usualmente a través de una herida emocional o un trauma físico. Con tales experiencias dolorosas durante esta u otras vidas, ciertas partes de nuestro ser se hacen inaceptables y realmente se dividen en sentido energético. La curación y la totalidad se pueden restaurar recuperando estas partes rechazadas, y retornando a nosotros esta energía perdida. En casos extremos, la fragmentación puede manifestarse con una falta de identidad personal y la regresión a un estado no diferenciado, o dar como resultado una seria división de la personalidad del ego, en lo que se conoce como trastorno de la múltiple personalidad.

Frecuencia: La velocidad en la cual vibra una onda electromagnética o sonora. Esta oscilación se mide en ciclos por segundo o hertz (hz). Si se puntea una cuerda de violín ésta vibra 256 veces por segundo y crea una onda sonora con una frecuencia medida de 256 hz.

Guía, ayudante espiritual: Los guías son seres sabios que representan aspectos internos de nuestro yo superior, o seres reales de las esferas espirituales, como los ángeles y otros mensajeros de luz, quienes brindan dirección, entendimiento y consejo. Los guías pueden experimentarse como un saber interior, sentidos como una presencia, escuchados como una voz interior, o tomar forma a través de la visión, la meditación o el sueño.

Holograma/Holográfico: Esto se refiere a algo que tiene todos los componentes de la totalidad contenidos dentro de cada una de sus partes. Tiene sus orígenes en la fotografía holográfica, la cual produce una imagen tridimensional. Si dividimos la placa fotográfica usada para crear una imagen holográfica, y enfocamos un rayo de luz para iluminar sólo una pequeña porción de la película, aún producirá todo el objeto tridimensional. Cada sección del holograma contiene toda la información que constituye la imagen completa.

Holomovimiento: Un término usado por el doctor David Bohm para describir la naturaleza básica de la realidad. Significa que todas las cosas son parte de un flujo de movimiento total, y cada parte afecta y es afectada por la otra, y contiene dentro de ella la naturaleza de la totalidad.

Homeopatía: Sistema de medicina creado por Samuel Hahnemann, en el que se usan dosis pequeñas de sustancias naturales, que en una persona sana producen los síntomas de la enfermedad que está siendo tratada. La homeopatía enfoca la salud en relación con toda la persona, y examina los factores físicos, mentales, emocionales, espirituales y ambientales del paciente.

Horizonte: El encuentro aparente del cielo con la tierra o el mar; el gran círculo de la esfera celestial cuyo plano corta la tierra por la mitad entre el cenit y el nadir. En astrología, el horizonte es el eje horizontal que en una carta natal conecta el ascendente y el descendente. Los planetas natales, localizados en el ascendente y el descendente, han sido relacionados con ciertas características esenciales encontradas en determinados individuos.

Iluminación: Una iniciación en la cual el cuerpo físico es penetrado por luz emanada del cuerpo espiritual y la fuerza cósmica/solar.

Cuando esta brillante energía desciende, las facultades son imbuidas con luz, y todos los chakras y cuerpos áuricos son vivificados. El cuerpo etérico del individuo es activado cuando esta luz es sellada en el cuerpo físico.

Inconsciente colectivo: Las estructuras universales más profundas de la psique colectiva, compartidas por toda la humanidad. Las imágenes arquetípicas y más material psíquico pueden surgir a través de sueños, meditación, o trabajo corporal, desde este enorme almacén de información universal.

Iniciación: 1. Un paso en el camino del crecimiento espiritual, en el cual somos probados o fortalecidos de algún modo al desarrollar un mayor nivel de conciencia. 2. Un proceso o ritual específico en el cual recibimos energías vibratorias superiores, cambiando nuestra frecuencia energética y la conciencia con que funcionamos.

Individuación: El proceso por el cual nos convertimos en individuos psicológicamente autónomos, dando así expresión al yo esencial.

Karma: En la filosofía hindú y budista, karma es la doctrina de la responsabilidad por las acciones en todas las encarnaciones, lo cual explica y justifica las experiencias en la presente vida. Muchas personas entienden erróneamente que el karma es un tipo de castigo o juicio, cuando en realidad tiene que ver con el aprendizaje y la experiencia con la nueva alma, el evolucionar como seres espirituales.

Kriyas: Los síntomas psicológicos y físicos, a veces dramáticos, que se manifiestan por la activación del kundalini.

Kundalini: La sustancia primordial dadora de vida, la fuerza creativa vital que extraemos de la esencia terrestre, como parte integral de nuestro sistema de energía. Esta poderosa fuerza vital yace en la base de la columna vertebral en estado inactivo, hasta que es estimulada como parte del despertar espiritual. Luego empieza a ascender por la columna, energizando y activando los chakras.

Límites: La autoconciencia de la experiencia personal, los pensamientos, sentimientos y deseos de un individuo, distinguidos de los de otras personas. Los límites claros y flexibles nos permiten mantener un sentido de nuestra propia energía, mientras nos interrelacionamos con los demás armoniosamente. Podemos aislar las cosas del mundo que no nos benefician, y asimilar aquellas que necesitamos o son útiles. Límites débiles pueden guiar a enredarnos con los otros, a una mezcla emocional no sana, y a una falta de habilidad para distinguir nuestros sentimientos y necesidades en la relación. Por otro lado, los límites rígidos pueden separarnos de los demás de manera defensiva.

Maestros ascendidos: Seres espirituales que han vivido en un cuerpo sobre la tierra, y quienes lograron la iluminación y automaestría para luego ascender a las esferas espirituales de luz, a través de la transición de la muerte o con ascensión completa del cuerpo. Estos seres están entonces disponibles para conceder ayuda espiritual a las almas que aún residen en el plano terrenal.

Magnetosfera: Nivel superior de la atmósfera que se extiende hasta una altura de aproximadamente 40000 millas, y contiene una banda de partículas ionizadas atrapadas por el campo magnético terrestre.

Mantra: Una palabra o sonido específico que se medita o repite como un canto. Los sonidos reales de un mantra poseen una cierta frecuencia vibratoria. Repitiendo el mantra, podemos sintonizarnos con su energía particular, o el estado de conciencia asociado a ella.

Mente masiva: La conciencia colectiva del planeta como un todo o una área específica de él, como una ciudad, que contiene los patrones de pensamiento de todos los que en ella viven. Entre más poblada sea la zona, mayor será la influencia de este campo mental local. Esta es una de las razones por las que las áreas remotas o menos pobladas son más tranquilas que las grandes ciudades.

Nadir: El punto de la esfera celestial localizado directamente debajo de la posición de un observador sobre el horizonte local y opuesto al cenit. El nadir astrológico, opuesto al cielo medio, es donde se encuentra el sol a medianoche. Los planetas localizados aquí en el momento del nacimiento, pueden representar los elementos sombríos de los cuales no somos tan conscientes. Junto con el ascendente, el descendente y el cielo medio, el nadir es considerado una posición importante para la localización planetaria natal.

OM: En la filosofía hindú se cree que es el sonido primordial del cual se originó la creación. A menudo es cantado repetidamente para lograr una conexión con esta conciencia única.

Presencia/centrado en el presente: El estado de conciencia caracterizado por estar consciente y atento en el "aquí y ahora"; estando libres para observar nuestras experiencias, y participar completamente con el entorno, sin la interferencia mental de proyecciones y reacciones basadas en el pasado. Vea también conciencia.

Psicodrama: Método usado en ciertas formas de psicoterapia, en el cual una persona representa, a veces ante un grupo, la dinámica de un problema particular o asunto psicológico.

Psicosómico: Se refiere a patrones expresados psicológica y fisiológicamente a través del cuerpo.

Shamánicas: Término relacionado con las prácticas usadas por shamanes, los curadores/sacerdotes nativos encontrados en muchas culturas indígenas, y que pueden entrar a estados alterados, o viajar por otras esferas dimensionales, para tratar el aspecto espiritual de una enfermedad.

Símbolo: Un objeto, imagen, fenómeno físico o evento representativo de algo más; la señal externa de una realidad oculta, que comunica un determinado mensaje a nuestra mente consciente desde niveles subconscientes más profundos.

Sincronismo: La conexión significativa entre dos o más eventos que aparentemente no tienen relación causal. Estos acontecimientos están ligados por un significado o tema arquetípico similar, y actúan como mensajes guías en nuestro proceso de curación y crecimiento.

Somático: Perteneciente al cuerpo físico. La conciencia somática involucra el sentir y experimentar a través del cuerpo, una conciencia de la estructura, los procesos y la energía existentes en él.

Sombras: Las partes del ser rechazadas, distorsionadas o no expresadas, que se pueden percibir como elementos indeseables que necesitan eliminarse o evitarse.

Subpersonalidades: Las partes semiautónomas de la personalidad, que son generalmente expresiones de complejos desarrollados como distorsiones de una energía arquetípica esencial. Algunas subpersonalidades comunes son el crítico, el niño, el escéptico, el perfeccionista y el controlador.

T'ai Chi: Una antigua práctica meditativa china, consistente en posturas continuas ejecutadas a través del ritmo de movimientos relajados y fluidos, y una respiración lenta y profunda.

Terapia corporal: Un enfoque terapéutico que busca curar la división cuerpo-mente usando el cuerpo como puerta a otras dimensiones de la psique. La sabiduría innata del cuerpo y nuestra experiencia somática sirven para obtener información y mejorar la autoconciencia, trabajando con la respiración, las sensaciones, los patrones musculares y el movimiento.

Transpersonal: Enfoque terapéutico que reconoce la dimensión espiritual y el potencial para experimentar estados de conciencia que se extienden más allá de los límites normales del ego y la personalidad.

Vórtices (de la tierra): Son localizaciones a lo largo de la red electromagnética de la tierra, donde las corrientes eléctricas que fluyen naturalmente son particularmente concentradas o poderosas. Estos lugares actúan como puertas a otras dimensiones de conciencia, y a menudo corresponden a lugares donde se encuentran antiguos templos o sitios sagrados. La energía de tales sitios de poder puede ayudarnos a armonizar con una conciencia espiritual superior.

Yo superior: El aspecto espiritual del ser, opuesto al falso yo; el centro de nuestra máxima conciencia espiritual, de sabiduría, creatividad, paz, alegría y amor; el alma o la chispa de la presencia divina contenida en ella.

BIBLIOGRAFÍA

Argüelles, J. *The Mayan Factor*. Santa Fe, NM: Bear and Company, 1987.

Arroyo, S. *Astrology, Karma and Transformation: The Inner Dimensions of the Birth Chart* (Segunda edición, revizada). Sebastopol, CA: CRCS Publications, 1992.

Assagioli, R. *Psychosynthesis*. New York: Viking Penguin, 1971.

Bandler, R. and J. Grinder. *Frogs Into Princes*. Moab, UT: Real People Press, 1979.

Becker, R. O., M.D. *Cross Currents: The Perils of Electropollution, The Promise of Electromedicine*. New York: Jeremy P. Tarcher/ Putnam, 1990.

Bentov, I. *Stalking the Wild Pendulum: On the Mechanics of Consciousness* (Reimpreso). Rochester, VT: Destiny Books, 1988.

Bohm, D. *Wholeness and the Implicate Order*. New York: Routledge, 1980.

———. *The Undivided Universe*. New York: Routledge, 1995.

Bradshaw, J. *Homecoming: Reclaiming and Championing Your Inner Child*. New York: Bantam Books, 1990.

Brennan, Barbara. *Hands of Light*. New York: Bantam Books, 1988.

———. *Light Emerging*. New York: Bantam Books, 1993.

Brooks, C. V. W. *Sensory Awareness: Rediscovery of Experiencing Through the Workshops and Classes of Charlotte Selver* (Reimpreso). Great Neck, NY: Felix Morrow Publisher, 1986.

Burr, H. S. *The Fields of Life: Our Links With the Universe*. New York: Ballentine, 1972.

Burt, K. *Archetypes of the Zodiac*. St. Paul, MN: Llewellyn Publications, 1988.

Cameron, J. *The Artist's Way: A Spiritual Path to Higher Creativity*. New York: Jeremy P. Tarcher / Putnam, 1992.

Capacchione, L. *Recovery Of Your Inner Child*. New York: Simon and Schuster, Fireside, 1991.

Capra, F. *The Turning Point*. New York: Bantam Books, 1983.

———. *The Tao of Physics: An Exploration of the Parallels Between Modern Physics and Eastern Mysticism* (Tercera edición. Revizado). Boston: Shambhala Publications, 1991.

Chopra, D., M.D. *Quantum Healing: Exploring the Frontiers of Mind/Body Medicine*. New York: Bantam Books, 1989.

Clow, B. H. *Liquid Light of Sex: Understanding Your Key Life Passages*. Santa Fe: Bear and Company, 1991.

———. *Chiron: Rainbow Bridge Between the Inner and Outer Planets*. St. Paul, MN: Llewellyn Publications, 1987.

Coward, H. *Jung and Eastern Thought*. Albany, NY: State University of New York Press, 1985.

Dychtwald, K. *Body-Mind.* (Edición revizada). New York: Jeremy P. Tarcher/Putnam, 1986.

Edinger, E. F. *Ego and Archetype: Individuation and the Religious Function of the Psyche.* (Reimpreso). Boston: Shambhala Publications, 1992.

Epstein, G., M.D. *Healing Visualizations: Creating Health Through Imagery.* New York: Bantam Books, 1989.

Feldenkrais, M. *Awareness Through Movement* (Reimpreso). San Francisco: Harper San Francisco, 1991.

Forrest, S. *The Inner Sky: The Dynamic New Astrology for Everyone.* (Reimpreso) San Diego: ACS Publications, 1989.

Gauquelin, M. *Neo-Astrology: A Copernican Revolution.* London: Arkana, 1991.

Gendlin, E. *Focusing.* New York: Bantam Books, 1981.

Goldman, J. *Healing Sounds: The Power of Harmonics.* (Segunda edición. Revizado). Rockport, MA: Element Books, Ltd., 1996.

Grinder, J. and R. Bandler. *Trance-Formations.* Moab, UT: Real People Press, 1981.

Grof, C. and S. Grof, M.D. *The Stormy Search for the Self: A Guide To Personal Growth Through Transformational Crisis.* New York: Jeremy P. Tarcher/Putnam, 1990.

Grof, S., M.D. *The Adventure of Self-Discovery: Dimensions of Consciousness and New Perspectives in Psychotherapy and Inner Exploration.* Albany, NY: State University of New York Press, 1988.

———. *Beyond the Brain: Birth, Death, and Transcendence in Psychotherapy.* Albany, NY: State University of New York Press, 1985.

———. *Realms of the Human Unconscious.* New York: Viking, 1975.

Grof, S., M.D. and C. Grof. (Ed.) *Spiritual Emergency.* New York: Jeremy P. Tarcher/Putnam,1989.

Gunther, B. *Energy, Ecstasy, and Your Seven Vital Chakras.* North Hollywood, CA: Newcastle Publishing, Co., 1978.

Hendricks, G., Ph.D. and K. Hendricks, Ph.D. *At the Speed of Life: A New Approach to Personal Change Through Body-Centered Therapy.* New York: Bantam Books, 1994.

Hewitt, William W. *Astrología para Principiantes: Interprete su carta natal.* St. Paul, MN: Llewellyn Español, 2001.

Hill, Ann. (Ed.) *A Visual Encyclopedia of Unconventional Medicine.* New York: Crown Publishers, Inc., 1979.

Huffines, LaUna. *Healing Yourself With Light: How to Connect With the Angelic Healers.* Tiburon, CA: H J Kramer, Inc., 1995.

Ingerman, S. *Soul Retrieval: Mending the Fragmented Self.* San Francisco, CA: Harper San Francisco, 1991.

Janov, A. *Imprints: The Lifelong Effects of the Birth Experience.* New York: Coward-McCann, Inc., 1983.

Jenkins, John Major. *Maya Cosmogenesis 2012: The True Meaning of the Maya Calendar End-Date.* Santa Fe: Bear and Company, 1998.

Johnson, R. A. *Inner Work: Using Dreams and Active Imagination For Personal Growth.* San Francisco, CA: Harper San Francisco, 1986.

Joy, B., M.D. *Joy's Way: A Map for the Transformational Journey: An Introduction to the Potentials for Healing With Body Energies.* New York: Jeremy P. Tarcher/Putnam, 1979.

Jung, C. G. *Memories, Dreams, Reflections.* New York: Random House, Inc., 1961.

———. *Synchronicity: An Acausal Connecting Principle.* (Princeton/Bollingen paperback ed.) Princeton, NJ: Princeton University Press, 1973.

Jung, C. G., M. L. Von Franz, J. L. Henderson, J. Jacobi, y A. Jaffe. *Man and His Symbols.* New York: Dell Publishing, 1964.

Kapit, W. and L. M. Elson. *The Anatomy Coloring Book.* (Segunda edición. Revizado). New York: Harper Collins, 1993.

Keepin, W., Ph.D. "Astrology and the New Physics: Integrating Sacred and Secular Sciences." *The Mountain Astrologer,* agosto/septiembre, 1995.

Keleman, S. *Your Body Speaks Its Mind.* Berkeley, CA: Center Press, 1981.

_____. *Somatic Reality: Bodily Experience and Emotional Truth.* Berkeley, CA: Center Press, 1982.

Kurtz, R. *Body-Centered Psychotherapy: The Hakomi Method.* Mendocino, CA: LifeRhythm, 1990.

Kurtz, R. and H. Prestera. *The Body Reveals: How to Read Your Own Body.* San Francisco: Harper San Francisco, 1984.

Larson, David E., M.D. *Mayo Clinic Family Health Book.* New York: William Morrow Co., 1990.

Leadbeater, C. W. *The Chakras* (7° libro de Quest reimpreso). Wheaton, IL: The Theosophical Publishing House, 1994.

Lowen, A. *Bioenergetics.* New York: Penguin Books, 1975.

MacIvor, V. and S. LaForest. *Vibrations: Healing Through Color, Homeopathy, and Radionics.* York Beach, ME: Samuel Weiser, 1979.

Mindell, A. *Working With the Dreaming Body.* New York: Viking Penguin, 1989.

———. *Dreambody: The Body's Role In Revealing the Self.* (Reimpreso). Portland, OR: Lao Tse Press, 1997.

Mindell, A. and A. Mindell. *Riding the Horse Backwards: Process Work in Theory and Practice.* New York: Penguin Books, 1992.

Missildine, W. H. *Your Inner Child of the Past.* (Reimpreso). New York: Simon and Schuster, 1991.

Orr, L. *The Healing Power of Birth and Rebirth.* Stanton, CA: Inspiration University, 1994.

Orr, L. and S. Ray. *Rebirthing in the New Age* (Edición revizada). Berkeley, CA: Celestial Arts, 1983.

Pelletier, K. R. *Mind As Healer, Mind As Slayer: A Holistic Approach to Preventing Stress Disorders.* New York: Dell Publishing Co., 1977.

Perls, F., M.D., Ph.D. *The Gestalt Approach and Eye Witness to Therapy.* Palo Alto, CA: Science and Behavior Books, Inc., 1973.

Perls, F. S., M.D., Ph.D., R. F. Hefferline, Ph.D., and P. Goodman, Ph.D. *Gestalt Therapy: Excitement and Growth in the Human Personality* (Edición revizada). Highland, NY: Gestalt Journal Press, 1994.

Pert, C. B., Ph.D. *Molecules of Emotion: Why You Feel The Way You Feel.* New York: Scribner, 1997.

Polster, E. and M. Polster. *Gestalt Therapy Integrated: Contours of Theory and Practice.* New York: Random House, Inc., 1982.

Raphaell, K. *The Crystalline Transmission: A Synthesis of Light.* Santa Fe: Aurora Press, 1990.

Reich, W. *Character Analysis* (Edición revizada). New York: Farrar, Straus, and Giroux, Inc., 1980.

Rogers, C. R. *On Becoming A Person.* Boston, MA: Houghton Mifflin Co., 1961.

Rolf, I. P. *Rolfing: The Integration of Human Structures* (Segunda edición). Santa Monica, CA: Dennis-Landman Publishers, 1977.

Rosenberg, J. L., M. Rand, and D. Asay. *Body, Self, and Soul: Sustaining Integration.* Atlanta: Humanics, Ltd., 1985.

Sannella, L., M.D. *The Kundalini Experience: Psychosis or Transcendence?* (Edición revizada). Lower Lake, CA: Integral Publishing, 1987.

Scheffer, M. *Bach Flower Therapy in Theory and Practice.* Rochester, VT: Healing Arts Press, 1988.

Schwarz, J. *Voluntary Controls.* New York: NAL/Dutton, 1978.

———. *Human Energy Systems.* New York: NAL/Dutton, 1979.

Seymour, Percy. *The Scientific Basis of Astrology: Tuning to the Music of the Planets*. New York: St. Martin's Press, 1992.

Sheldrake, R. A. *New Science of Life: The Hypothesis of Morphic Resonance* (Reimpreso). Rochester, VT: Park Street Press, 1995.

Stapleton, R. C. *The Experience of Inner Healing*. New York: Bantam Books, 1979.

Stone, H. and S. Winkelman. *Embracing Ourselves: The Voice Dialogue Manual* (Reimpreso). Novato, CA: Nataraj Publishing, 1993.

Thibodeau, G. A., Ph.D. and K. T. Patton, Ph.D. *The Human Body in Health and Disease* (Segunda edición). St. Louis: Mosby-Year Book, Inc., 1997.

Ulman, D. (Ed.) *Discovering Homeopathy: Your Introduction to the Science and Art of Homeopathic Medicine* (Segunda edición. Revizado). Berkeley, CA: North Atlantic Books, 1991.

Vaughan, F., Ph.D. *The Inward Arc: Healing in Psychotherapy and Spirituality* (Segunda edición). Nevada City, CA: Blue Dolphin Publishing, Inc., 1995.

Vithoulkas, G. *The Science of Homeopathy*. New York: Grove/Atlantic, 1980.

Walker, B. G. *The Woman's Encyclopedia of Myths and Secrets*. San Francisco: Harper San Francisco, 1983.

Walsh, R., M.D., Ph.D. and F. Vaughan, Ph.D. (Ed.) *Paths Beyond Ego: The Transpersonal Vision*. New York: Jeremy P. Tarcher/Putnam, 1993.

Weiner, M. and K. Goss. *The Complete Book of Homeopathy* (Reimpreso). Garden City Park, NY: Avery Publishing Group, Inc., 1989.

White, J. (Ed.) *Kundalini: Evolution and Enlightenment* (Edición revizada). New York: Paragon House Publishers, 1990.

Whitfield, C. *Healing the Child Within: Discovery and Recovery for Adult Children of Dysfunctional Families.* Deerfield Beach, FL: Health Communications, 1987.

Whitmont, E. C. *Psyche and Substance: Essays on Homeopathy in Light of Jungian Psychology.* Berkeley, CA: North Atlantic Books, 1980.

Williams, S. K. *The Jungian-Senoi Dreamwork Manual* (Edición revizada). Berkeley, CA: Journey Press, 1985.

Wolf, F. A. *The Body Quantum: The New Physics of Body, Mind, and Health.* New York: MacMillan Publishing Co., 1986.

———. *The Spiritual Universe: How Quantum Physics Proves the Existence of the Soul.* New York: Simon and Schuster, 1996.

Woodrofe, Sir J. (Seudónimo, Arthur Avalon). *The Serpent Power: The Secrets of Tantric and Shaktic Yoga.* New York: Dover Publications, 1974.

Woolger, R. J. *Other Lives, Other Selves: A Jungian Psychotherapist Discovers Past Lives.* New York: Bantam Books, 1988.

Wright, M. S. *MAP: The Co-Creative White Brotherhood Medical Assistance Program* (Segunda edición). Warrenton, VA: Perelandra, Ltd., 1994.

ÍNDICE